Valeau H

Pèlerinages en Bretagne

PÈLERINAGES

DE

BRETAGNE.

OUVRAGES DE M. HIPPOLYTE VIOLEAU.

Souvenirs et Nouvelles. 2 vol. grand in-18 anglais. fr. 4 »»
Veillées bretonnes. 1 vol. in-12. . . . . . . 2 »»
Nouvelles veillées bretonnes. 1 vol. in-12 . . 2 »»
Paraboles et Légendes. 1 beau vol. grand in-18.
   anglais. . . . . 3 »»
Pèlerinages en Bretagne (Morbihan). 1 vol. in-12. 2 »»
Livre des Mères et de la Jeunesse. 1 vol. in-12. 2 »»
Loisirs poétiques. 2 vol. grand in-18 anglais. . 3 50
Soirées de l'Ouvrier. 1 vol. in-12. . . . . . 1 50
      —   1 vol. in-18. Net . . . . » 75
Amice du Guermeur. 1 vol. grand in-18 anglais. 2 50
Maison du Cap. 1 vol. in-12. . . . . 2 »»

CAMBRAI. — IMPRIMERIE DE RÉGNIER-FAREZ.

PÈLERINAGES

DE

BRETAGNE

(MORBIHAN)

PAR

HIPPOLYTE VIOLEAU,

Auteur des *Veillées bretonnes*.

DEUXIÈME ÉDITION

AUGMENTÉE D'UN CHAPITRE SUR L'INSTITUT DES FRÈRES LAMENNAIS.

PARIS
AMBROISE BRAY, LIBRAIRE-ÉDITEUR,
RUE DES SAINTS-PÈRES, 66.
DROITS DE REPRODUCTION ET DE TRADUCTION RÉSERVÉS.

1859

A MON AMI

P. L. LEMIÈRE.

J'inscris votre nom, mon bon ami, à la première page du récit de nos Pèlerinages bretons. Ce journal de voyage vous rappellera d'heureuses journées passées ensemble, et cette dédicace, l'amitié durable et toujours plus profonde de votre tout dévoué.

HIPPOLYTE VIOLEAU.

Morlaix, 4 mars 1856.

PÈLERINAGES

DE

BRETAGNE.

I

Les Pèlerinages. — Prière des voyageurs. — Le voyage à pied. — Carhaix. — La Tour-d'Auvergne. — La dent de Beaumanoir. — Le clocher de Locmaria.

Nous voici donc en route pour visiter en chrétiens les lieux de pèlerinages de Bretagne, et en simples curieux les sites, les châteaux, les monastères, les tableaux de la nature et les monuments de l'art. Plusieurs archéologues distingués, plusieurs romanciers de talent ont publié sur notre vieille province, les uns de savantes études, les autres de charmants voyages imaginaires. Mais pour nous montrer la Bretagne telle que nous l'aimons et cherchons à la peindre, les dissertations des premiers nous paraissent un peu arides, et les inventions des seconds beaucoup trop éloignées de la réalité. Nous voudrions, mon compagnon de voyage et moi, demander aux autels, aux ruines, aux pieuses traditions, aux glorieux souvenirs de l'histoire, ces pensées consolantes, graves, salutaires, non moins profitables à la foi religieuse qu'aux sentiments de patriotisme du pèlerin. Et, quant à la poésie, au lieu de la chercher dans de mensongères aventures qui font d'un voyage un roman, et ne permettent plus aucune confiance en la véracité du narrateur, nous la trouverons où elle est, dans les sentiments, les mœurs, les dévotions populaires surtout, parmi lesquelles le premier rang appartient aux pèlerinages. Partir après avoir imploré le Dieu de Jacob, de Tobie et des Apôtres, afin qu'il nous garde de tout péril dans notre route; avoir pour guide l'espérance chrétienne, pour but un autel où des millions d'hommes ont trouvé avant nous les consolations, les secours qu'ils y étaient venus chercher; quelle heureuse fortune pour le voyageur! et combien, dans de telles conditions de sécurité, de pureté, de douce confiance, les lieux où l'on passe s'embellissent, les voyages deviennent féconds en impressions délicieuses et en utiles enseignements! — On assure, dans nos campagnes, qu'il suffit d'une goutte d'eau lustrale pour rendre à leur première forme les trésors que les nains de la terre, les *Poulpiquets*, déguisent sous l'apparence de cailloux ou de feuilles sèches. Les nains sont les matérialistes; l'eau sainte, c'est l'idée de Dieu qui rompt l'enchantement funeste, et rend à la nature et aux arts tout leur éclat.

On trouve dans quelques vieux livres d'église une prière portant le nom d'Itinéraire, et que les pèlerins d'autrefois récitaient dans la chapelle de leur village avant le départ. On y rappelait Abraham préservé de tout danger dans ses longues pérégrinations, Moïse et son peuple traversant à pied sec la mer Rouge, l'ange Raphaël conduisant le fils de l'aveugle de Ninive, les trois Mages suivant la clarté de l'étoile jusqu'à l'étable de Bethléem; et, après ces exemples si rassurants pour la foi du pèlerin, le Seigneur était supplié de conduire lui-même les pas de ses serviteurs, de leur donner un temps favorable, de les assister dans tous leurs besoins. « Servez-nous, Seigneur, disait aussi l'Iti« néraire, servez-nous de protecteur au départ, de « consolateur dans le chemin, d'ombre pendant la « chaleur, de couvert pendant la pluie et le froid, « de chariot dans la lassitude, d'asile dans l'adver« sité, de bâton dans les passages glissants, de port « dans le naufrage, afin qu'étant conduits par vous « nous arrivions heureusement où nous allons, et « qu'enfin nous retournions en bonne santé dans « nos familles. » Cette prière, oubliée maintenant des voyageurs, et si éloquente dans sa simplicité, a été la mienne, à mon réveil, au moment où j'allais quitter pour quelques semaines ma femme, ma mère, ma sœur, triple bénédiction de mon foyer, protection et félicité de ma vie. J'ai supplié aussi cette douce Providence, qui n'abandonne pas celui qui reste en accompagnant celui qui part, de les garder, de les préserver de tout mal, de remplacer au milieu d'elles ma tendresse absente. Comprenez-vous ce que serait l'absence sans la prière? ce que seraient les sollicitudes toujours craintives de notre âme sans une confiance absolue dans l'amour puissant et la vigilance infaillible de Dieu ?

Vous connaissez quelques-uns des nombreux pèlerinages de Bretagne, dont j'ai promis de vous parler. Les plus célèbres sont, dans le Morbihan, ceux de Sainte-Anne-d'Auray et de Notre-Dame-de-Quelven; dans les Côtes-du-Nord, Notre-Dame-de-Guingamp et Saint-Mathurin-de-Moncontour; dans le Finistère, Notre-Dame-du-Folgoat, Notre-Dame-de-Rumengol, Sainte-Anne-la-Pallue et Saint-Jean-du-Doigt. Un autre pèlerinage autrefois très-fréquenté était celui des sept saints, pour l'accomplissement duquel on se rendait, par un chemin dressé exprès, aux tombeaux de saint Malo, saint Brieuc, saint Tugdual, saint Pol-de-Léon, saint Samson, saint Corentin et saint Patern, tous Pères de l'Église bretonne. A ces noms vénérés, plusieurs ajoutaient encore saint Meen et saint Judicaël; de sorte qu'en formant ce vœu, on s'engageait, en effet, à parcourir toute la province, en exceptant la Loire-Inférieure et une partie d'Ille-et-Vilaine, beaucoup moins bretonnes que françaises. Voilà donc notre itinéraire tout tracé, et vous pourrez nous suivre sur la carte dans nos principales stations. Mais que de circuits sur la route ! N'oubliez pas que nous sommes partis le bâton à la main, le sac sur le dos, et que nous tenons, avant tout, à profiter de la joyeuse indépendance du piéton.

Depuis trente-huit heures que nous avons quitté Morlaix, la sérénité du ciel, la douce tiédeur d'un soleil de printemps, l'air déjà parfumé des senteurs de l'aubépine, nous engagent à recourir le plus rarement possible aux voitures, ces prisons volantes où l'on achète une place quand on devrait plutôt exiger un ample dédommagement avant de consentir à y entrer. Admire qui voudra les chemins de fer, les wagons, les locomotives, la vitesse avec laquelle on dévore l'espace sans jouir de rien, si ce n'est du plaisir d'arriver quand on se croit à peine partis. Pour moi, je préfère la marche capricieuse, libre, la facilité de me détourner cent fois de ma route, soit pour saluer de plus près une vieille tour couronnée de lierre, et entrevue, d'en bas, sur la colline ; soit pour m'enfoncer dans le bois de sapins, au-dessus duquel s'élève la flèche d'un clocher. Dans la voiture publique, dans le wagon, si l'ennui s'impose à nous sous la figure d'un compagnon de voyage, il faut le subir ; à pied, au contraire, on va seul ou l'on choisit ses compagnons de route ; et si, par aventure, on rencontre aussi l'ennui en blouse, en casquette, qui vous aborde et se propose de suivre la même direction que vous, eh bien ! on a la ressource d'une halte au bord d'un ruisseau, sous prétexte de fatigue, ou quelques centaines de pas à perdre, à droite ou à gauche, dans une feinte habile, jusqu'à ce que l'importun se soit éloigné et nous ait rendu, par son absence, la bonne humeur qui eût été confisquée pour tout le voyage par le fâcheux de la diligence ou du wagon. Ces malheureux, que la vapeur emporte immobiles, pressés dans une caisse comme des marchandises, connaissent-ils l'imprévu, cet amusant ami du piéton ?

à moins que l'imprévu, les arrêtant tout court dans leur vol rapide, ne les effraie, ne les brûle, ne les tue par un de ces terribles accidents qu'ils ne peuvent ni prévoir, ni éviter! — Oh! l'heureux piéton! les autres roulent, voguent, passent; lui seul voyage, lui seul connaît les aspects si variés de la campagne, la diversité de ses habitants, les rêveries charmantes qui naissent d'un rocher décoré d'une mousse jaunâtre ou de capillaires, d'une source cachée sous les houx, des jeux des passereaux sur un vieux toit ou des canetons dans la mare, d'une chanson de laveuse écoutée, le soir, à travers les branches du saule, et dont la simplicité rustique, toute pleine de ressouvenirs d'enfance, caresse si délicieusement l'oreille et le cœur! Ceux qui ont ainsi parcouru des pays accidentés à l'âge où l'agilité de la jeunesse et son peu de besoins rendent de longues marches faciles et de mauvais gîtes très-supportables, ceux-là vous diront combien ces courses pédestres égaient encore leur mémoire longtemps après qu'ils en ont perdu le premier plaisir. L'imagination du piéton prend quelque chose de raréfiant comme l'air des montagnes et des grèves où il erre en toute liberté. Imprégnées, pour ainsi dire, des grâces champêtres prodiguées autour de lui, ses pensées s'élèvent légères comme l'abeille, harmonieuses comme l'oiseau, embaumées comme la fleur du chèvre-feuille, pures comme l'azur du ciel.

Mon ami, qui ne connaît pas encore Sainte-Anne-d'Auray, a voulu commencer nos courses par le

Morbihan, afin de visiter plus tôt ce petit bourg célèbre par tant de miracles, et où tout Breton, suivant un dicton populaire, doit se rendre vivant ou mort. Nous sommes en ce moment sur la lisière des Côtes-du-Nord, au pied des ruines de l'abbaye de Bon-Repos, et tout à l'heure nous entrerons, par la forêt de Quénécan, dans ce Morbihan où j'ai fait, il y a huit ans, un voyage en diligence. Avant d'y pénétrer une seconde fois, et, pour le coup, en véritable voyageur, je dois vous parler des localités traversées jusqu'ici, et principalement de Carhaix, patrie du valeureux Corret de La Tour-d'Auvergne. L'étymologie du nom de Carhaix ou Ker-Ahès a été très-débattue, ceux-ci donnant pour fondateur à la ville un général romain du cinquième siècle, nommé Aëtius ; ceux-là une femme du nom d'Ahès, et dont une pierre, longue de 30 pieds, voisine de la chapelle de Notre-Dame-de-Confort, ne suffirait point à couvrir la sépulture. Quelle était véritablement cette Ahès, l'âme de toutes les traditions du pays, la princesse ou la fée à qui l'on attribuait, dès le treizième siècle, la construction des voies romaines sortant de Carhaix, comme on en trouve la preuve dans un poëme manuscrit de cette époque, cité par M. Bizeul? Assurément, il est difficile d'admettre la taille gigantesque de la dame couchée en neuf plis dans une fosse de plus de 30 pieds de long, et qui, croyant conserver éternellement sa jeunesse,

> Fit faire un grand chemin ferré
> Par où alast à Paris la cité.

Mais en appliquant le prodigieux de l'histoire à l'importance des travaux entrepris par la princesse plutôt qu'à la hauteur de sa stature, il faut convenir que le nom d'Ahès la Géante, conservé dans toutes les campagnes, rappelé par Éguinaire Baron, jurisconsulte du seizième siècle, et le seul qu'on trouve jusqu'à cette époque dans les chartes recueillies par les Bénédictins, nous paraît mieux placé au berceau de l'antique cité armoricaine que le nom d'Aëtius préféré par le président Robien. Ce qui est incontestable, au moins, c'est l'ancienneté de Carhaix, son importance au moyen âge, sa position toujours pittoresque, au milieu de montagnes nues, sur une montagne aussi riante, aussi fertile, que ses voisines sont d'une désolante aridité. C'est d'un bois, c'est d'un verger, dont les arbres entourent la ville d'une ceinture de feuillage que s'élèvent les tours de Saint-Pierre et de Saint-Tromeur. La seconde de ces églises, monument du seizième siècle, est surtout remarquable par la délicatesse des ornements de sa façade et de son portail ogival à deux baies, entre lesquelles sur le haut d'une colonne, est un personnage accroupi que semblent dévorer deux animaux. Au-dessus est la statue de saint Tromeur portant sa tête dans ses mains, et, de chaque côté du portail, une autre statue également décapitée, mais cette fois mutilée par le vandalisme impie qui n'a pas épargné notre vieille province. La porte en bois où l'on a reproduit la légende du saint patron, des restes de vitraux où la mort apparaît dans toutes les scènes, une statue de chevalier, enlevée à quelque tombe oubliée, et placée debout à l'un des angles du cimetière, attirèrent aussi notre attention. De Saint-Tromeur nous nous rendîmes à Saint-Pierre, église beaucoup plus ancienne, et sous le porche de laquelle un ossuaire a ses ouvertures. C'est toujours la pensée de la mort rapprochée de l'idée de Dieu, alliance existant partout en Bretagne, où quelques-uns des monuments les plus curieux sont ces petits temples remplis d'ossements, placés au centre de la plupart de nos bourgs et de nos villages. « Les « Bretons, écrivait dans ses *Origines gauloises* le « héros dont la statue orne la promenade de Car- « haix, les Bretons viennent verser des larmes sur « la tombe d'un père, d'un ami, d'un bienfaiteur, « vingt ans après les avoir perdus. Jamais on ne vit « la mémoire des personnes qui leur furent chères, « s'éteindre et s'ensevelir avec elles... Les dépouilles « mortelles de leurs parents sont des reliques pré- « cieuses qu'ils enchâssent et conservent avec un « soin religieux. Ils les exposent à côté des places « qu'ils occupent habituellement dans nos temples, « afin d'éterniser, par la vue de ces précieux restes, « les sentiments qui sympathisent le plus avec une « tendre et pieuse affection. »

Je viens de vous citer La Tour-d'Auvergne, et en rencontrant sous ma plume, dès ma première lettre, un nom si glorieux pour la Bretagne, je ne puis me défendre de quelque orgueil. Le premier grenadier de France est en effet une des renommées les plus pures de la fin du dernier siècle. Bravoure, désintéressement, modestie, dévouement héroïque, il avait tout reçu en partage, et ces vertus il les rehaussait encore par la simplicité de sa vie et la sincérité de ses sentiments religieux. Il faudrait remonter aux plus beaux caractères de l'antiquité pour peindre dignement l'admirable soldat qui, comme le disait au premier Consul le ministre de la guerre, Carnot, « nommé le plus brave par tous les braves, ne se « montrait avide que de gloire, et n'ambitionnait « rien, après trente-trois ans de services et de pro-« diges de valeur sur les champs de bataille, au-« dessus de son grade de capitaine de grenadiers. » Sans doute, le biographe de La Tour-d'Auvergne devra des éloges au philologue, au savant, à l'auteur des *Origines gauloises*; mais pour nous, l'intrépidité du soldat, la grandeur d'âme du citoyen, la bonté, la générosité de l'ami nous subjuguent d'une manière si exclusive, qu'il nous a été impossible de penser à autre chose au pied de cette belle statue où le héros de Carhaix semble revivre sous l'habile ciseau de Marochetti. Nous avons cru le voir se précipiter avec les grenadiers de sa *colonne infernale* à l'attaque de cette forteresse de la Bidassoa qu'il fallait emporter pour s'emparer d'une importante position. Le canon et la mousqueterie enveloppaient les assaillants d'un nuage de feu : Qu'importe ! A ses soldats les créneaux vers lesquels sont pointés les canons de leurs fusils ! à lui la porte qu'il frappe, qu'il ébranle à coup de poings et à coups de tête ! Dans les prisons d'Angleterre, c'est sa cocarde enfilée jusqu'à la garde de son épée, et celui qui venait pour la lui arracher défié d'oser la prendre à cette place. A l'entrée du port de Souva, deux de ses soldats vont être engloutis dans les flots; La Tour-d'Auvergne est là, il se jette à la mer; il va périr lui-même victime de son dévouement, sans un jeune tambour qui le sauve et le ramène épuisé au rivage. Au siége de Mahon, où il se trouvait en qualité d'aide-de-camp du duc de Crillon, c'est encore lui qui s'élança seul, sous une grêle de balles, pour relever un officier espagnol tombé dangereusement blessé au pied des remparts après un assaut, et que tous les siens avaient abandonné lâchement. Le roi d'Espagne voulut le récompenser en lui envoyant la croix de l'ordre de Charles III et le brevet d'une pension de deux mille écus; mais le Breton croyait n'avoir rempli qu'un devoir bien simple en s'exposant à la mort pour sauver un de ses semblables, et il refusa l'argent du prince étranger.

Je vous le demande aussi! qu'aurait-il fait de sa pension de deux mille écus, cet esprit grave et recueilli ne connaissant d'autres plaisirs que l'étude; si peu ambitieux, qu'il refusait tous les grades supérieurs pour conserver son titre de capitaine; si simple dans ses goûts, si peu ami du luxe, du *confort*, comme on le dit aujourd'hui, qu'il ne portait d'autre habit que son uniforme, ne voulait d'autre lit, d'autre pain que celui de ses camarades les grenadiers? Disgracié par le gouvernement d'une révolution qui quelque temps auparavant l'aurait poursuivi comme ancien noble, si l'amour des grenadiers pour leur chef n'avait fait ce chef *indestituable*. La

Tour-d'Auvergne se sépara de ses vieux camarades, reprit la révision de ses *Origines*, prépara un dictionnaire polyglotte, déposa enfin l'épée pour la plume, jusqu'au jour où Le Brigant de Pontrieux, son ami d'enfance, lui confia le chagrin qu'il éprouvait du départ de son dernier fils, enlevé par l'insatiable conscription. Le Brigant était pauvre, il gémissait de ne pouvoir acheter un remplaçant pour le jeune soldat. — N'est-ce que cela? dit La Tour-d'Auvergne âgé alors de cinquante-six ans; je n'ai pas d'argent à t'offrir, mais je puis encore remplacer ton fils. Et le voilà qui jette de côté ses livres, et reprend comme simple soldat, comme remplaçant, son sabre et son havresac. L'armée des Alpes, et plus tard l'armée du Rhin saluèrent par leurs acclamations le vieux grenadier, dont les nouvelles actions d'éclat ne laisseraient jamais soupçonner un homme accablé d'infirmités et couvert de blessures, et parmi ses compatriotes, témoins de ses beaux faits d'armes, l'idée d'un *louzou*, d'un talisman caché qui lui assurait toujours la victoire, dut se confirmer de plus en plus.

La Tour-d'Auvergne avait, en effet, un *louzou*, et cet invincible talisman n'était autre qu'un grand cœur et une conscience tranquille. Nommé premier grenadier de la république par Bonaparte, qui lui décerna un sabre d'honneur et voulut l'appeler au Corps législatif, il sollicita comme une récompense mieux appropriée à son caractère ennemi de toute distinction individuelle, l'autorisation de rejoindre une dernière fois ses frères d'armes pour combattre encore avec eux, non pas comme premier grenadier, mais comme le plus ancien grenadier des armées françaises. Je dis *une dernière fois*, car il paraît certain que le pressentiment de sa fin prochaine l'occupait à son départ, et qu'il se recommanda tout spécialement aux prières des sœurs de son beau-frère, qui lui inspiraient une sainte confiance. Ses dispositions testamentaires étaient faites, ses amis avaient reçu ses derniers adieux, et quand, sur les hauteurs d'Ober-Hauzen, la lance d'un hulan lui porta le coup mortel, son âme fortement religieuse put monter sans crainte aux pieds de son juge.

Le cœur du premier grenadier de France, embaumé par les soins de son régiment, et renfermé dans une urne payée par les soldats qui, tous, voulurent y consacrer une journée de solde; ce cœur magnanime, porté durant plusieurs années sur les champs de bataille à l'ombre d'un drapeau si souvent victorieux, aurait dû trouver place, soit dans le monument public érigé à la mémoire de La Tour-d'Auvergne, soit dans une des églises de Carhaix, sa ville natale. Devenu la propriété de parents très-éloignés, n'est-il pas à craindre qu'une aussi précieuse relique ne tombe un jour dans des mains indifférentes ou peu respectueuses? On m'a raconté dans la chapelle de Beaumanoir, à Lehon, comment une dent et un fer de lance ayant été trouvés dans la tombe du héros de Mi-voie, le propriétaire de ces restes n'imagina rien de mieux que de faire de la dent l'ornement d'un sucrier. — A coup sûr l'idée est originale; mais je doute qu'aucun homme sérieux y trouve la dignité convenable.

Il ne nous restait à voir à Carhaix que la maison où naquit notre héros, son portrait à la mairie, celui de l'amiral Emeriau dans la même salle, et à l'une des extrémités de la ville l'aqueduc romain. Tout cela ne nous prit pas trois-quarts d'heure, et nous fûmes bientôt en route pour Rostrenen, où nous voulions passer la nuit.

Le Moustoir est un petit village à la limite des Côtes-du-Nord et du Finistère, où l'on voit encastré dans l'église un très-joli ossuaire dont personne n'a encore parlé. Plus loin, en allant toujours vers Rostrenen, est un reste de croix en granit dont le soubassement et la partie inférieure ont, des quatre côtés, des figures représentant différentes scènes de la passion. La route n'a rien d'attrayant. A droite et à gauche apparaissent, de distance en distance, des masures couvertes en chaume, montrant un bouquet de gui ou de lierre au-dessus d'une étroite fenêtre sans vitres, d'une porte vermoulue sur le seuil de laquelle jouent des enfants en guenilles; misérables auberges s'il en fut jamais, et que le peintre de la ville voisine, effronté comme un parisien, a décoré gaillardement sur l'enseigne du nom fastueux d'*hôtels*. On rencontre rarement cette outrecuidance dans nos campagnes : ordinairement l'auberge garde le nom modeste qui lui convient, et le plus souvent même, sans recourir au talent du barbouilleur pour attirer les chalands, l'aubergiste s'en tient à l'éloquence muette du bouchon qu'il détache des branches du pommier, ou du tronc vielli d'un chêne.

Pourtant, où les prétentions exagérées, les bouffées de l'orgueil ne pénètrent-elles pas? A un quart de lieue de Rostrenen est une petite chapelle qui porte le nom de Locmaria, et à la porte de laquelle on arrive en pataugeant dans une mare. Sa flèche, assez élégante, et rappelant les ravissants clochers du Finistère, passe pour une merveille dans le pays. Tandis que nous l'examinions, en reconnaissant qu'on nous l'avait beaucoup trop vantée :

« — Eh bien ! qu'en dites-vous? nous demanda un brave homme avec un geste emphatique qui ne laissait de réponse qu'à l'admiration; vous n'avez sans doute rien vu qui vaille cela ?

« — Nous sommes du Finistère, répondis-je, et là nous avons des clochers plus élevés et mieux travaillés encore.

« — Mieux que notre clocher à nous ! reprit le paysan en faisant claquer ses doigts. *Nix!* Je suis un vieux troupier, moi, j'ai fait les guerres de l'Empire avec l'Ancien, et je sais qu'il n'y a que la tour de Babylone qui approche un peu de celle-ci ! »

Nous ne voulûmes point irriter ce vieux soldat par une discussion inutile, et, d'ailleurs, quoi de plus innocent que cet orgueil dont la source est peut-être moins dans un défaut que dans les plus doux sentiments du cœur! L'église où l'on a été baptisé, où l'on s'est assis sur les bancs du catéchisme, où l'on a reçu sa compagne des mains de Dieu et fait bénir ses enfants; l'église à côté de laquelle on a son champ, son toit, sa famille, ses souvenirs et ses espérances : cette église, quelle que soit la pauvreté de son architecture, a bien droit à toutes nos préférences, dût notre amour, comme tous les amours de ce monde, se repaître d'illusions. Et puis, s'il y a là un léger travers, n'est-il pas préférable à la sotte manie de bien des gens toujours prêts à décrier la terre qui les nourrit, la maison qui les protége, pour exalter, sans plus de raison, d'autres pays, d'autres peuples, dont le premier mérite, après tout, aux yeux de ces mécontents et de ces ingrats, est qu'ils leur sont tout à fait étrangers. L'amour de la patrie, même dans ses petites faiblesses, est du moins respectable. Heureux qui conserve cet amour dans toute sa naïveté! bien à plaindre qui l'a perdu, et ne trouve après une absence que le froid dédain en voyant se dessiner à l'horizon le clocher du pays natal !

Guillaume au court nez. — Les bords du Blavet. — L'abbaye de Bon-Repos. — La forêt de Quénécan. — Ballade des *Fils Euret*.

Rostrenen, petite ville à un quart de lieue de laquelle est située la chapelle de Locmaria, rivale de la tour de Babylone, n'a d'intéressant que le souvenir de quelques noms célèbres. L'un d'eux est celui de Guillaume, sire de Rostrenen. A Orange et sur plusieurs autres champs de bataille, le sire de Rostrenen défit les infidèles, et ce fut dans un de ces combats où un Sarrazin le blessa au visage, qu'il acquit, au prix de son sang, le surnom de *Guillaume au court nez*. Dans les tristes démêlés de Louis-le-Débonnaire avec ses fils, le seigneur breton prit hautement le parti de la paternité outragée, et se mettant à la tête des sujets demeurés fidèles au malheureux prince, que des enfants dénaturés jetèrent deux fois au fond d'un cloître, il renversa Lothaire d'un trône usurpé, y replaça Louis, poursuivit la révolte dans le Maine, jusqu'au moment où trahi par ses propres soldats, il mourut l'épée à la main pour la cause trois fois sainte de la morale éternelle et de la religion. Accompagné seulement de quelques braves parmi lesquels était son frère, il eut du moins l'honneur de protester jusqu'au dernier soupir contre l'ingratitude filiale, et tous les désordres qui, à cette triste époque de notre histoire rendaient la France assez semblable à son malheureux monarque, infirme, découragé, mourant lui-même six ans après, tué par la douleur et la faim.

Rostrenen n'a érigé aucune statue, n'a gravé aucune inscription à la mémoire de ce guerrier mort comme La Tour-d'Auvergne sur le champ de bataille. Rien non plus ne dit à l'artiste arrêté dans l'église devant un tableau d'Assomption, rien ne lui dit qu'Olivier Perrin, l'auteur de ce tableau, le dessinateur si vrai, si original de la *Galerie bretonne*, est né aussi dans cette petite ville exclusivement occupée aujourd'hui de l'élève des bestiaux. Pourquoi vous étonneriez-vous de cet oubli? N'avons-nous pas vu ailleurs, à la distribution solennelle des prix d'un comice agricole, décerner une prime de trente francs pour un cochon gras tandis qu'on n'estimait qu'au tiers de cette somme la gratification accordée à un bon domestique de campagne pour trente années de loyaux services et de dévouement? On nous dit que la vertu est au-dessus de ces récompenses matérielles : je le veux bien. Alors trouvons autre chose à donner que deux pièces de cinq francs à ces pauvres laboureurs réunis avec tant de pompe, et que l'on croit devoir encourager. Si le numéraire est inutile dans cette occasion, qu'on le supprime; au moins une comparaison choquante ne viendra à l'esprit de personne, et l'on pourra croire, à défaut de sympathies bien vives, à un reste de respect pour la vertu.

Vous parlerai-je de Gouarec qu'il nous faut traverser pour suivre le long du canal de Nantes à Brest la route agreste qui va nous conduire devant les ruines de l'abbaye de Bon-Repos? Non! sachez seulement que les portes latérales de son église s'ouvrent dans un joli jardin où toute la paroisse se promène après vêpres, et que le sacristain du lieu, qui nous fait traverser un pont et nous montre notre route, mérite une mention dans mes notes pour nous avoir si bien dirigés. Voyez-vous sur les deux rives du Blavet, ces montagnes, les unes arides, pierreuses, désolées, ayant pour toute végétation une herbe rare, et, çà et là, une touffe d'ajonc ou de genêt sauvage; les autres brodées de sillons aux dessins capricieux, nuancées de vert, de brun, de jaune, ou couvertes d'épais taillis au-dessus desquels s'élève un bois de hêtres, un rideau de pins? A leur pied s'étendent d'immenses prairies où fuit la rivière entre des peupliers, des saules, des arbustes penchés sur ses bords, quelques-uns à demi déracinés par les crues de l'hiver, et laissant flotter dans l'eau leurs branches mutilées. De blancs tourbillons s'échappent des écluses bouillonnantes, le toit de chaume d'une ferme apparaît derrière les pommiers de la colline, des rochers grisâtres se dressent au milieu des bois, ceux-ci tapissés de mousse, de liserons, de plantes grimpantes, ceux-là laissant échapper de leurs flancs nus tantôt l'églantier à fleurs roses, tantôt le houx aux branches épineuses et luisantes où pendent des grappes de corail. Les joncs tremblent au bord des flaques

2

d'eau couleur d'azur et dans lesquelles sous les feux caressants du soleil de mai on croit voir danser des étincelles. Les ruisseaux courent dans les prairies, se perdent dans la profondeur des bosquets, brillent à travers les oseraies, les fougères, les pervenches, d'où ils s'échappent bientôt en cascades, rapides, joyeux comme les oiseaux qui s'y désaltèrent et y trempent leur ailes en passant. Que d'harmonies dans ces feuillages, ces buissons, ces fourrés mystérieux ! Ce n'est point la linotte, la fauvette, le rossignol qui chante ; c'est la mélodie elle-même, c'est quelque chose de trop doux, de trop enchanteur pour oser lui donner un nom.

Mais voici devant nous, de l'autre côté de la rivière, et au milieu des jardins, les ruines de Bon-Repos. Les bâtiments de cette abbaye fondée le 24 juin 1184 par Alain III, vicomte de Rohan et Constance de Bretagne sa femme, conservent seulement du côté des vergers un reste de toiture percé de vingt crevasses, où pendent des planches pourries, des poutrelles, des poutres menaçantes, et qui n'attendent qu'une nuit de tempête pour s'écrouler entre les murs des chambres que ses ardoises rongées de mousse semblent vouloir encore protéger. Les gonds rouillés demeurés à quelques-unes des vingt-deux fenêtres de la façade donnant sur le Blavet, les poutres noircies entrevues dans l'ombre à travers les ouvertures, le style moderne de ce vaste édifice reconstruit au siècle dernier à l'exception de l'église, et où le lierre n'a encore jeté qu'avec parcimonie ses gracieuses tentures ; cette décrépitude soudaine enfin, ouvrage de la haine, de la cupidité, des passions mauvaises, et non du temps, donne à ces ruines austères, je ne sais quoi de lugubre qui glace le cœur. Un monceau de terre et de pierres mêlées à des touffes d'ortie, couvre les marches brisées de l'escalier du portail au-dessus duquel on remarque la niche vide de Notre-Dame, et la mitre mutilée de l'abbé ! A l'intérieur, le cloître n'est plus que débris, piliers chancelants ou abattus, murs lézardés et croulants, et encore on se prend à regretter de voir tant de ces piliers, tant de ces murs debout en lisant les brutales inscriptions qui les salissent. Oh! quel sentiment de pitié et de dégoût l'on éprouve devant cette profusion d'impiété, d'immoralité, d'ignominie, de sottise, ou pour trouver place à tant de turpitudes, il a fallu grimper le long des murs à demi détruits, s'accrocher à des pierres chancelantes, risquer vingt fois sa vie dans une ascension périlleuse, comme si les dangers d'une chute effroyable étaient amplement compensés par la gloire de laisser après soi un outrage à la pudeur et à la religion ! On l'a dit il y a longtemps : les hommes et les années s'y prennent différemment pour détruire; les premiers profanent, souillent tout ce qu'ils veulent abattre, quand le temps au contraire donne une majesté nouvelle à la ruine qu'il va renverser.

Les restes de l'église, édifice du treizième siècle que nous abordâmes par les jardins, se réduisent à quelques pans de murs échappés à la démolition, et au milieu desquels on remarque les colonnes du chœur et une belle fenêtre à ogive. Que sont devenus les tombeaux d'Alain et de Constance qui fondèrent cette abbaye pour y avoir leur sépulture ainsi que celle de leur fils ? Rien ne les indique dans cette effrayante dévastation, ils ont disparu avec les moines commis à leur garde.

Après avoir écrit sur mon genou ma première lettre et essayé de prendre un croquis de la principale façade de ce monastère, je me disposais à rejoindre mon compagnon occupé à dessiner les ruines de la chapelle, lorsqu'un petit paysan chargé d'une cruche qu'il allait remplir à la source, passa derrière moi. Je l'interrogeai sur ce couvent à deux pas duquel il était né, et dont il ignorait complètement l'histoire. On lui avait seulement parlé d'un homme habillé de noir, et qui, il y a une vingtaine d'années, vivait dans ces ruines comme une bête sauvage, n'adressant la parole à personne, ne demandant aucune nourriture, couchant sur la terre nue, objet de terreur, bien qu'il n'eût jamais fait de mal et qu'on ne connût de lui que sa misérable existence, ses larmes et ses gémissements. Je supposai qu'un des spoliateurs du monastère avait voulu expier son crime aux lieux mêmes où il l'avait commis. Je me trompais. J'ai su depuis le nom et une partie de l'histoire de ce malheureux, qui n'avait été pour rien dans la dévastation de l'abbaye, dernier refuge de ses infortunes.

Pour en finir avec Bon-Repos, vous saurez qu'on ne trouve dans la seule auberge du village ni cidre, ni vin, ni eau-de-vie, ni boissons quelconques.

« Voilà les barriques, nous dit le fils du cabaretier, mais elles sont toutes vides. Autrefois, nous aurions pu recourir à l'hospitalité des bons moines à qui François II, le 28 août 1481, faisait don de quatre tonneaux de vin à prendre sur le revenu de Past de Quimper-Corentin, et de cinq cents merlans à chaque fête de Toussaint, sur les sécheries de Cornouaille.

Nous reprîmes notre route le long de la rivière, au pied des montagnes, ayant toujours à notre droite les taillis, les bosquets que j'essayais de vous peindre tout à l'heure ; et, avec un cortége de papillons dorés plus agréables aux yeux du promeneur qu'à ceux du jardinier dont ils menacent les cultures, nous arrivâmes aux forges des Salles, dans l'immense et romantique forêt de Quénécan. Comment peindre ces charmantes allées voisines de la maison du garde, ce vaste étang des Salles à l'extrémité duquel des moulins, des chaumières, placés en contre-bas ne laissaient voir au niveau de l'eau transparente qui les reflétait que des cheminées aiguës, de vieux toits rongés de mousse ; ces chaînes de montagnes, ces taillis coupés de mille ruisseaux, ces bois sombres, ces rochers gigantesques souvent superposés les uns aux autres, et le dernier paraissant tout prêt à se détacher de sa base ? Comment rendre tant de merveilleux aspects sur ces monts couronnés de vapeurs, dans ces gorges sauvages, impénétrables dans ces clairières fleuries où, tableaux ravissants et délicieusement encadrés par les feuillages, se montraient tour à tour, dans un lointain lumineux, un arbre isolé au bord d'une eau dormante, un coin de prairie semé d'iris, un quartier de roc détaché du sommet de la montagne et qui, vu à cette distance, ressemblait à quelque horrible géant? Nous écoutions avec ravissement, quand nous eûmes laissé loin derrière nous les lourds marteaux des forges, ce bruit, j'allais presque dire ce silence composé du murmure des eaux, des jeux du vent dans les branches, de ces chuchottements des grands bois qui ont, comme les bruissements de la mer, le don de remuer l'âme, de lui parler, de la rapprocher de Dieu, et cela sans un accent distinct, avec la langue universelle des soupirs ! Tout à coup un son de clochettes se fit entendre dans les profondeurs de la forêt. Peu à peu le tintement se rapprocha de nous, et nous vîmes à la file une trentaine de chevaux maigres chargés de sacs de charbon passer devant nous dans le sentier qui menait aux forges. Trois ou quatre charbonniers accompagnaient ce convoi. L'un d'eux nous apprit que la forêt de Quénécan s'étendait sur huit communes, Sainte-Brigitte, Perret, Lescouet, Caurel, Saint-Aignan, Cléguérec, Silflac et Séglien. — Je suis, nous dit-il, de cette dernière paroisse, où se trouvent les ruines de Coat-an-Fao, le plus beau château de la Bretagne. Vous connaissez la chanson des *Fils Euret :*

« Mon frère Rogard, allons tous deux à la soirée à Coat-an-Fao.

« — Non, mon frère Marc, restons à la maison, car un gros temps s'annonce. »

Et il suivit lentement ses chevaux en chantant une de ces ballades si communes dans notre province, et dont l'air monotone, chanté d'une voix forte, sonore, arriva longtemps jusqu'à nous, accompagné de la sonnerie des clochettes. La complainte racontait les exploits sinistres de deux brihands fameux qui, sans doute, avaient ensanglanté plus d'une fois la forêt où nous cheminions seuls, sans armes, et l'esprit libre de toute inquiétude. Cette ballade m'avait été communiquée, il y a deux ans, par une femme d'un esprit aussi aimable que distingué, et qui apprécie mieux que personne les beautés naïves de nos poésies populaires. J'en indiquai le sens à mon ami :

« Notre chef nous accorde un grand congé il faut en profiter et nous amuser ce soir.

Nous ne porterons atteinte à la vie de personne, à moins d'être toisés et regardés de travers.

Au moment où ils se disposaient à partir, les cloches sonnaient d'elles-mêmes.

Les éclairs, le tonnerre, le vent, une tempête dans toute sa furie.

Quand ils arrivèrent à Coat-an-Fao, toutes les portes étaient closes.

Tous les habitants sommeillaient quand ils ont frappé à la porte de Téliaw Troadec.

— Compère, ouvrez-nous, ouvrez-nous la porte, un chien ne tiendrait pas dehors.

— Je n'ouvrirai pas ma porte, j'ai entendu parler de vous. Vous êtes de terribles brigands, vous avez ravagé ce pays.

— Si tu n'ouvres ta porte, nous l'enfoncerons ; il nous faut du feu pour nous chauffer.

Ils ont enfoncé la porte, ils ont tué le vieux Troadec et l'aîné de ses fils.

Le plus jeune a couru avertir les archers, qui, depuis longtemps, cherchaient les fils Euret.

Dix-huit archers sont arrivés pour prendre les fils Euret.

Quand Marc Euret les entendit, il s'élança de la maison.

— Si vous cherchez les fils Euret, ils sont prêts, les voici !

Le jeu de fleuret a duré trois heures et demie, et dix-sept archers ils ont tué.

Ils ont épargné seulement un vieil archer, pour qu'il racontât leurs exploits.

— Nous te laissons la vie, à toi ; va chercher un nouveau renfort.

Le vieil archer gémissait en entrant dans la ville.

— Nous étions partis dix-huit pour prendre les fils Euret, dix-sept ont été tués, et ils n'ont laissé que moi.

Un archer de dix-sept ans, apprenant cette nouvelle : — Mon maître, je vous conjure de me laisser partir.

Je garrotterai ces fameux Euret, et n'aurai besoin du secours de personne.

Il a mis son cheval au galop, à Coat-an-Fao il s'est rendu.

— Salut, dit-il, salut à ce village ! Où sont les fils Euret ?

Rogard, s'entendant nommer, bondit hors de la maison.

— Si vous cherchez les fils Euret, en voici un tout prêt à combattre.

Rogard a été terrassé et garrotté par l'archer de dix-sept ans.

En jouant du bâton et du fleuret, l'archer a gagné sur Rogard, et son triomphe était à son comble.

— Rogard, disait-il, je suis le maître des archers, puisque je t'ai vaincu.

Mais le frère Marc accourut de la maison comme un chien furieux.

— Aide-toi! aide-toi encore, Rogard! sans moi tu allais être pris.

Le mot n'était pas achevé, que le jeune archer était étendu mort.

Marie Troadec était au lit, appuyée sur son coude, et elle voyait le combat.

Garrottée avec des cordes, elle ne pouvait bouger que la tête.

Elle n'a pu se taire, et elle s'est écriée : — Ah! m'en coûterait-il cinq cents écus, je ferai prendre les fils Euret!

Rogard s'est détourné, et il a étranglé Marie Troadec.

Aussitôt ils ont mis le feu à la maison, et tout a été consumé.

Rien ne résiste à ces brigands, ils ruinent le pays.

Jamais on ne pourra prendre Marc Euret, il peut sauter 18 pieds de long et 18 pieds de large.

Il saute 18 pieds de hauteur, et retombe sur place.

Il est nerveux de corps, et il a dans les cheveux une grande force.

Personne ne pourra prendre cette troupe de malfaiteurs.

Quand passent les fils Euret dans les rues, de chaque côté les portes se ferment.

Les fils Euret ont effrontément traversé la ville de Nantes à midi.

— Voici les fils Euret ! disaient-ils. Où est la justice de cette ville ? — Tant qu'il y aura des vendredis dans l'année, on ne prendra pas les fils Euret. »

Ce qui domine dans cette rude poésie, où les faits sont racontés sans commentaires, c'est un mélange d'abattement et de terreur attestant qu'elle fut composée dans le pays du vivant même de ses terribles héros. Qu'on se figure, dans un coin de cette forêt encore si sauvage et qui l'était beaucoup plus en ce temps là, qu'on se figure, à la veillée d'hiver, dans la cabane du bûcheron où la hutte du sabotier, l'effet produit par ce récit emprunté à l'histoire locale et contemporaine ! La force et l'adresse prodigieuse des deux brigands, l'audace qui les portait à se montrer en plein jour dans les villes, et à braver la justice des hommes en attendant une autre justice inévitable, épouvantaient l'imagination populaire en lui persuadant que de tels hommes étaient invincibles, et qu'on essaierait en vain de leur résister. Tandis que le mendiant, l'hôte de Dieu, retenu pour la nuit, chantait, ou plutôt murmurait d'une voix dolente la lamentable complainte, comme le cercle d'auditeurs se resserrait autour du foyer ! comme les enfants frissonnaient dans les lits clos où la curiosité et la crainte les tenaient assis, le cou tendu, les yeux effarés, l'oreille moins ouverte au *guerz* du vieux pauvre qu'à tous les bruits de la forêt, où les fils Euret rôdaient peut-être à cette heure ! Autour de la cabane les branches mortes craquaient sous le poids des frimas, d'énormes amas de neige tombaient lourdement des cimes élevées, les hurlements des loups se mêlaient à la trompe des vents qui soulevaient le toit et secouaient la porte. C'était à en mourir de peur. Et, si quelque voisin assez hardi pour venir à la veillée, s'en retournait chez lui après avoir entendu la ballade, nul doute que l'arbre creux et mutilé par les siècles, l'yeuse tordant ses bras noirs sur le blanc linceul des neiges, ne parût au pauvre diable un brigand en embuscade, le farouche Rogard ou ce terrible Marc, qui franchissait 18 pieds d'un bond.

Mais la veillée dans la forêt de Quénécan avait bien d'autres récits. Le promontoire désolé de Castel-Finans a sa légende que je vous raconterai un autre jour, et où Saint-Gildas joue un rôle.

III

Legende de Castel-Finans. — Les Poulpiquets. — Les gendarmes de Cléguérec. — Les monuments druidiques. — Le jeu de *Pistolance*. — Le jubé de Saint-Fiacre.

Finans ou Comorre, car les deux noms appartiennent au même seigneur, comte de Cornouaille, avait un de ses châteaux sur la montagne escarpée qui porte le premier de ces noms, et où les antiquaires s'obstinent méchamment à ne retrouver aujourd'hui que les débris d'un retranchement en pierres brutes. Ce Finans, Barbe-Bleue de la Basse-Bretagne, en était à son quatrième veuvage quand il lui prit fantaisie d'épouser Triphyne, fille d'un comte de Vannes nommé Guérok. Les premières femmes du comte de Cornouaille avaient péri à peu près comme celle du farouche beau-frère de ma sœur Anne; Finans était connu pour sa cruauté et ses vices; aussi, pour arriver à ses fins, il usa de ruse et voulut se servir de la grande renommée de sainteté de Gildas-le-Sage, abbé de Rhuys. Après l'avoir attiré à sa cour, où le saint homme se rendit sous espérance, dit Albert-le-Grand, de convertir ce loup carnassier et d'en faire un doux agneau, il le décida à proposer de sa part une paix durable et alliance d'amitié au comte de Vannes, à condition que celui-ci lui donnerait la main de sa fille, à laquelle il promettait d'ailleurs bons procédés, honneur et cordiale affection. Le bon religieux ne désirant rien tant que la cessation de guerres désastreuses, plaida, insista auprès de Guérok et de Triphyne, et fit si bien que, malgré toutes leurs répugnances, les propositions du comte de Cornouaille furent acceptées à la seule condition que si la comtesse venait à déplaire un jour à son mari, ce dernier la rendrait à sa famille sans aucun mauvais traitement. Les noces se firent à Vannes avec une grande pompe, mais peu de temps après, la pauvre femme remarquant un changement de sinistre augure dans les manières de son époux, en conçut une telle épouvante, qu'elle ne songea plus qu'à s'échapper du château où elle vivait depuis son mariage, pour retourner se mettre au plus vite sous la protection de son père et de saint Gildas. La voilà donc un matin lançant sa haquenée au grand galop sur la route de Vannes, et poursuivie par le comte, accourant aussi de toute la vitesse de son cheval. Vainement, se voyant près d'être atteinte, elle se jette en bas de sa monture et cherche une retraite dans les halliers, Finans l'aperçoit, la saisit, et, sourd à ses prières et à ses larmes, la prend par les cheveux, et d'un grand coup d'épée asséné sur le cou, lui détache la tête qui roule ensanglantée dans la poussière.

Pendant que le meurtrier reprenait tranquillement la route de son nid de vautour, les serviteurs qui avaient accompagné la comtesse sans oser la défendre, arrivèrent à Vannes en grand émoi. Lorsqu'ils eurent raconté à Guérok comment ils avaient laissé Triphyne prosternée aux pieds de son mari qui la menaçait de son épée, le malheureux père appela la moitié de ses gardes, se mit à leur tête, et vola au secours de son enfant. Vous savez déjà qu'ils arrivèrent trop tard pour empêcher le crime ; mais Guérok se souvenant qu'il n'avait donné sa fille à ce monstre qu'à la sollicitation de Gildas, fit mander le moine, le conduisit dans la grande salle du château de la Motte, où le cadavre avait été déposé sur un lit funèbre, et là il demanda au saint religieux avec force larmes et gémissements si c'était ainsi qu'il devait s'attendre à revoir sa fille chérie, l'enfant de son cœur ? Ce reproche émut Gildas, qui se mit à genoux près du corps décapité et pria avec tout le peuple celui qui rendit à Marthe et à sa sœur Marie, Lazare mort depuis quatre jours. « La prière finie, dit Albert-le-Grand, il s'approcha « du corps, et prenant la teste, la lui mist sur le col « et parlant à la défuncte, luy dit tout haut : Tri-« phyne, au nom de Dieu tout puissant, Père, Fils « et Saint-Esprit, je te commande que tu te lèves « sur bout et me dies où tu as esté. » — La dame se leva, en effet, et dit devant la foule du peuple que les anges étaient prêts à la placer au paradis parmi les saints, quand les paroles de saint Gildas avaient rappelé son âme sur la terre. Avant ce miracle, Dieu avait déjà puni le barbare Finans. Sommé par le saint abbé de Rhuys de lui donner accès dans son château dont il avait fait lever les ponts et fermer les portes, il refusa d'obéir, et alors le saint prenant une poignée de poussière la jeta contre les murailles qui s'écroulèrent avec bruit, blessant grièvement le comte sous les décombres. Là ne s'arrêta pas la vengeance du ciel. Après de nouveaux crimes, Finans retiré dans un autre château qu'il possédait dans la paroisse de Pédernec, fut maudit par une assemblée d'évêques réunis en concile sur le Ménez-Bré, et qui, du haut de la montagne, appelèrent sur lui et sur sa retraite tous les anathèmes de l'Eglise ; malédictions efficaces qui fondirent sur le coupable en une maladie affreuse, et emportèrent son âme aux enfers dans des flots de sang. Sainte Triphyne est la patronne d'une petite paroisse aux environs de Rostrenen, et tout nouvellement, en janvier 1850, on a découvert en réparant la voûte de la chapelle de Saint-Nicolas de Bieuzy d'anciennes fresques qu'on dit du treizième siècle, et qui représentent différentes scènes de sa légende, en leur donnant toutefois une plus grande analogie avec le comte de Perrault. On y voit, par exemple, après la représentation des noces de Finans et de la fille du comte de Vannes, le mari prêt à partir et remettant à sa femme une petite clef; puis la porte du cabinet ouverte et laissant voir les sept femmes pendues à la muraille, puis le terrible interrogatoire, la sainte en prière et appelant la sœur Anne qui, la tête à la fenêtre, regarde sur la route et ne voit rien venir. Dans le dernier tableau pourtant, au moment où le barbare a passé un nœud coulant au cou de la désolée Triphyne, voici ses frères qui arrivent avec saint Gildas, tout prêts à gagner aussi une charge de capitaine en passant leur épée au travers du corps de leur peu regrettable beau-frère. Si ces fresques curieuses sont réellement du treizième siècle, nul doute que Perrault n'ait emprunté son récit à nos légendes comme Marie de France aux lais bretons ses jolis poëmes du *Rossignol* et du *Bisclavaret*. Quoi qu'il en soit, le meurtrier de Triphyne, voué à l'exécration du peuple, ici sous le nom d 'inans, ailleurs sous celui du Comorre, se montre encore quelquefois, assure-t-on, autour du Ménez-Bré, et dans les clairières de Quénécan où il attaque les voyageurs sous la forme d'un énorme loup qu'on ne peut vaincre qu'en lui donnant un coup de couteau au milieu du front.

Nous avions dit aux charbonniers que nous voulions traverser la forêt pour nous rendre à Cléguérec, et ils nous avaient donné des indications sur la route à suivre. Malheureusement ces indications étaient très-compliquées et la mémoire nous fit défaut. Au lieu de prendre la droite, nous prîmes la gauche. Malheureusement, disais-je? non, il n'est point malheureux de s'égarer pour voir le *Breil du Chêne*, la *Taille de la Magdeleine*, le *Vallon de l'enfer*, où les merveilleux effets de la nature se multiplient, se renouveilent sans cesse sous les formes la plus attrayantes ou les plus sévères. Nous marchâmes plusieurs heures sans rencontrer âme qui vive dans ces profondes solitudes, trompés deux fois par les clochettes des chevaux errants sans gardiens sous ces beaux ombrages, et que nous espérions voir encore conduits par quelqu'un pouvant nous dire où nous étions et nous remettre dans notre chemin.

En revanche, avec un peu d'imagination, il ne tient qu'à nous de croire à la rencontre d'une âme en peine. Dans un moment où le sentier se resserrait devant nous, s'enveloppait de plus de broussailles et de feuillages enlacés sous nos pieds et sur nos têtes, un animal de couleur fauve, le traversa rapidement, à une distance de moins de vingt pas, et s'arrêta un instant avant de pénétrer dans le fourré comme pour jeter un regard sur les indiscrets qui venaient troubler sa promenade. C'était un maître loup. Sa curiosité satisfaite, il s'élança dans la taille, la tête basse, en nous entendant parler de Finans le maudit.

Cependant le soleil baissait à l'horizon, et ce fut avec joie que nous aperçumes, au tournant d'un sentier, une cheminée au-dessus des arbres. Nous nous trouvions près de la cabane d'un garde. Une femme filait à la porte, et nous apprîmes d'elle qu'après cent détours il nous restait encore autant à faire pour nous rendre à Cléguérec qu'au moment où nous avions rencontré les charbonniers. Nous reprîmes notre route pour nous égarer de nouveau. Assurément les Poulpiquets, logés sous les dolmens de la paroisse de Cléguérec, et notamment dans ce vallon de l'Enfer d'un aspect si étrange et si horrible, avaient pris plaisir à troubler notre mémoire et à nous promener dans tous les coins de la forêt.

Les Poulpiquets, Cornandons ou Cornicanets, ces petits nains velus, noirs, hideux, que tant de braves campagnards, d'ailleurs incapables de mensonge, assurent avoir rencontrés au clair de lune dans les bois, les landes, autour des pierres druidiques; les Poulpiquets ne sont point une superstition particulière à la Bretagne, car on les retrouve sous d'autres noms en Ecosse, en Irlande, dans le pays de Galles, la Suisse, l'Islande, la Suède, le Danemark, la Finlande, un peu partout enfin, si l'on admet quelque différence dans leur figure ou leurs habitudes. Waldron raconte que les habitants de l'île de Man croient à des esprits qu'ils nomment les *Bonnes gens*, et qui sortant la nuit des forêts ou des montagnes, se glissent dans les chaumières où la famille avant de se mettre au lit, a toujours soin de remplir d'eau un baquet pour que les nains puissent s'y baigner commodément. Les *Brownies*, les *Daoînes shie* des Ecossais, sont capricieux, vindicatifs; ils habitent l'intérieur des collines, surtout celles de forme conique, et au point du jour, on voit au sommet de ces collines des marques circulaires où l'herbe jaunie et brûlée, garde les traces des danses de la nuit. Uhland nous montre Harald chevauchant à la tête de ses cavaliers dans une forêt de l'Allemagne : les guerriers portent fièrement les bannières enlevées à l'ennemi; ils chantent des hymnes de victoire, quand, des buissons, des branches d'arbres, de la mousse du torrent, s'élance légère et perfide la troupe des *Elfes*, dansant au milieu des soldats, sautant sur les coursiers, enlevant les épées, les bannières, entraînant les cavaliers eux-mêmes; rencontre funeste qui laisse Harald tout seul, la tête apesantie, les bras et les jambes sans mouvement, dans un sommeil magique où les années s'écoulent avec toute la rapidité d'un jour. Dans les forêts de la Sibérie, les *Liéchis* poursuivent les voyageurs de leurs espiégleries et de leurs grands éclats de rire; les Liéchis, changeant de taille suivant l'objet auprès duquel il se trouvent, tantôt de la hauteur d'un chêne, tantôt de celle d'un épi de blé ou de l'herbe du chemin. Tous ces esprits, qu'on les appellent Liéchis, Elfes, Brownie, Daoïne shie, Bergmaennleins ou Poulpiquets, même dans leurs bons moments, sont d'humeur malicieuse et de relations très-peu sûres. On profite, néanmoins, quelquefois de leurs bons offices. Par exemple, pour ne parler que des Poulpiquets, il en est qui tressent la queue des chevaux à l'écurie, balaient la maison quand la fermière sommeille, préparent la crême, vont même à la ville pour une commission pressée, sur une monture invisible, plus vite que le vent. « En Saint-Nolf, dit l'abbé Mahé, à un petit quart de lieue du bourg, près du moulin à foulon, j'ai vu sur une éminence un barrow entouré de douves. On dit qu'autrefois ce monticule servait de palais aux Poulpiquets, qui y pratiquaient des terriers comme les lapins. Ce petit peuple rendait service aux autres habitants du canton; car, quand ils avaient perdu quelque chose, ils venaient au commencement de la nuit à la garenne des nains, et ils disaient: Poulpiquets, j'ai perdu tel objet. Cette prière étai exaucée, et, le lendemain matin, on trouvait à sa porte ce qu'on avait perdu. »

Vous ne demanderez pas comment l'existence de

ces nains mystérieux obtient tant de créance sur des millions d'individus de toutes les nations; car, en interrogeant la partie immatérielle de notre être, inclinée par son essence et ses destinées vers l'ordre surnaturel, vous avez compris, comme moi, combien la pente est facile du merveilleux réel que tout chrétien est obligé de croire, au merveilleux des légendes populaires, qu'elles soient ou non le caprice d'une poétique imagination. Sait-on bien, d'ailleurs, dans ce monde des esprits que la toute-puissance de Dieu mène à son gré sans consulter notre sagesse; sait-on où le surnaturel s'arrête, où l'impossible commence, où l'honnête homme a le droit de dire à l'honnête homme : Ce que vous assurez avoir vu et entendu est faux et n'existe pas? — Une vérité incontestable, du moins pour moi qui l'éprouve comme je le dis, c'est l'intérêt singulier que nous inspire le fantastique, le plaisir qu'on trouve à le supposer au lieu où l'on passe, surtout quand ce lieu est le vaste dédale de Quénécan. Une nouvelle cabane se montra bien à propos au moment où nous allions nous croire enfermés, tout de bon, par les Poulpiquets dans un cercle magique. Cette fois, nous étions à la lisière de la forêt, et assez près d'un sentier, dans les prairies, qui nous conduisit à un chemin de traverse aboutissant enfin à Cléguérec. Nous avions rompu l'enchantement, le *sort* jeté sur nous par les nains; et pourtant ce ne fut pas sans regret que nous laissâmes derrière nous, probablement pour ne jamais les revoir, les arbres de cette belle forêt dont nous cherchions encore des yeux les tranquilles ombrages.

Après une excursion aussi paisible à travers les fourrées de Quénécan, sans y avoir rencontré ni les fils Euret, ni le spectre de Finans, ni farfadets, rien, sinon cet honnête loup qui nous céda poliment le passage, vous vous attendez à une sécurité complète pour nous dans tout le pays; vous nous voyez entrer à Cléguérec, le front haut, comme des hommes libres, sûrs de leur mérite, prêts à défier toutes les puissances de les arrêter en chemin. Erreur! Vous avez compté sur le baudrier jaune et le chapeau à cornes du gendarme. Ce jour-là même les gars du canton de Cléguérec avaient tiré à la conscription, et toute une brigade était réunie sur la place, le nez au vent, les mains dans les poches, attendant des quatre points cardinaux un sujet de conversation. Voici deux inconnus, arrivant du côté de la forêt, un sac mystérieux sur le dos, un bâton suspect à la main, les vêtements recouverts d'une blouse singulièrement compromettante. Ils s'avancent; ils demandent aux gendarmes eux-mêmes de leur indiquer une auberge où ils trouveront un lit et à souper. La force publique leur indique un bouchon; mais là, il faudrait partager la chambre de l'un de ces défenseurs de la société, et les voyageurs, qui trouvent qu'un tel compagnon donnerait tout de suite à leur réduit l'aspect d'une prison lugubre, vont frapper à une autre porte. Cette conduite assez louche était une première indication.

— Messieurs, vos passeports !

Les deux passeports sont tirés à l'instant d'un portefeuille. Oh ! malheur, l'un d'eux est irrégulier ; il s'y trouve une erreur de domicile faite à la Mairie de Morlaix, et que n'avait pas encore remarquée le porteur. Le gendarme court prévenir le brigadier ; le brigadier arrive, lit, regarde, se gratte l'oreille, frappe du pied, adresse question sur question à l'infortuné voyageur, qui, moyennant une pièce de deux francs dûment payée, se croyait muni d'un talisman égal au fameux : « Ouvre-toi, Sésame ! » Deux fois son ami veut intervenir dans le débat, deux fois on lui impose silence, de peur que ses paroles insidieuses ne dérobent à la justice un affreux conspirateur. Il faudra me conduire de Cléguérec à Pontivy, sous bonne escorte. En attendant, voyons M. le juge de paix. Mais le juge de paix a la migraine, il est au lit et ne peut rien entendre en ce moment. Tant pis pour la migraine ! il s'agit peut-être du salut de l'État. La porte de la chambre à coucher s'ouvre et nous comparaissons devant la justice du village. Vous l'avouerai-je ? je n'attendais rien de bon de cette visite inopportune au chevet d'un homme fatigué, et souffrant, et je n'en fus que plus agréablement surpris quand le digne magistrat me parla de mes poésies, qu'il connaissait, et changea par quelques paroles aimables la tempête en bonace, les soupçons en civilités. Délivré par les muses de l'escorte qui se disposait à nous faire honneur sur la route de Pontivy, je me rappelai, en regagnant notre auberge, ce que raconte Virgile du pouvoir de la lyre d'Orphée :

Ixion immobile écoutait ses accords ;
L'hydre affreuse oublia d'épouvanter les morts ;
Et Cerbère, abaissant ses têtes menaçantes,
Retint sa triple voix dans ses gueules béantes.

La part faite à l'exagération poétique, l'enfer d'Eurydice pouvait bien être tout bonnement une prison comme celle de Pontivy, Ixion un voleur de grand chemin, Cerbère un geôlier, l'hydre un gendarme.

Je ne sais si cette aventure, en nous rendant injuste pour Cléguérec, nous empêcha de remarquer dans son église, où nous fîmes notre prière le lendemain matin, les colonnes torses du maître-autel, qu'on nous vanta depuis comme très curieuses, ainsi qu'une autre colonne qui s'élèverait dans le cimetière, et devant laquelle nous aurions passé le chapeau à cornes et les grandes bottes du brigadier dans les yeux. Toutefois, ces merveilles ne nous ayant pas été signalées par un bon prêtre de Malguénac, alors à Cléguérec, et qui, prévenu de notre arrivée par le juge de paix, vint nous faire une visite très amicale, nous serions portés à croire qu'il y a ici quelque erreur dans le nom du bourg. Mentionnons seulement sans rancune deux grottes aux fées : l'une nommée la Maison des Korriganets, au coin d'un champ appelé *parc-er-bé* (champ du tombeau), entre le village de Gouvello et celui de Bod-er-Barz ! l'autre nommée aussi Chambre des Nains, *Camprenn en Korriganets*, au village de Bod-er-Mohet. Vous savez que les grottes aux fées ou allées couvertes sont un assemblage de pierres verticales contiguës les unes aux autres, et soutenant des pierres horizontales qui les recouvrent comme d'un toit. Les deux grottes de Cléguérec, dont la première peut avoir douze mètres de longueur, et la seconde de vingt à vingt-quatre, ne sont plus ce qu'elles étaient au temps des Druides. Plusieurs pierres des parois ont été enlevées ou renversées sur le sol, et de celles qui formaient la voûte de l'allée couverte de Parc-ar-Bé, une seule repose encore sur ses appuis. On voit aussi dans la même commune un petit menhir à l'entrée du taillis du Breil du chêne, et dans les landes de Bieuzent et du Reste deux tumulus.

A ce mot en us il me semble que vous m'arrêtez tout court, pour me demander quelques explications sur les dénominations diverses appliquées aux monuments druitiques. A la bonne heure ! Je viens de vous expliquer l'allée couverte, ne différant guère des dolmens que par la dimention plus petite de ces derniers, et surtout par l'espace laissé dans le dolmen entre les pierres verticales se touchant dans l'allée couverte. Le menhir ou peulvan est, comme le dit la langue celtique, une pierre longue, un pilier de pierre planté debout. Le cromlec'h est une réunion de menhirs formant une enceinte presque toujours circulaire, et au milieu de laquelle est un menhir isolé ou un dolmen. Le lichaven se compose de trois pierres, dont deux sont debout et la troisième placée sur leur sommet comme le dessus d'une porte. Les roulers sont d'énormes blocs, i bien en équilibre sur un rocher que la main d'un enfant suffit pour leur imprimer un mouvement oscillatoire. On donne le nom de galgals à des monceaux de pierres, de forme conique, qui atteignent quelquefois trente ou quarante pieds d'élévation. Enfin, les barrows ou tumulus sont aussi des buttes artificielles, mais composées de terre et non de cailloux. Quant à l'histoire et à la destination de ces monuments, tous en pierres brutes, demandez-les aux savants, qui ne sont nullement d'accord pour vous répondre ; ou plutôt laissez-là les savants, supposez ici des tombeaux, là des autels, plus loin un monument commémoratif d'une victoire ; l'important, tandis que les deux chauves de la fable se querellent, se battent, s'arrachent leurs derniers cheveux gris pour la possession d'un peigne, c'est que la rêverie reste assise aux pieds de ces colosses demeurés immobiles, silencieux, à travers les transformations successives des siècles. Le mystère ne déplaît point à la méditation religieuse, et l'imagination de l'artiste et du poète le regardent comme un attrait de plus. Les lierres grimpants, les mousses, les giroflées sauvages dérobent souvent aux yeux les élégantes moulures d'une fenêtre, d'un chapiteau, et pourtant qui oserait arracher à la ruine son voile de verdure, parure si bien en harmonie avec sa grâce pensive, sa mélancolique pensée ?

Prenez maintenant la carte du Morbihan, cherchez-y Cléguérec, et en ensuite parcourez un peu au hasard, comme nous l'avons fait nous-mêmes, quelques-uns des bourgs qui s'en rapprochent le plus. A

Stival, il y a réellement un pilier ou une colonne dans le cimetière, nommé la pierre de Saint-Mériadec, et qui n'est autre chose qu'un menhir surmonté d'une croix. L'église de cette paroisse possède encore de beaux vitraux du seizième siècle ; les uns représentent la Passion en douze tableaux dont un seul a été détruit ; les autres, la généalogie de la sainte Vierge, invoquée à Stival sous le nom poétique de Notre-Dame-des-Fleurs. D'autres jolis vitraux consacrés à Notre-Dame de Liesse ornent la chapelle de Loc-Maria-Coat-an-Fao, en la paroisse de Séglien. Dans celle de Silfiac, la chapelle Saint-Adrien se recommande à l'attention par de belles fenêtres du genre flamboyant, et par le groupe bizarre sculpté sur une des consoles placées aux contreforts de l'abside, représentant un lièvre et un levrier unissant leurs pattes entre les mains d'un personnage ridicule, scène étrange, grotesque, et où l'on croit voir une allusion à la réunion définitive de la Bretagne à la France. Langoëlan a son allée couverte nommée encore *Ty en Korriganet;* Ploërdut, les fresques de la voûte de sa chapelle de Crénénan, son antique église paroissiale, plusieurs anciens retranchements, le souvenir d'une ruine dont les savants font le temple du *Dieu de Paris*, et les gens du pays encore une chapelle. Celle de la Trinité, au pied des montagnes noires, élégant édifice du quinzième siècle, mérite aussi une station des pèlerins, et bien que l'abbaye de Langonnet ait été transformée en haras, ils voudront la voir ; ils voudront visiter l'église romane du bourg, et dans la même commune trois menhirs, un dolmen, un tumulus, sans compter les traces d'une station romaine importante. A Saint-Nicolas de Priziac, après avoir jeté un regard au jubé, où l'on retrouve les principaux traits de la vie du pieux évêque de Myre, il faut parler aux anciens du pays du jeu de *Pistolance* ou du prince d'Orange ; il faut leur demander comment ce jeu, quelque peu barbare, a pu s'introduire dans un petit bourg de Bretagne, et associer aux colères jacobites de 1690 les fils des compagnons de Guillemot, de Gamber et Cadoudal ? Le bruit s'était répandu en France que la bataille de la Boyne, si funeste à la cause du malheureux Jacques, avait coûté la vie à son ennemi, et sur cette fausse nouvelle l'effigie de Guillaume avait été brûlée partout au milieu des réjouissances publiques, réjouissances trouvées si fort à leur goût, à ce qu'il paraît, par les habitants de Priziac, qu'ils en firent une cérémonie annuelle renouvelée pour la dernière fois en 1828. L'effigie du prince placée au sommet d'un bûcher, et renversée par un des plus habiles tireurs au moment où les fagots pétillaient sous l'étreinte des premières flammes, devenait une proie à déchirer, à briser, à broyer, et qu'on se disputait de manière à causer quelquefois la mort des combattants.

On ne prononcera jamais devant moi le nom du Faouet sans me rappeler une nuée de mendiants, aveugles, manchots, boiteux, paralytiques, infirmes de toutes sortes. La chapelle Saint-Fiacre, monument du quinzième siècle affreusement dégradé, et dont quelques-unes des statues enlevées du porche, brisées en morceaux, gisent éparses dans le cimetière, s'élève sur une colline à une demi-lieue de la petite ville, et tout près du confluent de l'Ellé et de la rivière du Laër. Son jubé en bois est un chef-d'œuvre d'architecture où l'artiste a multiplié les dessins les plus capricieux, les dentelles les plus légères, les plus ravissantes. De gracieux tympans à ogives au nombre de cinq, et qu'on dirait emportés sur les ailes des anges si heureusement placés parmi les ornements variés des culs-de-lampes, soutiennent une élégante galerie où les brillants caprices d'une imagination féerique se déroulent en arabesques, en festons, en guirlandes, en figures suaves ou bizarres, au milieu desquelles se dresse Jésus en croix entre le bon et le mauvais larron. Aux deux côtés de la grande porte de la jolie claire-voie supportant la galerie sont de charmants piliers ornés de statuettes représentant six fois et sur trois rangs le saint patron de la chapelle, tantôt une bêche à la main, tantôt un bâton. Au-dessus, on remarque saint Pierre et saint Paul. Puis, dans la frise de la claire-voie et dans celle de la galerie, des personnages grotesques, des animaux étranges, tout le fabliau du renard et des poules rajeuni par Florian, et dont la mise en scène assez malicieuse n'est pas précisément un sujet d'édification. L'auteur de ce beau travail sans rival en Bretagne, et qu'il faut renoncer à décrire dans ses ravissants détails, a laissé son nom sur un écusson de la façade du côté de la nef, où l'on voit que « l'an mil IIII^{cc} IIII^{xx} (1480) fust faist cest œuvre par Le Longan, ouvrier. » Soixante douze ans plus tard, une autre main, aussi très-habile, inscrivait seulement sur la belle verrière du transept sud de la même chapelle, représentant la vie de saint Fiacre : « P. Androvet, ouvrier, demeurant à Kemparalé, 1552. » Aujourd'hui on dirait *artiste;* mais sous ce nom plus fastueux et promettant davantage, trouverait-on aisément le mérite des ouvriers Longan et Androvet?

Après la chapelle Saint-Fiacre, il faut visiter encore, avant de s'éloigner du Faouet, la chapelle Sainte-Barbe, suspendue aux flancs d'une montagne, et dont la construction singulière, la situation pittoresque, sont bien faites pour exciter la curiosité. La chapelle de Saint-Adrien a aussi dans la filière de sa charpente une danse composée de huit personnages menée par Satan en personne, et dont les traits expriment une douleur d'autant plus vive qu'ils sont plus près de leur infernal conducteur.

IV

Conspiration de Cellamare. — *La mort de Pontcalec,* ballade. — Jugement et exécution. — Lettre de Mme de Talhouët.

Rapprochons-nous des bords du Scorff et revenons vers Guéméné par Berné, Kermascladen et Lignol. Quel est, à l'entrée de la forêt de Pontcalec, ce vieux château frappé de confiscation de 1720 à 1810, et sur lequel la mort tragique de l'un de ses possesseurs a jeté longtemps un voile de deuil? C'était à l'époque où les infamies de la régence soulevaient de dégoût tous les cœurs bretons. Despote comme le sont ordinairement les hommes corrompus, étrangers à toute véritable grandeur, Philippe se jouait des droits les mieux acquis, des promesses les plus sacrées, et chaque jour, pour élever plus haut son absolutisme assis sur un trône de boue, il enlevait quelques franchises aux vieilles provinces, il sapait, il détruisait quelques-unes de nos plus précieuses libertés. Les États, réunis à Vannes, avaient tenté de résister aux empiétements du pouvoir royal, alors si honteusement représenté, et le refus qu'ils firent au maréchal de Montesquiou de voter par acclamation le *don gratuit,* toujours facultatif, et qu'on voulait rendre obligatoire, au mépris des contrats de mariage de la duchesse Anne ; ce refus, où brille toute la fierté bretonne, amena l'établissement d'office des subsides et la dissolution violente des États. On apprenait qu'à l'avenir aucune assemblée politique n'aurait lieu sans une autorisation préalable du roi, ou plutôt de cet indigne régent ennemi de toute indépendance parlementaire. La province se couvrait de soldats, et vous comprenez si l'arrogante menace ressortant de ce grand déploiement de force était de nature à apaiser le mécontentement général. Les châteaux, les manoirs, les fermes, rivalisèrent d'indignation, s'exaltèrent en déroulant le tableau des turpitudes d'une cour dépravée, en énumérant les atteintes successives portées par le gouvernement de France aux libertés nationales, en démontrant, enfin, dans des conciliabules organisés dans les moindres villages, que l'acte d'union ayant été violé, la Bretagne devenait maîtresse d'elle-même, et n'avait plus qu'à proclamer et à défendre sa séparation. Dans le même temps, mais poussés par des motifs beaucoup moins purs, la duchesse du Maine, l'ambassadeur Cellamare, le président de Mesme, le comte de Laval, organisaient un vaste complot dont le but était de renverser le régent et d'élever à sa place Philippe V, roi d'Espagne, qui se croyait aussi des droits à la régence, et se prêtait d'autant mieux à ces intrigues qu'il n'ignorait pas combien sa couronne avait été convoitée par l'ambitieux duc d'Orléans. Il ne fut pas difficile de faire entrer la Bretagne dans cette conspiration, et des plénipotentiaires furent envoyés à Philippe V pour réclamer son appui. Une flotte se disposa à quitter les ports de Cadix et du Passage pour se diriger sur Port-Louis, où le débarquement devait avoir lieu; mais déjà une dépêche de lord Stanhope à l'abbé Dubois avait éventé le complot, et à la suite d'une perquisition chez l'ambassadeur d'Espagne, les portes de la Bastille s'ouvrirent pour plusieurs centaines de gentilshommes et d'écrivains. Le duc du Maine fut enfermé au château de Doullens, et la duchesse dans celui de Dijon, d'où elle sortit par un acte de lâcheté, que son caractère orgueilleux ne pouvait faire attendre d'elle, mais qui, du reste, se confondit dans la bassesse contagieuse de la plupart de ses amis les poëtes et les gentilshommes de cour.

Heureusement pour l'honneur de la Bretagne, il en fut tout autrement dans le pays des Beaumanoir et des Duguesclin; gentilshommes et paysans se préparèrent sérieusement à la lutte, et la province se couvrit d'émissaires chargés de réchauffer partout le patriotisme, prêchant comme une autre croisade le rétablissement de l'indépendance du duché. Le Parlement se mêla à la sédition pour la régulariser; les milices s'organisèrent par paroisse; les communautés des villes de Vannes, Hennebont, Morlaix, Quimper, Saint-Brieuc, Saint-Malo, Nantes, embrassèrent chaudement la cause nationale; l'insurrection, enfin, n'attendait plus qu'un signal pour éclater dans toute la province, quand la trahison livra tous les plans des conjurés au maréchal de Montesquiou. Traqués dans leurs retraites les plus cachées par les dragons des Cévennes et au moins vingt mille hommes d'infanterie, les Bretons essayèrent encore de combattre; mais la résistance n'était plus possible, et tandis que les premières bandes armées se dispersaient, il ne restait plus à leurs chefs qu'à fuir en exil. Puissamment aidés par leurs vassaux qui les aimaient, la plupart de ces chefs purent gagner les côtes et se réfugier en Espagne; mais tous n'eurent point la facilité ou la force d'abandonner la terre natale, et ceux qui demeurèrent en Bretagne restèrent exposés à toutes les vengeances des familiers du régent. Ces vengeances furent odieuses. Ce n'était pas assez des dragonnades et des villages livrés aux flammes, craignant pour les rebelles l'intérêt du Parlement de Rennes et des Parlements voisins, on établit une cour martiale pour les juger, pour les condamner sans miséricorde, car telle était la volonté de Mgr le duc d'Orléans. Trompés par la duplicité des juges de ce tribunal inique, sur quatre braves gentilshommes jetés dans les prisons, deux se livrèrent eux-mêmes, persuadés, d'après des promesses faites à leurs familles, qu'ils obtiendraient grâce pleine et entière. Ces derniers étaient MM. de Talhouët et Du Conédic; les deux autres étaient M. de Montlouis, surpris sous un déguisement au bourg de Priziac, et le jeune marquis de Pontcalec, dont une ballade populaire, recueillie par M. de la Villemarqué, raconte trop bien l'arrestation, pour lui préférer une sèche analyse qui n'aurait ni la même vérité, ni le même charme.

« Un chant nouveau a été composé, il a été fait sur le marquis de Pontcalec ;

— Toi qui l'as trahi, sois maudit ! sois maudit ! Toi qui l'as trahi, sois maudit !—

Sur le jeune marquis de Pontcalec, si beau, si gai, si plein de cœur !

Il aimait les Bretons, car il était né d'eux. — Toi qui l'as trahi, sois maudit ! etc.

Car il était né d'eux, et avait été élevé au milieu d'eux.

Il aimait les Bretons, mais non pas les bourgeois ;

Mais non pas les bourgeois qui sont du parti des Français ;

Qui sont toujours cherchant à nuire à ceux qui n'ont ni biens, ni rentes,

A ceux qui n'ont que la peine de leurs deux bras, jour et nuit, pour nourrir leurs mères.

Il avait formé le projet de nous décharger de notre faix ;

Grand sujet de dépit pour les bourgeois, qui cherchaient l'occasion de le faire décapiter.

— Seigneur marquis, cachez-vous vite ! cette occasion, ils l'ont trouvée.

Voilà longtemps qu'il est perdu ; on a beau le chercher, on ne le trouve pas.

Un gueux de la ville, qui mendiait son pain est celui qui l'a dénoncé ;

Un paysan ne l'eût pas trahi, quand on lui eût offert cinq cents écus.

C'était la fête de Notre-Dame-des-Moissons,

jour pour jour, les dragons étaient en campagne :

— Dites-moi, dragons, n'êtes-vous pas en quête du marquis ?

— Nous sommes en quête du marquis ; sais-tu comment il es vêtu ?

— Il est vêtu à la mode de la campagne : surtout bleu, orné de broderies ;

Soubreveste bleue et pourpoint blanc ; guêtres de cuir et braies de toile ;

Petit chapeau de paille, tissu de fils rouges ; sur ses épaules de longs cheveux noirs ;

Ceinture de cuir, avec deux pistolets espagnols à deux coups.

Ses habits sont de grosse étoffe, mais dessous il en a de dorés.

Si vous voulez me donner trois écus, je vous le ferai trouver.

— Nous ne te donnerons pas même trois sous ; des coups de sabre, c'est différent.

— Chers dragons, au nom de Dieu, ne me faites point de mal ;

Ne me faites point de mal, je vais vous mettre tout de suite sur ses traces.

Il est là-bas dans la salle du presbytère, à table avec le recteur de Lignol.

— Seigneur marquis, fuyez ! fuyez ! voici les dragons qui arrivent !

Voici les dragons qui arrivent, armures brillantes, habits rouges.

— Je ne puis croire qu'un dragon ose porter la main sur moi ;

Je ne puis croire que l'usage soit venu que les dragons portent la main sur les marquis !

Il n'avait pas fini de parler, qu'ils avaient envahi la salle.

Et lui de saisir ses pistolets. — Si quelqu'un s'approche, je tire !

Voyant cela, le vieux recteur se jeta aux genoux du marquis :

— Au nom de Dieu, votre Sauveur, ne tirez pas, mon cher seigneur !

A ce nom de notre Sauveur, qui a souffert patiemment ;

A ce nom de notre Sauveur, ses larmes coulèrent malgré lui ;

Contre sa poitrine, ses dents claquèrent ; mais, se redressant, il s'écria : « Partons ! »

Comme il traversait la paroisse de Lignol, les pauvres paysans disaient :

Ils disaient, les habitants de Lignol : — C'est grand péché de garrotter le marquis ! —

Comme il passait près de Berné, arriva une bande d'enfants :

— Bonjour, bonjour, monsieur le marquis ; nous allons au bourg, au catéchisme.

— Adieu, mes bons petits enfants, je ne vous verrai plus jamais !

— Et où allez-vous donc ? Seigneur, est-ce que vous ne reviendrez pas bientôt ?

— Je n'en sais rien, Dieu seul le sait. Pauvres petits ! je suis en danger. —

Il eût voulu les caresser, mais ses mains étaient enchaînées.

Dur eût été le cœur qui ne se fût pas ému ; les dragons eux-mêmes pleuraient.

Et, cependant, les gens de guerre ont des cœurs durs dans leurs poitrines.

Quand il arriva à Nantes, il fut jugé et condamné.

Condamné, non pas par ses pairs, mais par des gens tombés de derrière les carrosses.

Ils demandèrent à Pontcalec : — Seigneur marquis, qu'avez-vous fait ?

— Mon devoir, faites votre métier ! —

Le premier dimanche de Pâques de cette année, un message est arrivé à Berné.

— Bonne santé à vous tous, en ce bourg ; et où est donc le recteur d'ici ?

— Il est à dire la grand'messe, voilà qu'il va commencer le prône. —

Comme il montait en chaire, on lui remit une lettre en son livre.

Il ne pouvait la lire, tant ses yeux se remplissaient de larmes.

— Qu'est-il arrivé de nouveau, que le recteur pleure ainsi.

— Je pleure, mes enfants, pour une chose qui vous fera pleurer vous-mêmes.

Il est mort, chers pauvres, celui qui vous nourrissait, qui vous vêtissait, qui vous soutenait ;

Il est mort, celui qui vous aimait, habitants de Berné, comme je vous aime ;

Il est mort, celui qui aimait son pays, et qui l'a aimé jusqu'à mourir;

Il est mort à vingt-deux ans, comme meurent les martyrs et les saints.

Que Dieu ait pitié de son âme! Le Seigneur est mort, ma voix meurt!

— Toi qui l'as trahi, sois maudit! sois maudit! Toi qui l'as trahi, sois maudit! »

Tel est, le récit du poète, récit aussi touchant qu'admirable dans sa naïveté ; mais où l'éloignement du paysan pour le bourgeois est poussé jusqu'à l'injustice, puisque vous venez de voir que plusieurs communautés de villes firent cause commune avec les campagnes et les châteaux. La cour martiale était présidée par un étranger, un Savoyard, et tout fut mis en usage durant les débats, qui furent longs, pour aggraver la position des accusés. Tous quatre furent condamnés à avoir la tête tranchée, à Nantes, sur la place du Bouffay, et la sentence, prononcée à quatre heures du soir, devait avoir à neuf heures son exécution. Quatre religieux, amenés du couvent des Carmes à la prison et introduits dans la chapelle, y trouvèrent les condamnés, à qui le grand-prévôt adressa de cruelles et stupides questions sur le lieu à choisir pour y déposer leurs cadavres décapités, ajoutant une recommandation toute spéciale en faveur de l'église des Carmes, comme une des plus belles de la ville. Ces paroles sinistres, et l'approche du moment terrible, n'ôtaient rien à la vivacité, à l'enjouement de Pontcalec qui plaisantait M. Du Conédic sur ce qu'il cherchait son chapeau au moment où tous quatre en allaient perdre le *moule*. Cependant, le jeune marquis avait aussi des moments d'indignation. « Lier les mains à M. de Montlouis, disait-il, à des gentilshommes! » Et voyant M. de Talhouët à genoux : « Ah! mes pères, reprenait-il, voici l'homme le plus honnête de ce pays, et ils l'ont condamné à mort ! » — Du Conédic, au moment de marcher à l'échafaud, rappelait avec amertume qu'il avait servi vingt-huit ans, qu'il avait exposé mille fois pour le roi la tête livrée par lui à la hache du bourreau. — Vous le voyez pourtant, mon père, ajoutait Talhouët en s'adressant à son confesseur, nous nous laissons conduire comme des agneaux à la boucherie.

— C'est ainsi que vous imiterez notre Sauveur, répondit le carme; une parole pouvait terrasser tous ses ennemis, et, au lieu de déployer sa force, il ne montra que sa douceur et sa patience.

Et le funèbre cortége avançait vers l'instrument du supplice, à la lueur des torches et entouré de nombreux soldats. Des gémissements, des sanglots sortaient de la foule, et parvenaient à l'oreille des condamnés.

« Voyez, Monsieur, dit le père Nicolas à Talhouët, tout le monde pleure votre sort, et on ne plaignait pas celui de Jésus-Christ ! »

Madame de Montlouis parut à une fenêtre, et l'adieu déchirant qu'elle échangea avec son mari, émut tellement le peuple, qu'on put espérer un moment qu'on essaierait l'enlèvement des condamnés. Malheureusement, une tentative de ce genre ne pouvait réussir que dans le cas où elle n'eût pas été prévue, et le formidable appareil militaire déployé sur la place du Bouffay et dans les rues voisines, montrait que toutes les mesures avaient été prises en conséquence.

M. de Montlouis monta le premier sur l'échafaud, en priant à haute voix; puis vinrent MM. de Talhouët et Du Conédic, dont la mort chrétienne ne fut pas moins admirable. Trois coups de hache, trois voix éteintes dans la prière, trois cris d'horreur de la multitude, avaient averti Pontcalec que son tour était venu de poser sa tête sur le billot. Le jeune marquis recommanda au greffier, à qui il avait confié de l'argent, de faire prier Dieu pour le repos de son âme; puis, un dernier coup de hache, une dernière clameur, se firent entendre, et la foule s'éloigna, honorant comme des martyrs ces hommes trop grands, trop fiers, pour se prêter aux hontes de leur époque, et dont les quatre têtes sanglantes valurent la dignité de prévôt des marchands au président de la chambre martiale, M. de Châteauneuf-Castaignières. Triste élévation que celle-là! On frémit en voyant combien de gens n'arrivent aux honneurs qu'en écrasant du talon toute justice, toute vertu, toute conscience!

La lettre de madame de Talhouët au confesseur de son mari a été conservée, et je ne sais rien de plus déchirant que le reproche que s'adresse cette malheureuse jeune femme, d'avoir cru à la parole d'hommes sans foi, d'avoir, par excès de loyauté et de confiance, livré elle-même son mari au bourreau. — « Mon cher époux n'est donc plus, écrit-elle, et j'ai été privée de recevoir ses derniers soupirs! Ah! mon père, que ce calice est rude et amer pour moi, et que mon cœur en est pénétré. Je perds le plus aimable et le meilleur époux qui jamais ait été, et cela par ma faute. Je fus trompée, trompée, mon cher père, par des officiers qui le furent eux-mêmes, et je fus assez malheureuse que de le porter à s'aller rendre entre leurs mains, sur la parole qu'ils m'avaient donnée que c'était un sûr moyen pour obtenir grâce. Il suivit aveuglément tous mes désirs, et, par malheur, le plus insupportable pour moi, c'est son amour et le mien qui nous a perdus! Quels étaient ses sentiments à cet égard, ô mon très-cher père?.... Que vous a-t-il dit des quatre pauvres orphelins qu'il m'a laissés avec un bien qui ne va pas à 200 livres, pas même à 100 livres de rentes ?...... Je ne veux plus aspirer qu'à l'éternité bienheureuse, pour y voir mon Dieu et mon cher Talhouët. Quel spectacle, mon cher père, d'une femme qui n'a pas encore vingt-quatre ans, la voir perdre son cher époux aimé d'une passion qui tenait de l'idolâtrie, de le voir périr innocent d'un crime imputé......, et me laisser quatre pauvres petits enfants dont l'aîné a cinq ans!...... Voilà l'état pitoyable où je me suis réduite moi-même, heureuse, hélas! s'il ne m'avait jamais connue! Encore une fois, mon cher père, que vous en a-t-il dit, et croyez-vous pouvoir m'assurer qu'il soit devant le Seigneur? Oh! si cela est, que je suis consolée, et que je vais travailler ardemment pour le joindre devant mon Seigneur et mon Dieu! Que n'ai-je été assez heureuse pour mourir le même jour et du même genre de mort que lui ! Adieu, encore une fois, vanité et plaisir du monde, je vous abandonne pour jamais pour pleurer mon cher Talhouët. J'attends vos consolations, mon cher père, ne refusez pas de me satisfaire sur ce que je vous prie de me mander... Oh ! mon père, que mon âme est trempée d'amertume, et que la plaie dont mon cœur est percé est grande et douloureuse ! Ne pouvez-vous point, par vos prières, m'obtenir du Seigneur de voir et de parler à mon Talhouët ? O mon père ! si la compassion a quelque place dans votre cœur, obtenez-moi cette grâce, et veuillez vous souvenir dans toutes vos prières de la plus malheureuse et de la plus désolée femme qui fut jamais au monde. Je recevrai de vous avec joie la consolation que vous voudrez bien me donner ; vous m'êtes cher, puisque vous reçûtes les derniers soupirs de mon cher époux [1]. »

Ainsi gémit cette pauvre veuve, dont la douleur, la tendresse, la foi ardente, vont jusqu'à attendre un renversement des lois de la nature pour revoir un moment le malheureux père de ses enfants, l'époux bien-aimé qu'elle a perdu. Elle s'inquiète ensuite des dernières pensées de son mari, s'il n'est point mort avec quelque ressentiment contre une personne de sa famille ; elle demande, dans ce cas, à expier la faute qu'il a pu commettre ; elle n'épar-

---

[1] L'auteur des *Pèlerinages* n'a pas cru pouvoir rien changer au style, quelquefois défectueux, de cette admirable lettre.

gnera, pour le tirer de peine, ni pénitences, ni mortifications. Puis, l'infortunée se rappelle de nouveau son abandon, sa misère, sa jeunesse sans défense, et la vie l'épouvante dans ce monde dont le *démon est maître,* expression bien naturelle dans sa bouche après son horrible malheur. Maintenant, elle supplie le saint religieux de lui obtenir du Seigneur une mort chrétienne avec les mêmes dispositions que son cher Talhouët. Ne sait-elle pas que ses parents auront encore plus de pitié de ses enfants, quand ils les verront privés aussi de leur mère ? Mourir, mourir saintement, ce serait un moyen d'obtenir la grâce sollicitée tout à l'heure ; ce serait revoir Talhouët, non plus pour un moment, mais pour toute l'éternité !

Le nom de Talhouët est malheureux. Uni à celui de Pontcalec dans la sanglante tragédie que rappelle ce vieux château de la paroisse de Berné, je l'avais déjà lu et nous allons le relire, une douzaine de lieues plus loin, sur un monument commémoratif d'une catastrophe bien plus effroyable. En attendant, plaignons le voyageur qui passerait sans émotion devant ce château et cette forêt de Pontcalec, dont les arbres furent coupés à la hauteur de 9 pieds. comme marque de confiscation et de flétrissure. Le pèlerin ne s'éloigne point de son but en faisant quelques circuits pour visiter des lieux témoins de belles actions ou de grandes infortunes, ces lieux n'ayant guère moins d'éloquence que les autels où il va prier. La vertu et la douleur réveillent en nous le sentiment de l'infini ; toutes les deux élèvent l'âme, la dilatent, y découvrent des profondeurs cachées où la foi se recueille comme dans un sanctuaire. Que ce soit admiration ou tendre pitié, il faut que le cœur se gonfle de larmes, qu'il éclate, qu'il se brise, pour donner à la prière tout son essor. Cherchez dans vos souvenirs, le moment où vous vous êtes sentis plus près de Dieu, où vous avez mieux prié, et voyez si ce ne serait pas toujours après avoir tressailli au récit de quelque dévouement héroïque ou compati à quelque grande douleur.

V

Le tisserand de Guéméné. — Pèlerinage de Notre-Dame-de Quelven. — Monument d'Hippolyte Bisson

Il y avait à Guéméné une famille d'honnêtes artisans, composée du père, de la mère, d'un garçon de treize à quatorze ans, et de deux petites filles jumelles beaucoup plus jeunes. Caradec (c'était le nom du chef de famille), exerçait le métier de tisserand, métier perdu pour l'industrie isolée, par la formidable concurrence des grandes fabriques et d'autres causes inutiles à vous rapporter. Les journées, commencées à quatre heures du matin pour finir à dix heures du soir, fournissaient à peine aux besoins du ménage, et pourtant, en dépit des privations et des fatigues, on eût vainement cherché à dix lieues à la ronde un travail fait de meilleur cœur, égayé par plus de chansons, de contes et de joyeux propos, Caradec et sa femme étaient profondément chrétiens ; leur confiance pleine et entière dans le secours de la Providence, aurait suffisamment expliqué leur sérénité dans les mauvais jours de leur vie pénible ; mais ils avaient, en outre, pour les aider à supporter patiemment toutes les misères présentes, 500 écus déposés au fond d'une armoire, toute une fortune venue là par un héritage, et mise en réserve pour leurs enfants. Tandis que, penché sur son métier, le père faisait courir dans la trame la navette agile, et que la mère, préparant le fil, imprimait un mouvement rapide aux bras vermoulus du vieux dévidoir, l'espérance, cette agréable causeuse qui ne dédaigne pas plus la cave servant d'atelier au pauvre tisserand que le palais du monarque, tenait fidèle compagnie aux deux époux et les entretenait gaîment de tous les bonheurs en germe dans un sac de 1,500 fr. A Kermascladen, à deux pas de cette ravissante église gothique si coquettement ornée de sa jolie flèche, de sa rosace élégante, de ses gracieux clochetons, on avait un cousin, cultivateur aisé, père d'une petite fille charmante, et l'on songeait, en intéressant plus tard le jeune Caradec dans l'exploitation de la ferme de ce cousin, à la possibilité d'un mariage qui aiderait beaucoup ensuite à l'établissement des deux sœurs. Peu entreprenant et porté à la défiance, comme la plupart des paysans bretons, l'ouvrier se refusait à tirer parti de son argent avant l'époque où la réalisation de son rêve deviendrait possible, et, laissant là son capital improductif, il se bornait à travailler sans relâche, à souffrir par moment les cruelles épreuves de la misère, plutôt que de l'entamer. Un jour, un bourgeois de Pontivy lui ayant recommandé deux pièces de toile, il partit de Guéméné le matin, et se fit accompagner de sa femme, qui devait l'aider à rapporter les paquets de fil au logis. La maison, le soin de garder les deux jumelles, furent confiés au fils aîné, et divers retards ayant retenu les époux à la ville beaucoup plus longtemps qu'ils ne l'avaient supposé au départ, il était tout à fait nuit quand ils se rapprochèrent de chez eux. Ils remarquèrent bientôt avec épouvante, au-dessus d'un bois détaché en noir sur le ciel, une teinte rougeâtre qu'il était facile de reconnaître pour la lueur sinistre d'un incendie. Cette clarté, de plus en plus vive, semblait se montrer dans la direction de la demeure du tisserand, et celui-ci en ayant manifesté la crainte à sa compagne, immédiatement l'affreux soupçon devint pour tous deux une certitude dont l'horreur leur donna des ailes pour voler au secours de leurs enfants. Courant à travers les campagnes comme deux insensés, ils arrivèrent haletants, épuisés de fatigue, à demi morts de terreur, devant leur maison enflammée. Ils demandèrent à grands cris leurs enfants, on leur en montra deux : le fils et l'une des filles, vivants, quoique dans un pitoyable état ; l'autre, étouffée dans son berceau par la fumée, n'était déjà plus qu'un cadavre. On était accouru de la ville voisine trop tard pour sauver la pauvre enfant, mais assez tôt pour enlever aux malheureux incendiés le sac d'argent qui ne se retrouva point dans les débris. La mort de leur fille, les souffrances de leurs deux autres enfants gravement brûlés, la perte de leur petit trésor, de leurs meubles, des instruments de travail leur unique moyen d'existence, tout les accabla du même coup, et bien des gens qui se croient un grand courage seraient tombés à leur place dans l'abattement et le désespoir. Eux ne se découragèrent point, et dans cette extrémité, à la vitalité nouvelle de leur foi, à l'héroïsme de leur résignation, on eût dit que la flamme qui avait balayé devant eux toute leur petite fortune, venait de leur ouvrir en même temps une route inconnue vers la perfection et la sainteté. Loin de murmurer, d'accuser le ciel de leur détresse, ils se demandèrent si ce malheur immense n'était point la juste expiation d'une faute grave, et cette faute ils crurent l'avoir trouvée dans une préoccupation trop exclusive pour l'avenir de leurs trois enfants. De peur d'ôter à cet avenir un peu de sa sécurité, ils s'étaient refusé quelquefois le nécessaire; ils avaient fait plus, au lieu d'assister efficacement le pauvre comme ils le pouvaient en usant immédiatement des biens qu'ils tenaient de la Providence, ils n'avaient tendu vers lui, jusque-là, qu'une main parcimonieuse, se croyant quittes envers Dieu et le prochain pour une aumône qui fait travailler une heure plus tard, un morceau de pain qu'on retranche à son appétit pour le partager aux nécessiteux. Ces sacrifices, assurément méritoires, et qui, si on les compare surtout à certaines largesses prônées bien haut et vides de toute privation, passeront pour des miracles de charité; ces sacrifices apparaissent maintenant au tisserand et à sa femme, aussi misérables que peu rassurants pour leur salut. Trois jours après l'événement qui leur avait tout enlevé, ils se mirent en route pour la chapelle de Notre-Dame-de-Quelven, lui portant son fils sur ses épaules, elle sa fille dans ses bras. Tous les quatre priaient, les parents pliant sous le fardeau, les enfants couverts de plaies, et sentant par moment, au mouvement de la marche, leurs souffrances beaucoup plus vives. Jamais pèlerinage ne fut accompli avec une telle ferveur. On s'arrêtait un instant pour se reposer au pied des calvaires; on y couchait les deux malades, on pleurait, on chantait des cantiques à la louange de la bonne sainte Vierge, puis les parents reprenaient leur pesante charge et poursuivaient leur chemin courageusement. La belle tour de Notre-Dame-de-Quelven, reconstruite aujourd'hui à grands frais, n'était pas écroulée encore; les pèlerins la cherchaient des yeux, l'admiraient du cœur plutôt que de la pensée, et les aspirations de leur foi ardente s'élançaient avec elle vers le ciel. Ils n'apportaient aucune offrande à la Mère de Dieu; mais de quel prix devaient être au cœur de la Reine des miséricordes, les larmes, les bénédictions, les vœux de cette famille chrétienne si riche des grâces divines dans toutes les douleurs de son dénûment!

Le père s'engagea pour tous.

« — Très-sainte Vierge, dit-il, je viens vous demander la guérison de ces deux enfants, et pour le père et la mère du travail qui nous permette de vivre. Avant notre malheur, je me suis trop occupé du lendemain, sinon pour moi, du moins pour ma famille, et je sens qu'en cela j'ai péché devant Dieu et devant vous. Aujourd'hui je prends l'engagement sacré de donner à mes frères indigents, jour par jour, tout ce que je pourrais posséder au

4

delà de ce qui serait rigoureusement nécessaire à notre existence. J'ai craint la pauvreté pour mes enfants, mais je ne veux plus oublier à l'avenir que vous avez été mère aussi, et que votre divin Fils, né dans une étable, est mort pour nous sur une croix. »

Une prière aussi conforme à l'esprit évangélique devait être efficace. Les enfants éprouvèrent immédiatement un soulagement suivi, quelques jours après, d'une guérison parfaite; et la famille n'avait pas encore perdu de vue le clocher de Quelven, qu'un industriel de Pontivy, poussé, sans le savoir, dans cette route par Marie elle-même, offrait à Caradec un emploi relativement magnifique, et qui lui valait quatre fois ce qu'il pouvait gagner à son métier de tisserand. Aussitôt commença pour cette famille la vie d'abnégation et d'imprévoyance sublime qu'elle avait promis d'embrasser. On préleva sur les appointements la somme nécessaire aux dépenses de la maison, dépenses aussi restreintes que possible, et le surplus, appelé dans le ménage *la part de Notre-Dame-de-Quelven*, devint une caisse de secours ouverte à tous les indigents du pays. Tandis que le père entretenait le petit trésor, en s'occupant activement de ses devoirs d'employé, la mère raccommodait de vieux vêtements pour les vieillards, préparait des layettes aux nouveaux-nés, achetait des remèdes et du linge pour les malades, tirait enfin de ses ressources, toujours très modiques, un parti si avantageux, si intelligent, qu'on eût dit que Dieu renouvelait, en faveur de tant de zèle, le miracle du prophète Élie chez la veuve de Sarephta. Les deux enfants accompagnaient ordinairement leur mère dans la demeure des pauvres, et ils apprenaient d'elle à les soigner, à les consoler à les égayer, comme ils apprenaient de leur père à les aider, au besoin, d'un bon conseil. Trois années s'étaient écoulées de cette façon, aussi fécondes devant Dieu que stériles aux yeux de la prudence humaine, puisque la famille s'était enrichie de bonnes œuvres sans sortir de l'indigence, sans avoir pour ses besoins du lendemain la plus petite épargne quand l'adversité la visita de nouveau. Un devoir de conscience, que je ne puis expliquer ici, obligea Caradec à rompre avec un protecteur, et le résultat de cette rupture fut la perte de son emploi, le retour à Guémené au métier de tisserand et à la misère. L'ouvrier ne se plaignit à personne, et il fit bien ; car les vertus d'un ordre supérieur seront toujours incompréhensibles pour le vulgaire, et au lieu de paroles compatissantes il n'eût recueilli que blâme et reproches de ceux-là même qu'il croyait ses meilleurs amis. D'ailleurs, l'homme qui ne s'enrichit pas a toujours tort. Ne pouvait-il, dans trois ans économiser assez pour se tirer de presse en toute occurrence ? Un père ne se doit-il pas avant tout à ses enfants ? Ce qui lui arrivait aujourd'hui, n'était-il pas la juste punition de prodigalités folles, de largesses ridicules dans sa position, et beaucoup moins inspirées, sans doute, par une charité raisonnable que par un sot orgueil. Ainsi, d'une vertu poussée jusqu'à l'héroïsme on eût bientôt fait un défaut, un vice même, tant la pauvreté la plus honorable répugne à l'égoïsme toujours en quête d'accusations pour l'infortune, toujours en frayeur d'une estime et d'un attendrissement qui pourraient devenir onéreux! « Qu'il vienne, disait saint Basile dans son homélie sur le mépris des richesses, qu'il vienne à se présenter un pauvre à qui l'excès même du besoin interdise la faculté de se faire entendre, nous en détournons les yeux, bien qu'il soit notre semblable; nous échappons bien vite, comme si nous avions peur que sa misère nous gagne pour peu que nous ralentissions notre marche. Si la honte où le jette sa déplorable situation lui fait baisser les yeux, nous l'accusons d'hypocrisie; ose-t-il, dans le besoin qui le presse, fixer nos regards, nous le traitons d'insolent et d'effronté; quelque bienfait lui a-t-il donné de quoi couvrir sa nudité, nous prononçons qu'il n'est jamais content et qu'il n'est pas aussi pauvre qu'il le paraît; n'a-t-il à nous exposer que des haillons dégoûtants, notre délicatesse s'en offense, nous crions qu'il nous fait mal au cœur. Enfin, ajoute ailleurs l'éloquent évêque de Césarée, nous sommes moins sensibles à la joie de posséder des richesses qu'à la peur de rencontrer quelque pauvre, dont l'aspect importun, éveillant nos remords, nous rappelle au devoir de la charité chrétienne. »

Retombé dans toutes les misères de son premier état, Caradec eut donc raison de ne chercher qu'en Dieu seul ses consolations et son appui. Notre-Dame-de-Quelven, en lui obtenant trois années heureuses, semblait n'avoir eu d'autre but que d'éprouver la sincérité et la persévérance de son vœu. Maintenant l'épreuve était faite, l'adversité pouvait revenir ; l'adversité, toujours plus favorable en soi à la vertu, parce qu'elle est notre meilleur moyen de perfectionnement. Il faut voir cet homme dont la belle tête se couvre aujourd'hui de cheveux blancs ; il faut s'asseoir avec l'abandon de l'amitié devant son métier de tisserand, que le manque de travail laisse trop souvent vide ; il faut éveiller, enfin, par la communauté des sentiments et des croyances, sa confiance naïve, pour comprendre combien sous ces toits de chaume, qu'on croirait abriter toutes les indigences, on rencontre parfois des richesses morales, de grandeurs bien autrement imposantes que celles dont le rang et la fortune font tout l'éclat. Les enfants de Caradec n'ont point réussi suivant le monde : la fille s'est retirée à l'ombre d'un cloître, le fils s'est marié, pauvrement, obscurément, et il élève à grand'peine une petite famille destinée, sans doute à la même obscurité, à la même indigence. Les vieux époux travaillent, luttent, souffrent, mais pas une plainte n'échappe à ces lèvres souriantes ! pas un regret ne sort de ces âmes courageuses où règne, avec la conscience d'un devoir rempli, une inaltérable sérénité.

Voilà l'histoire d'un vœu dans nos campagnes, et si je vous l'ai racontée avec détail, c'est pour qu'elle vous serve, au besoin, à repousser des allégations mensongères sur nos pèlerinages, puisées dans la lecture d'écrivains superficiels. Non, ce ne sont point comme l'a prétendu l'auteur d'un de ces voyages imaginaires où la vérité reçoit un soufflet à chaque page, non, ce ne sont point des motifs de basse cupidité, d'inimitié, de vengeance, qui mettent le bâton dans la main du pèlerin! non, ce pèlerin ne va point demander à Sainte-Anne la ruine d'un voisin, des naufragés à dépouiller, le prochain héritage d'une mère! non, la chapelle de Notre-Dame-de-la-Haine, qu'un autre romancier place aux environs de Tréguier, n'existe pas, n'a jamais existé; et, si une superstition locale, que je vous ferai connaître plus tard, et qui se rattache à la chapelle de Saint-Yves-de-Vérité, a pu donner la première idée de cette fable, je n'en affirme pas moins, appuyé sur tous les témoignages recueillis sur les lieux mêmes, que la pensée d'associer le mot affreux de haine au nom béni de la Mère de toutes miséricordes, n'est pas plus entrée dans l'esprit que dans le cœur des pèlerins bretons! Cette malencontreuse invention, crue avec autant de légèreté qu'on l'avait avancée, a, dit-on, retenu dans le protestantisme un lord anglais au moment d'embrasser la religion catholique, et à qui l'abomination d'un tel vocable, adopté par des populations chrétiennes, toléré par des ecclésiastiques, causa une indignation telle, qu'il reprit en un instant tous ses préjugés. Ce fait m'a été attesté par un ecclésiastique de Tréguier, et il n'est que trop vraisemblable, si l'on songe avec quelle facilité, quel empressement on retourne à ses anciennes erreurs.

Avant la révolution, le pèlerinage de Quelven,

entrepris par le tisserand et sa famille, n'était pas moins fréquenté que celui de Sainte-Anne, et, de nos jours encore, il est après ce dernier le plus suivi du département. A l'époque désastreuse de la spoliation des églises, de magnifiques ornements ont été brûlés et fondus à Quelven même, et l'or et l'argent qu'on en tira, employés peut-être à stipendier les faux chouans et les chauffeurs que l'odieuse politique du Comité de salut public et du Directoire organisa dans le but de déshonorer la résistance armée du pays. Une somme de 120,000 fr. fut aussi enlevée au trésor de la chapelle, suivant un respectable vieillard des environs, et, malgré l'élévation de ce chiffre, on peut croire qu'il n'a rien d'exagéré en songeant à la foule de pèlerins qui venaient apporter à Notre-Dame leurs offrandes de tous les points de la province. Cette somme, nous disait avec raison, à Cléguérec, l'aimable abbé Le Jéloux, eût bien servi actuellement pour relever la tour, sans avoir recours ni au gouvernement, ni à personne. Pauvre tour ! écroulée en un instant, que d'argent, de temps, de démarches, d'embarras de tous genres, n'aura-t-il pas fallu pour la reconstruire! Arrêtés en 1844, à la naissance de la rosace au-dessus du portail, les travaux n'ont été repris que neuf ans plus tard, au moment où j'écris, et, pour arriver à la fin de leur beau travail, les nouveaux entrepreneurs demandent encore trois années entières. De juin à octobre, les pierres formant le gracieux dessin de la rosace, seront taillées et mises en place ; la tour monte lentement, mais elle s'élève néanmoins ; et, à la grande joie de tous, l'architecte a promis qu'elle serait assez haute l'année prochaine pour permettre de recommencer une cérémonie naïve et charmante, interrompue depuis le funeste écroulement. Comme à Saint-Nicodème, dont je parlerai bientôt, et autrefois à Saint-Jean-du-Doigt, dans notre Finistère, la veille de la fête de la chapelle, un ange, portant à la main un flambeau, descendait de la seconde galerie pour allumer le feu de joie. Au même instant, aux pétillements du bois enflammé, et tandis que l'ange, remontant vers le clocher aux acclamations de la foule, faisait éclater dans sa route aérienne des pétards attachés à ses pieds, cent détonations partaient autour du feu de joie, tantôt imitant le feu de peloton, tantôt le feu de file. L'odeur de la poudre plaît à ces populations guerrières, et le pétard est en grand honneur dans les réjouissances des campagnes avoisinant Pontivy. C'est aussi le tambour, c'est le fifre, qui servent de musique à la procession et d'orgue à l'église. Quelven, cependant, possède un orgue qui ne serait pas mauvais si l'on pouvait y faire les réparations assez considérables dont il a grand besoin.

La grande fête de Quelven a lieu le jour de l'Assomption. On y voit quelquefois tout l'équipage d'un vaisseau s'y rendre la tête et les pieds nus, n'ayant d'autres vêtements qu'un pantalon et une chemise, et précédé d'une troupe de femmes, mères, épouses, sœurs des naufragés, les pieds meurtris comme eux aux cailloux de la route ; comme eux aussi le cœur inondé d'une pieuse allégresse, de sentiments de reconnaissance et d'amour. C'est uniquement aux marins, ou à leurs femmes, en cas d'absence, qu'appartient le droit de porter à la procession la petite frégate construite à Riantec en 1746, et qui, après avoir orné quatre ans la chapelle de Larmor, a été offerte à Quelven en 1750. Les membres de la famille des constructeurs se chargèrent de l'entretien du navire et des réparations à y faire jusqu'en 1789 ; et si, plus tard, au sortir de la tempête révolutionnaire, ils abandonnèrent ce soin à des prisonniers anglais alors à Pontivy, voici qu'après un demi-siècle les arrière-petits-fils de ces constructeurs réclament l'ancienne prérogative oubliée de leurs pères. Les croix, les étendards, les bannières accompagnent la petite frégate, et ne sont pas moins recherchés des laboureurs et des pèlerins que celle-ci des matelots. Beaucoup de ces pèlerins passent la nuit qui précède la fête en prière au milieu des pauvres sous le porche de l'église. Du pied de la colline où on l'aperçoit sous un ciel étoilé, à la sereine clarté de la lune, on les entend marquer toutes les heures par des cantiques, et la continuité de ces chants pleins de douceur dans leur harmonie champêtre, rattache, à fravers les appellations caressantes de la tendresse et de l'espérance, l'angelus du soir à l'angelus du matin.

La chapelle de Quelven dépend de la paroisse de Guern, et l'on y célèbre la grand'messe à toutes les fêtes de Vierge et le premier dimanche de chaque mois. Tous les samedis, le clergé de Guern, s'y transporte pour y entendre les confessions, et, quand viennent les grandes solennités du 15 août et du 8 septembre, les recteurs de Malguénac et de Bieuzy, chargés alternativement des honneurs de la fête, se réunissent à leurs confrères, souvent accablés au milieu du grand concours des pèlerins. On ne doute pas que ceux-ci ne soient fort nombreux cette année à cause de la reprise des travaux. La bonne nouvelle de ces travaux nous fut annoncée dès Rostrenen comme un événement du meilleur augure, et qui mériterait au pays d'abondantes bénédictions.

De Quelven, passons rapidement à Guéméné, non sans vous apprendre, toutefois, que le misérable qui brûla les chappes et fondit les vases sacrés destinés au sanctuaire de Marie se fit sauter la cervelle quelques temps après la profanation. L'histoire des Rohan-Guéméné, anciens possesseurs de l'antique château dont on voit encore les ruines, ne vous intéresserait que médiocrement, y compris la vie scandaleuse de ce chevalier, qui, jouant avec Louis XIV chez le cardinal Mazarin, jeta deux cents pistoles d'Espagne par les fenêtres. Pour nous, la véritable illustration de la petite ville est beaucoup moins dans la généalogie de ses grands seigneurs, que dans la mémoire d'Hippolite Bisson, dont elle est le lieu de naissance.

La mort sublime de ce brave marin vous est connue. Vers la fin de l'année 1827, la corvette *la Lamproie* ayant capturé sur les côtes de Syrie *le Panayoti*, brick pirate grec, Bisson, enseigne de vaisseau à bord de la frégate *la Magicienne*, fut nommé au commandement de la prise, avec le pilote Trémentin en qualité de second, et quatorze hommes d'équipage. Six des prisonniers avaient été laissés à bord du brick, et séparé de la frégate par un ouragan qui l'obligea de relâcher à l'île de Stampalis, le jeune commandant s'aperçut avec inquiétude que pendant la tempête deux de ces forbans avaient pu s'échapper et gagner la terre qu'on savait infestée de pirates. Bisson se prépara immédiatement au combat ; mais, ne pouvant se dissimuler la faiblesse de ses moyens de défense et prévoyant une défaite, il voulut s'entendre avec Trémentin :

— « Pilote, dit-il, en lui montrant deux tartanes chargées chacune de soixante à soixante-dix hommes, et qui volant sur les eaux se présentaient à l'avant du brick. Voyez-vous ces bandits ! croyez-vous que nous puissions jamais sauver la prise?

— « Tout est perdu, capitaine ! » répondit le pilote.

— « Oui, reprit Bisson ; mais nous pouvons rendre notre mort utile en faisant sauter le navire si les pirates parviennent à s'en emparer. »

Le pilote serra la main de Bisson. Tous deux se dirent un adieu suprême, en promettant que celui qui survivrait à l'autre mettrait à exécution ce qu'ils avaient résolu. Bientôt la lutte commença ; les deux tartanes bord à bord du *Panayoti*, et protégées dans l'attaque par un nombre si supérieur, que la vigoureuse défense du commandant de la prise ne pouvait rien changer à la seule issue possible du com-

bat. Neuf cadavres sont étendus autour du capitaine
et du pilote. Les Grecs s'accrochent aux flancs du
Panayoti, se suspendent aux cordages, s'élancent
sur le pont en poussant des cris de victoire; mais,
tandis que Trémentin dispute encore pied à pied ces
planches rougies de sang dont les forbans se croient
maîtres, Bisson, un pistolet à la main, se jette dans
la chambre aux poudres : une détonation terrible
se fait entendre, le navire saute, et avec lui périssent
les deux corsaires, dont l'équipage est englouti dans
les flots. Le lendemain, la plage voisine était couverte de cadavres grecs, et parmi eux Trémentin, la
jambe fracassée, le corps meurtri, sauvé pourtant
par un miracle, revenait à la vie après un long éva-
nouissement. Quatre matelots français, prévenus
par le pilote de la résolution de leur commandant,
et qui, sur son ordre, s'étaient jetés à la mer au
dernier moment pour essayer de gagner le rivage, y
arrivèrent aussi légèrement blessés. Cet événement,
si glorieux pour notre marine, eut un grand reten-
tissement en France, et ma sœur n'a pas oublié
avec quel sentiment de respect notre mère nous
montra un jour dans les rues de Brest la *Jambe-de-
Bois* (c'était le nom le plus populaire du brave pilote), et combien, tout enfant que j'étais, je parta-
geai son orgueil quand elle nous dit que Trémentin
était breton comme son héroïque capitaine. Depuis,
j'ai vu deux fois à Lorient la belle statue en bronze
d'Hippolyte Bisson. Le monument de Guéméné est
plus modeste : ce n'est qu'une inscription sur un
socle en granit surmonté d'une colonne en marbre

noire. Dans la salle de la mairie de la même ville, un beau tableau malheureusement trop négligé, nous montre encore l'héroïque marin mettant le feu aux poudres. Ce tableau est l'ouvrage d'une femme. Il sied bien aux grâces de parer le gloire et d'en rêver l'immortalité.

VI

Vrais chouans et faux chouans. — Pontivy. — La jardinière et sa fille. — Grottes de Saint-Gildas et de Saint-Rivalain. — Pèlerinage de saint Nicodème. — Culte des fontaines. — La Vénus de Quinipily et les hercules. — Les protégés de saint Colomban.

L'auteur des *Derniers-Bretons*, après avoir parlé le premier de la prétendue patronne de la Haine, rapporte aussi qu'à l'époque des Cent-Jours, une femme des environs de Pontivy répondit à quelqu'un qui lui demandait l'emploi de deux sacs dont elle s'était chargé les épaules : — « Celui-ci est pour mettre l'argent que je trouverai, et celui-là pour emporter des têtes de Messieurs. » — J'ignore si l'authenticité de cette anecdote, recueillie par M. Souvestre, est mieux appuyée que l'existence de son introuvable chapelle; mais, quant à la conclusion qu'il en tire que toute la chouannerie est dans cet horrible mot, il faudrait que nous estimassions bien peu l'honneur d'une partie considérable des populations bretonnes, pour ne pas la déclarer aussi injuste que contraire à la vérité. Voilà donc d'un trait de plume les soldats de Cadoudal, de Tinténiac, de Francheville, de Gamber assimilés aux terroristes, accusés hautement de n'avoir pris les armes que dans un but de pillage, et pour satisfaire une jalousie haineuse poussée

jusqu'aux horreurs de l'assassinat. Assurément, l'esprit de parti ne peut aller plus loin que dans un pareil jugement porté sur des hommes courageux, dévoués à la religion, au pays, et qui, pris en masse, resteront une des gloires de la France à une époque désastreuse. Plus loin, du reste, le même écrivain, comme s'il ne voulait pas laisser à d'autres le soin de le réfuter, nous fait un tableau saisissant de la situation d'une jeune fille rejetée de la société des chrétiens, marquée du sceau de la réprobation générale, justement pour avoir volé et tué un *bleu*, ces deux crimes pour lesquels les campagnes auraient dû se montrer si indulgentes, puisque la rage du meurtre et l'impunité du vol renferment toute l'histoire des guerres de l'Ouest. L'explication la plus rationnelle des résistances de la Vendée et de la Bretagne au torrent révolutionnaire, M. Souvestre pouvait la trouver ailleurs dans son livre, car la bonté de son cœur et la droiture de son caractère triomphent quelquefois de ses préventions : « Ce fut, dit-il, la lutte entre la guillo-
« tine et les croyances, lutte acharnée dans laquelle
« la guillotine usa son couteau et fut vaincue. Nulle
« part la persécution ne fut plus continuelle, plus
« hargneuse. Il y eut des provinces en France où
« l'on coupa plus de têtes, mais aucune où l'on
« aiguillonna davantage les susceptibilités, où l'on
« agaça autant les passions, où l'on aigrit avec plus
« d'entêtement la colère des masses. »

Vous le voyez, la formidable accusation de tout à l'heure se réduit au reproche si connu :

> Cet animal est très-méchant,
> Quand on l'attaque, il se défend.

Et comment les Bretons et les Vendéens étaient-ils attaqués par la révolution ? Ils l'étaient dans leur foi religieuse, dans leurs affections domestiques, dans leurs libertés les plus sacrées, dans tout ce qui doit porter un homme à la résistance si cet homme a quelque énergie, et à défaut d'épée une fourche ou seulement une faucille sous la main. Les chants populaires de cette époque, composés par les chouans et pour les chouans, ne laissent aucun doute sur le véritable caractère de ces luttes, où l'on courait en s'écriant qu'il y avait honte à se soumettre à l'oppression comme des lâches et des coupables. Les églises profanées, les croix abattues, les ossements des aïeux arrachés de l'ossuaire et dispersés sur les chemins, les prêtres massacrés, les manoirs incendiés ou démolis, les malades *tués à cause de leurs mains blanches*, la femme et la sœur du laboureur outragées, et lui-même jeté dans les prisons et guillotiné s'il avait caché un noble ou un prêtre ; le bétail enlevé, les moissons détruites, n'est-ce point assez pour expliquer honorablement la chouannerie, dont le cri de guerre : Dieu et le roi, n'était autre chose que la devise aujourd'hui dans tous les cœurs honnêtes : Religion, famille, propriété. — Je n'ai pas peur des balles, disait le chouan, elles ne tueront pas mon âme. Vive qui aime son pays ! Vive le jeune fils du roi ! et que les bleus s'en aillent savoir s'il y a un Dieu.

Si l'anecdote de la femme de Pontivy a quelque

réalité, au lieu d'y voir le dernier mot de la chouannerie, comme M. Souvestre, vous croirez plutôt y reconnaître, ainsi que moi, l'esprit de ces horribles bandes organisées par la révolution elle-même, et dont l'infernale mission était de déshonorer, par le vol, le meurtre, l'incendie, la cocarde blanche du royaliste et le chapelet du chrétien. L'existence des *faux chouans* recrutés dans les bagnes et dans toutes les sentines du vice par le Comité de salut public et le Directoire, est prouvée avec la dernière évidence par des lettres de Rossignol et de Sotin, publiées par l'historien de la *Vendée militaire*, M. Crétineau-Joly. « J'ai rencontré, écrivait Ros-
« signol à la date du 25 brumaire an III, quelques
« bandes de nos amis qui font bien leur besogne,
« ils tuent tout ce vieux levain de patriotes tièdes
« que la guillotine n'a pas retranchés du sein de la
« République, mais il faut y regarder à deux fois.
« Ces enragés là ont été démasqués par les vrais bri-
« gands, et ils disent qu'il n'y a plus de sécurité
« pour eux. Les chouans les attaquent; ils les re-
« connaissent au parler et aux cheveux qui n'ont
« pas encore pu pousser assez longuement. Je pense·
« qu'on pourrait les utiliser ailleurs; ils ont fait leur
« coup ici, ils ont fait abhorrer les brigands. Nous
« n'en demandions pas davantage : il y a fureur
« partout contre ces monstres. Les patriotes s'en-
« thousiasment au récit des horreurs qu'ils commet-
« tent; et, quand la nouvelle de quelque crime bien
« horrible nous arrive, je lâche les gardes nationales
« qui ne font pas de quartier. »

Voilà la dépêche du général Rossignol au Comité de salut public, et vous allez voir que Sotin n'est pas moins explicite dans celle qu'il adresse à Oudard, le 23 ventôse an VI. — « Il faut que la chou« annerie soit déshonorée dans ses œuvres vives. « Les ministres de l'intérieur et de la guerre vous « donnent des instructions dans ce sens ; moi je vous « annonce quelques centaines d'hommes d'exécu« tion, que vous pouvez employer à tout. Je vous « envoie des jacobins, qui, nuisibles à Paris au dé« veloppement des institutions constitutionnelles, « rendront en Bretagne d'immenses services. Ce « qu'ils détestent le plus au monde, ce sont les « chouans ; laissez-les faire, et ils iront plus loin que « tous les insurgés. Donnez-leur de la besogne, « qu'ils compromettent par de bons excès tous ces « gens qui enlèvent si audacieusement les deniers « de l'État ; qu'ils soient barbares, en criant : Vive le « roi ! et en priant le ci-devant bon Dieu. Faites dres« ser des procès-verbaux par les compères des admi« nistrations départementales. Qu'on m'adresse tout « cela avec des détails horribles et des circonstances « saupoudrées de larmes, et le reste me regarde. »

On croit rêver en lisant de pareilles infamies ; et sans jamais approuver de cruelles représailles, on conçoit combien avec de tels ennemis il était difficile, pour ne pas dire impossible, de se montrer toujours généreux. Tandis que les *chouans de contrebande*, comme les nomme le général républicain Krieg dans sa lettre au représentant Bollet, multipliaient les atrocités les plus révoltantes pour en salir les véritables chouans, il arriva donc plus d'une fois à ceux-ci de mettre en oubli eux-mêmes la belle vertu du pardon des injures, d'exiger sang pour sang, et vie pour vie. Dans les faits isolés, la chouannerie n'est pas à l'abri de tout reproche. Considérée dans ses causes, dans son but, dans son caractère général, elle offre un des plus beaux spectacles de la terre, celui d'un peuple luttant pour sa foi et sa liberté.

Peut-on nommer Pontivy sans raconter comment cette petite ville fut saccagée par les Anglais, à l'époque de la guerre entre De Blois et Monfort ; comment, quatre cent quarante-huit ans plus près de nous, en 1790, une première assemblée fédérative s'y tint sous la présidence du jeune et infortuné Moreau ; comment, enfin, le premier consul y rêva l'exécution de grands projets pour la canalisation du Blavet, et la construction d'une cité nouvelle qui devait changer le nom de Pontivy en celui de Napoléonville ? Avec la moindre prétention au titre d'historien des villes de Bretagne, rien de tout cela ne serait à négliger ; mais quoi ! je ne vous ai promis qu'un simple récit de pèlerin, quelques notes éparses sur les impressions qui nous tiendraient meilleure compagnie en route, et sans tromper votre attente ni celle de personne, ma plume peut en courant à l'aventure, imiter le caprice de nos excursions. Vous n'aurez donc sur Pontivy, au lieu de détails historiques ou archéologiques, qu'une petite histoire de jardinière. Ne vous plaignez pas, elle est inédite et de nature à faire naître de bonnes et salutaires pensées.

Je me promenais seul dans le cimetière, en attendant mon ami en quête de médailles gauloises chez le receveur de l'enregistrement, quand j'aperçus une femme d'une soixantaine d'années, portant des habits de paysanne, en prière sur une tombe entourée d'arbustes et couverte de fleurs. Les traits de cette femme étaient rudes, et l'expression de son regard plutôt dure que bienveillante. Je l'examinai quelques instants sans qu'elle prît garde à moi, et lorsqu'elle eut attaché au pied de la croix blanche penchée sur la tombe un bouquet de roses qu'elle avait apporté, je la vis arroser le gazon d'eau bénite, se signer, puis se diriger d'un pas rapide du côté du fossoyeur occupé à creuser une fosse nouvelle. Il y eut entre eux une explication qui me parut ressembler beaucoup à une querelle. La femme surtout élevait la voix, et parlait d'un ton presque menaçant. Enfin, tout parut s'arranger d'une manière satisfaisante ; la paysanne fit un signe d'assentiment, et s'éloigna avec une brusquerie toute particulière. Le fossoyeur, le front dans sa main et le coude appuyé sur sa bêche, la suivit des yeux jusqu'à sa sortie du cimetière. Alors seulement il secoua la tête d'un air qui me rappela ce verset de l'Ecclésiastique :
« Comme un chemin montant et sablonneux pour
« les pieds d'un vieillard, ainsi la langue d'une
« femme pour un homme paisible. »

Souvent frappé d'une réflexion pénible dans nos cimetières de villes, sur le peu de durée du souvenir que laisse le mort le plus chéri ; sur la visite qu'on fait à sa tombe, d'abord une fois au moins chaque jour, puis insensiblement une fois par semaine par mois, par année, pour ne plus y revenir peut-être au bout du premier lustre, je voulus voir la date de cette tombe encore si fleurie, persuadé qu'elle ne devait pas remonter à plus de six mois ou d'un an. Je me trompais. Marguerite P..... était morte en mai 1837, et c'était une douleur déjà vieille de seize années qui ornait avec tant de sollicitude la tombe d'une jeune fille dont la vie n'avait pas été plus longue. Le fossoyeur s'était rapproché de moi pour redresser la croix inclinée par un coup de vent, et qui venait d'être le sujet de l'altercation de tout à l'heure.

« — Voyez, Monsieur, me dit cet homme en se mettant à l'œuvre, jamais tombe a-t-elle été mieux entretenue que celle-ci ! et la mère P..... fait encore la fâchée tout comme !

— « Quelle est cette femme ? demandai-je avec intérêt.

— « Ah ! Monsieur, reprit-il, je dois lui rendre justice ! la chère femme est grondeuse et bonne joyeuse de langue, mais il n'y en a pas dans tout le pays de meilleure ni de plus respectable. Elle vit, avec son mari et ses deux fils, de la culture d'un grand jardin à une demi-lieue de la ville ; et bien que ces braves gens n'aient pas un sou de rente, puisque le jardin même ne leur appartient pas, ils ont trouvé moyen, en vivant petitement, d'acheter ce lopin de terre bénite où la vieille, depuis seize ans, n'a jamais manqué de venir réciter un *De profundis* les dimanches et les jours de marché. Marguerite (Dieu lui fasse la paix !) avait, dans le terrain loué à ses parents, un coin qu'elle cultivait elle-même, et dont on lui permettait de boursicauter le produit. Eh bien ! c'est la bonne femme à présent qui prend soin du jardinet de la morte, se fâchant bien fort contre ses deux autres enfants, si l'un d'entre eux s'avise d'y mettre tant seulement le bout du doigt. Les plus belles fleurs de ce petit coin sont pour orner la croix que voici, et l'argent que rapportent les autres bouquets vendus au marché de Pontivy, avec le fruit des trois poiriers qui appartenaient aussi à Marguerite, est distribué fidèlement en aumônes le jour anniversaire de l'enterrage de la pauvre enfant. »

Voilà mon anecdote, dites-moi, n'est-elle pas aussi sainte que touchante la douleur qui, non contente de ses regrets persévérants, consacre tout l'héritage de l'objet aimé à répandre des bienfaits en son nom, à lui acquérir chaque année, devant Dieu, de nouveaux mérites? La pauvre jardinière de Pontivy, en dépit de sa rudesse et de son ignorance, nous donne une belle leçon de tendresse et de charité, avec les bouquets et les trois poiriers du parterre de sa fille. Ah ! si tous les cœurs affligés se souvenaient et aimaient ainsi, que de misères oubliées se trouveraient secourues ! quelle espérance, quelle vie nouvelle sortirait de la tombe !

L'obligeant et aimable vicaire de Malguénac nous avait recommandé, à une très-petite distance de Saint-Nicodème, l'hermitage de Saint-Gildas. Figurez-vous, au bord du Blavet, un roc très élevé, surmonté d'une croix, et dans les flancs de ce roc, à sa base, une grotte creusée naturellement, celle-là même où saint Gildas et et saint Bieuzy vécurent ensemble dans toutes les austérités de la pénitence chrétienne et les douceurs d'une sainte amitié. Cet oratoire n'a de toiture que du côté du sud, au nord il est garanti par le rocher, et pour y voir, comme le bon Albert le Grand, un gentil monastère, il faut un grand amour de la solitude et un dédain parfait de tout ce qu'on recherche habituellement. Cependant, le goût d'une nature sauvage et le mépris des vaines préoccupations du monde une fois admis, il n'est pas difficile de croire à une existence heureuse pour deux solitaires dans cet hermitage si dénué de tout. Vivre de pain noir et d'un peu d'eau, coucher sur un lit de fougère ou sur la terre nue, disputer au sommeil, dès le milieu de la nuit, des heures qu'on veut sanctifier au pied d'un autel, tout cela est-il donc si rude, si pénible, du moment que l'objet divin du sacrifice remplace les inquiétudes mondaines par les jouissances surnaturelles de l'âme, les mouvements désordonnés des passions par une paix ineffable, celeste, continuel aliment de félicité? Saint Grégoire de Nazianze regretta toujours cette affreuse solitude du Pont où il vécut dans la plus grande austérité avec son bien-aimé Basile. « Oh ! lui écrivait-il après les déchirements de la séparation, que ne suis-je encore à cet heureux temps où mon plaisir était de souffrir avec toi. Une peine que le cœur a choisie, vaut mieux qu'un plaisir où le cœur n'est pour rien. Qui me rendra ces divines psalmodies, ces veilles, ces ravissements vers Dieu dans la prière, cette vie dégagée des sens, ces élans généreux que nous avons mis sous la protection des règles écrites, ces pieux travaux sur les livres sacrés, et les lumières que nous y découvrions, guidés par l'esprit ! Et pour descendre à de moindres détails, qui me rendra ces occupations variées et journalières où je me voyais portant du bois, taillant des pierres, plantant, arrosant ! Faire des souhaits est chose facile ; les voir s'accomplir ne l'est pas. J'ai besoin de penser à toi, comme de respirer ; et si je vis c'est que je suis toujours avec toi par la pensée. »

Quelle admirable tendresse dans ces paroles d'un Père de l'Eglise, et qu'il faut plaindre les hommes qui disent sérieusement que la religion rétrécit le cœur ! Sans doute, au départ de saint Gildas, appelé à fonder un monastère dans la presqu'île de Rhuys, il y eut aussi des larmes versées, de douloureux embrassements, de tristes adieux, et il fallut à celui qui demeura seul, de nouvelles grâces d'en haut pour ne pas déserter son hermitage. Le vœu unanime des habitants voisins de la grotte, ayant décidé saint Bieuzy à accepter les difficiles fonctions de pasteur, il imita les courageuses vertus de son ami Gildas le Sage, et, comme celui-ci avait bravé la fureur du comte Finans, il sut résister aux menaces d'un seigneur non moins barbare, qui le blessa mortellement d'un coup d'épée à la tête, au moment même où il célébrait les saints mystères. Quatre fois l'an, la foule se presse autour de la grotte de Saint-Gildas, appelée à l'office divin par la *pierre sonnante* qui servait de cloche aux deux solitaires. Cette pierre, mise en équilibre sur un quartier de roc, rend en effet un son assez semblable à celui d'une cloche.

Il existe une autre grotte qui est aussi un lieu de pèlerinage, dans le voisinage de celle dont je viens de parler. Elle est située dans la paroisse de Melrand, au confluent du Blavet et de la Sarre. Quand les cultures souffrent de la sécheresse, les habitants du pays vont y demander de la pluie par l'intercession de saint Rivalain.

Mais, après Quelven, le pèlerinage le plus fréquenté dans cette partie de la Bretagne, est celui de Saint-Nicodème. Le clocher de la chapelle de ce nom est le plus hardi et le plus gracieux du Morbihan. On assure, dans le canton de Plumeliau, que l'architecte qui l'éleva paya de sa vie la gloire d'avoir fait un chef-d'œuvre. Fils de l'ouvrier qui avait bâti Quelven, il éveilla, par la beauté de son travail, la jalousie de son père, et celui-ci, dans un accès de fureur, le précipita du haut de la tour de Notre-Dame où il l'avait fait monter. Le suicide suivit l'assassinat, et il se trouve bien des gens dans les campagnes qui attribuent à ce double crime la destruction du clocher de Quelven. Quant à celui de Saint-Nicodème, il est bien regrettable qu'il soit situé dans un bas-fond qui ne permet d'en mesurer la hauteur et d'en admirer la hardiesse que du pied même de l'édifice. Il a, dit-on, près de 50 mètres d'élévation ; mais ce qu'il faut voir, ce sont les festons trilobés de la porte occidentale, les ornementations délicates qui la surmontent, la charmante fenêtre gracieusement posée entre la porte et la première galerie, les dentelures de cette galerie ravissante et de celle qui borde plus haut la tour hexagone, la flèche octogone élancée entre huit clochetons, entourée d'un triple rang de fenêtres aux délicieuses sculptures, placées là comme un symbole de vigilance et de sécurité rappelant que l'œil du Seigneur est partout. Cette tour qu'on ne saurait se lasser d'admirer, parait être, d'après une date relevée dans l'intérieur de la chapelle, de la première moitié du seizième siècle. Une autre date, qu'on trouve à la sacristie, ne remonte qu'à 1649.

La veille du *Pardon* ou de l'assemblée de Saint-Nicodème, la joyeuse cérémonie du feu de joie allumé par l'ange qui descend du clocher, a lieu comme à Quelven. Les bestiaux enrubannés marchant à la file, et précédés par des tambours, des fifres, des étendards, sont promenés processionnellement autour de la chapelle; usage assez singulier, sans doute, mais qui n'est point particulier, comme on a paru le croire, à la commune de Plumeliau. Le saint patron a, dans presque toutes les étables, un bœuf, une vache, un veau, un mouton qui lui appartient par un vœu du maître ou que la fabrique a vendu au nom de saint Nicodème ou de saint Cornély, à l'issue de la grand'messe, au plus offrant et dernier enchérisseur. Ce bétail, élevé ou vendu au profit d'un saint, est regardé comme un gage de prospérité pour les autres animaux de la ferme où il se trouve. C'est la part de Dieu donnée volontairement, gaîment, pour l'entretien de la chapelle et les besoins des pauvres, ces familiers de tout presbytère; et si cette dîme n'était largement compensée par des bénédictions réelles toujours accordées aux élans de la foi, elle le serait déjà par un trésor d'espérance.

On attribue à des artistes italiens le rétable du maître-autel, représentant une descente de croix. Des vitraux peints ont été placés depuis peu à trois fenêtres de la chapelle. Enfin, à quelques pas de la tour est une fontaine gothique portant la date de 1608, et bien digne de figurer à l'ombre de ce magnifique clocher. Elle se compose de trois bassins recouverts d'élégantes arcades surmontées de frontons habillement sculptés, et dont le sommet aigu porte une croix. Une de ces piscines est dédiée à saint Nicodème, une autre à saint Gamaliel, et la troisième à saint Abibon. Une quatrième fontaine, consacrée à saint Cornély, a été ajoutée aux trois autres en 1790, à l'heure même où l'impiété allait se ruer, la hache des vandales à la main, sur les monuments de la foi de nos pères. Il en est du Morbihan comme de notre Finistère, où l'on compterait fort peu d'églises ou de chapelles qui n'aient, à quelques pas de leurs murs, une source douée de certaine vertu propre à guérir telle ou telle infirmité. Le culte des fontaines existait chez les Celtes. Charlemagne, dans ses Capitulaires, et les évêques en concile, se plaignent de la ténacité de ce culte ; ils anathématisent les insensés qui vont allumer des chandelles au bord des eaux courantes, et y pratiquer d'autres superstitions. Mais, en dépit des anathèmes et des ordres donnés pour détruire ces objets d'une vénération mytérieuse, il fallut arriver à composer avec la persistance instinctive des peuples, et se borner à sanctifier, en les consacrant au vrai Dieu, ces fontaines où toutes les misères physiques de l'homme avaient l'habitude de chercher un soulagement. — D'ailleurs, saint Jean n'a-t-il pas mentionné dans son évangile la piscine de Jérusalem assiégée par les malades, et où le premier entré, après que l'ange du Seigneur en avait remué l'eau, obtenait toujours sa guérison ? — Désormais tolérées par l'indulgente sollicitude du christianisme, les confiantes ablutions s'épurèrent par la prière fervente, et leur premier effet heureux fut de multiplier les chapelles, les églises, où la reconnaissance pour le bienfait du saint patron de la source, dressait des autels afin d'y suspendre des ex-voto.

Jusqu'à présent, à part quelques pierres druidiques, tous les monuments dont j'ai parlé portent l'empreinte du christianisme. Mais nous approchions de Baud, de la mystérieuse idole de Quinipily; et, tout en me gardant bien de vous répéter les traditions locales se rapportant à cette honteuse déesse et au culte hideux dont elle fut longtemps l'objet, je puis vous assurer que la vue et l'histoire de cette statue célèbre ne seront pas sans fruit pour le pèlerin. Comment, en effet, à la pensée des abominations qui méritèrent deux fois à la Vénus le plongeon qu'elle fit dans la rivière, comment ne pas mesurer, avec autant d'épouvante de ce qui pouvait être, que de gratitude pour ce qui est, l'abîme séparant le paganisme infâme de la religion sans tache du Fils de Marie? — Après cela, il vous importe fort peu, n'est-ce pas, de connaître d'une manière précise l'antiquité et la véritable origine de ce granit mal taillé, objet de tant de vaines discussions? Que ce soit, comme le veut le comte de Lannion, une statue de Vénus victorieuse érigée dans les Gaules par Jules César, ou, selon l'abbé Mahé, par les Venètes eux-mêmes, pour flatter le conquérant qui faisait de l'épouse de Mars son aïeule; que MM. de Penhouët, Cayot-Delandre et Fréminville y voient une Isis, avec cette seule différence que les deux premiers introduisent les Égyptiens en Bretagne, tandis que le troisième déclare qu'ils n'y ont jamais mis le pied; que M. Mérimée élude les difficultés plutôt qu'il ne les discute, et lance plaisamment, au milieu de la querelle, un doute sur l'extrait d'âge de la statue qui, selon lui, pourrait bien ne pas remonter au-delà du seizième siècle; que M. Bizeul, tout en admettant l'antiquité suspectée par l'auteur des *Notes d'un Voyage dans l'Ouest*, suppose la triste Vénus ou la pauvre Isis retaillée des pieds à la tête au dix-septième siècle, par un maçon de village sous la direction d'un chapelain pédant. Tout cela peut être fort intéressant pour messieurs les archéologues, mais il est au moins excusable qu'un malheureux voyageur, incapable de rien éclaircir par lui-même dans la question, passe vite devant l'idole de Quinipily, et ne s'arrête pas davantage sur le chemin de Locminé devant les Hercules de Kerboustein. Ces Hercules ou ces sauvages, provenant, comme la Vénus ou l'Isis, du château de Quinipily, sont-ils aussi des antiques, ou seulement des cariatides du moyen âge, destinées à supporter un gigantesque écusson? Encore une fois je décline mon incompétence, et, si vous teniez à éclaircir vous-mêmes ce point délicat, ce qui me paraît fort douteux, je vous adresse aux savants dont j'ai cité les noms plus haut.

Revenons aux traditions chrétiennes.

L'église de Locminé, reconstruite nouvellement, donne accès dans une chapelle du quinzième siècle dédiée à saint Colomban, et dans laquelle plusieurs traits de la vie du saint religieux sont le sujet d'une grande verrière. On y voit, entre autres choses, « *coment Colombain, avant qu'il fust né, fust par un songe révélé à sa mère qui le soulleil regardoit;* » et, dans un tableau en relief placé au même autel, nous crûmes reconnaître une autre scène se rattachant à l'une des peintures du vitrail, et représentant Colomban devant le roi Théodoric. Ce moine irlandais, dont le zèle ardent, la noble indépendance, la mâle franchise, resteront une des grandeurs de l'Église universelle, est devenu à Locminé le protecteur spécial des aliénés et des idiots. Il est difficile de ne pas sourire en lisant les Litanies du saint, collées sur un carton au coin de l'autel :

Saint Colomban, patron de Locminé, priez pour nous!
Saint Colomban, secours des imbéciles, priez pour nous?

Certes, l'invocation est naïve ; et, pourtant, n'est-elle pas un peu à l'usage de tout le monde, et avons-nous tant lieu de nous en étonner ? Que d'extravagances et de niaiseries ne voyons-nous pas dans la société qui nous entoure, et cela parmi les plus savants, les plus fiers de leur mérite, les plus estimés ! Nous-mêmes, interrogeons bien notre vie passée, et voyons si nous oserons affirmer devant Dieu qu'on n'y trouve ni folies, ni sottises ! « Ceux « dont la carrière est la plus courte, disait Pope, « vivent assez pour se moquer d'une moitié de leur « vie. Le jeune homme méprise l'enfant, l'homme « fait le jeune homme, le philosophe l'un et l'autre, « et le chrétien les méprise tous. » A Locminé ! A Locminé, cette jeunesse oisive, endormie sur des ottomanes dans un nuage de fumée de tabac ! A Locminé, l'industriel, le bourgeois philosophe revenu à son impiété tyrannique dans ses usines, ses manufactures, et qui emploie aujourd'hui, à faire des rouleaux de gros sous, les feuillets du livre d'église, si étonné, en 1848, de se trouver à la messe entre ses mains ! A Locminé, ces malheureux ouvriers séduits par les escamoteurs du socialisme, et conduits si rapidement à la misère ! A Locminé, le savant, le poète, l'artiste, rêvant encore les rayonnements de la gloire, une renommée européenne, au sein d'une tourbe avilie, corrompue, ennemie de la pensée, vouée tout entière au culte inepte de l'argent ! Je vous raconterai bientôt comment la population tout entière d'une ville entreprit, il y a deux cents ans, le pèlerinage de Sainte-Anne.

Mais qu'est-ce que la population d'une ville, de trente villes même, auprès des myriades de pèlerins qui assiégeraient nuit et jour l'autel de Saint-Colomban, si tous les malades d'esprit, tous les décrépits de l'âme et du cœur, s'avouant une bonne fois leur état, venaient à Locminé chercher le moyen de se guérir!.....

Jusqu'en 1820 ou 1825, les protégés de saint Colomban passaient quelquefois plusieurs jours enchaînés dans deux caveaux existant dans la chapelle. Cet usage a été aboli; on commençait peut-être à craindre qu'en retenant les malades plus de temps qu'il n'en faut pour réciter un *Pater* et vider bien vite la place, l'église ne pût suffire à tout le monde.

VII

Saint Patern. — Saint Vincent Ferrier. — Le Père Huby. — Eudo de Kerlivio.

Notre première visite à Vannes appartenait de droit à l'église de Saint-Patern où l'archéologue et l'artiste n'ont rien à voir. Saint Patern, vous le savez déjà, est un des *sept saints* du pèlerinage connu sous ce nom. Fils d'un riche Poitevin nommé Pétran et de Julitte Guenn, vertueuse Bretonne, sa naissance ne précéda que de bien peu la retraite de son père dans un monastère d'Irlande, et ce ne fut qu'au bout de plusieurs années qu'il connut l'existence de ce père, attiré à la vie religieuse par une vocation soudaine, invincible. — « Oh ! ma mère, s'écria l'enfant, quel meilleur parti pourrai-je prendre moi-même que celui choisi par mon père ? Je veux être aussi religieux ; je le serai, ou je mourrai à la peine. »

A cette déclaration qui lui annonçait, dans un avenir prochain une nouvelle séparation, un adieu non moins cruelle que le premier, une mère moins courageuse eût cherché à attendrir le cœur de son fils, elle eût accusé le ciel de lui donner une épreuve au-dessus de ses forces en lui dérobant son enfant après lui avoir enlevé déjà son époux. Il n'en fut pas ainsi de Julitte ; loin de se plaindre et de murmurer, elle applaudit au pieux dessein du jeune homme, comme elle s'était soumise, quelques années auparavant, à la volonté de son mari. Après avoir béni Patern, elle le laissa donc prendre l'habit de novice dans l'abbaye de Saint-Gildas-de-Rhuys, et plus tard elle le vit s'embarquer pour l'Angleterre et cette même Hybernie où la moitié de ses affections terrestres était déjà ensevelie dans la solitude du cloître depuis plus de trente ans. Le père et le fils se retrouvèrent sous le même habit, amaigris par les mêmes austérités, dévorés du même zèle, animés par les mêmes espérances ; et après un long embrassement, tandis que le premier se préparait à bien mourir, l'autre continua ses prédications, devint médiateur entre deux rois, qui, sur sa haute réputation de sagesse, le choisirent pour arbitre dans leurs différents ; repassa au pays de Cornouaille où il fonda deux monastères ; et enfin, commença à essuyer des persécutions qui, en exerçant jusqu'à la fin de sa vie son inaltérable patience, firent de cette vertu si difficile et si méritoire, le premier joyau de sa couronne de sainteté. Soumis, à la suite d'une accusation de vol, à une épreuve aussi cruelle qu'humiliante ; menacé jusque dans son église par un seigneur nommé Arthur qui serait, si vous en croyez M. de Kerdanet, le célèbre instituteur de l'Ordre de la Table-Ronde ; calomnié auprès de Saint-Samson, archevêque de Dol ; moqué à son arrivée au synode par un moine qui l'avait accusé d'orgueil ; persécuté, trahi, insulté par ses propres religieux, le saint abbé devenu évêque de

Vannes, semblait n'avoir vu prolonger au-delà des limites ordinaires sa laborieuse existence que pour traîner plus longtemps le pénible fardeau de ses soucis. La méchanceté, la haine, l'ingratitude, allèrent si loin à son égard qu'il lui fallut, plus qu'octogénaire, se dérober par la fuite de la ville qu'il avait remplie de ses bienfaits. Le jeune homme a les promesses de l'avenir pour supporter les chagrins de l'exil, mais le vieillard, où trouvera-t-il des consolations pour une pareille épreuve, quand la vie lui échappe ; quand la terre manque sous ses pas et ne laisse plus devant lui place à l'espérance ? Cependant, Patern ne se plaignit point. Entouré d'un petit nombre de disciples dans la retraite qu'il s'était choisie pour rendre la paix à son église, il vécut encore quelque temps, méditant les vérités éternelles qu'il avait prêchées comme apôtre et chantées comme poète ; trouvant dans son cœur, que quatre-vingt-six hivers n'avaient pu glacer, des prières ardentes pour ceux-là même qui, naguère, l'abreuvaient d'outrages, et dont il n'avait éprouvé que l'injustice et les mauvais traitements. Il fallut la perte irréparable du noble vieillard, et à la suite de cette perte trois années de sécheresse et de famine dans le pays de Vannes ; il fallut de nombreux miracles sur la fosse écartée du Saint méconnu, pour rappeler aux Vannetais que l'évêque Patern, autrefois si vigilant pour tous les besoins, pourrait bien leur être encore utile du fond de la tombe. On réclama alors instamment les dépouilles du vieux banni, et bientôt ces précieuses reliques, portées en grande pompe sur une riche litière, saluées avec acclamations par le nouvel évêque, le clergé, la noblesse, tout le peuple de Vannes accouru à leur rencontre, rentrèrent triomphalement dans cette même ville d'où Patern avait dû s'échapper comme un malfaiteur. Les calamités qui désolaient le pays cessèrent aussitôt ; mais devant ces tardifs honneurs de quel sentiment de pitié n'est-on pas saisi pour les jugements de la multitude ! Faites du bien aux hommes ou faites-leur du mal, il se peut que le mal ne vous attire que des bénédictions et le bien des reproches et des injures. L'histoire des peuples est pleine de ces méprises que la mort de l'idole ou de la victime ne détruit pas toujours. Ne comptons que sur la justice de Dieu. Il y aura jusqu'à la fin dans le monde des ingratitudes que rien n'excuse comme des engouements que rien ne justifie.

La cathédrale de Vannes, construite et restaurée à diverses époques dont la plus ancienne est le treizième siècle, renferme le tombeau de l'un des trois saints de Bretagne qui, seuls, aient obtenu les honneurs juridiques de la canonisation. Je veux parler de saint Vincent Ferrier ; les deux autres sont saint Yves et saint Guillaume.

Le tombeau de l'éloquent Dominicain surmonté de sa statue est placé dans une des chapelles du transept. Vous savez avec quel succès éclatant ce moine espagnol, que des pénitents suivaient par les chemins jusqu'au nombre de dix mille, prêcha la parole de Dieu en Espagne, en Italie, en Suisse, en Savoie, en France, en Angleterre, en Ecosse et en Irlande. Doué de toutes les qualités qui font l'orateur, et de toutes les vertus qui font les justes, il aurait pu s'appliquer le mot si connu de César, car pour lui, venir, voir, parler, était une victoire certaine. Après avoir converti dans l'île de Mayorque plusieurs milliers de mahométans, il se vit invité par le roi de Grenade, Abenalua-Mahoma, à franchir les mers pour venir lui parler d'une religion que le sectateur de Mahomet savait ennemie de la sienne, et, chose inouïe, qu'il promettait de laisser libre dans ses enseignements ! Transporté de joie à cet appel si étrange, Vincent s'embarque à Marseille à la fin de l'année 1408 ; il est à Grenade ; il parle trois fois devant le roi et le peuple, et il le fait avec tant d'autorité et de persuasion que les grands du royaume, voyant la foule au moment de demander le baptême, supplient le monarque, lui-même ébranlé, de sauver la loi musulmane en éloignant au plus vite cet homme si habile à convaincre la raison et à captiver le cœur. On porte à cinquante mille le nombre des juifs et des mahométans convertis par l'entraînement de sa parole. Quant aux catholiques égarés qu'il ramena au bercail, on ne peut s'en faire une idée qu'en se rappelant que les églises étant insuffisantes pour contenir la foule avide de l'entendre, il prêchait à des multitudes d'auditeurs dans les places publiques, et que l'émotion de tous était si profonde que l'apôtre était souvent contraint de s'interrompre, sa voix ne pouvant plus dominer les sanglots qui brisaient les poitrines et éclataient partout autour de lui.

De toutes les missions confiées au génie de l'homme par cette prévoyante bonté veillant au destin des empires, dites-moi, en connaissez-vous une seule qui puisse le disputer en grandeur à ces combats de l'apostolat chrétien ? à ces triomphes pacifiques où les vaincus de la grâce ne plient le genou que pour se relever ensuite fortifiés et ennoblis ? — Vincent fut un de ces instruments de miséricorde échelonnés sur la route des siècles pour venir en aide à la dignité humaine, tandis que les ravageurs de royaumes, les conquérants par l'épée ne fondent qu'une renommée solitaire, égoïste, au prix de l'abaissement universel. Sa réputation croissait en raison des progrès moraux des populations accourues sur son passage, gloire bien réelle parce qu'elle est généreuse et tout le contraire du faux éclat de ces hommes funestes qui ne paraissent grands qu'à la condition fraticide de faire autour d'eux tout le monde petit. Patern avait décidé d'une question de guerre ou de paix entre deux rois d'Irlande, et, comme lui, Vincent Ferrier eut sa grande part d'influence auprès des princes de son temps. Il fut l'un des neuf arbitres qui décernèrent la couronne d'Aragon à Ferdinand, infant de Castille. Jamais autorité plus respectable ne fut mieux respectée. Parmi les miracles qui lui sont attribués ou que le ciel lui prodigua, on devrait citer en première ligne ce fait résultant de l'histoire de sa vie. Pour lui les deux choses les moins durables ont été constantes, la faveur des cours et la popularité.

Appelé deux fois en Bretagne par le duc Jean V qui tenait sa cour à Vannes, l'illustre Dominicain, plus heureux que le vieil évêque, y passa deux années entières, n'ayant à se défendre par toute la province que de l'enthousiasme qu'il inspirait. Lui aussi, il sortit furtivement, une nuit, de la ville de Vannes, dans le dessein d'aller mourir ailleurs; mais ce n'était point la persécution qui l'engageait à cacher sa fuite dans l'ombre, et lorsqu'au point du jour, il se retrouva par un miracle aux portes mêmes de la cité, il vit avec quels transports de joie la foule accourait à sa rencontre, chantant au bruit de toutes les cloches mises en branle dans un joyeux carillon :
— « Béni soit celui qui vient au nom du Seigneur ! »
— Le saint se laissa reconduire dans son logis, et avant d'y rentrer, se tournant vers le peuple. « Mes amis, dit-il, la volonté de Dieu me ramène au milieu de vous, non plus pour prêcher, mais pour y finir mes jours. » Et comme les assistants pleuraient :
« Remercions Dieu tous ensemble, reprit-il, de ce
« qu'il m'a donné la grâce de vous instruire et vous
« a rendus capables de bien comprendre mes en-
« seignements. Il vous reste à persister dans la
« vertu et ne pas mettre en oubli ce que vous avez
« appris de moi. Et, puisqu'il plaît à Dieu que je
« meure en cette ville, je vous promets d'intercé-
« der pour vous constamment devant son tribunal,
« pourvu, toutefois, que vous ne vous éloigniez pas
« de ma doctrine ! Adieu à tous ! il ne me reste plus
« que dix jours à vivre. »

Et la prédiction se vérifia au grand deuil de la

ville, qui accepta avec une confiance sans borne la protection offerte par le mourant au pied du tribunal de Dieu. Moins de quarante ans après, la cérémonie de la canonisation du célèbre Dominicain eut lieu à Vannes par les soins du légat, pour le voyage de qui on imposa sur chaque ménage des neuf évêchés de la province un subside extraordinaire de cinq deniers, « somme, dit le bon père Albert de Morlaix, que tous payèrent allègrement. » Plus tard, au temps de la Ligue, les Espagnols tentèrent d'enlever à la Bretagne les restes vénérés de leur compatriote ; mais un vieux prêtre, instruit par un Vannetais qui se trouvait alors à Valence du complot formé par Philippe II, s'empara secrètement des saintes reliques qu'il cacha dans un coffre déposé d'abord dans sa maison, puis dans un coin de la sacristie, où elles restèrent longtemps ignorées de tous. Enfin, un des plus vertueux prélats du XVIIe siècle, Sébastien de Rosmadec, les découvrit en 1637, et après en avoir fait constater l'identité, les fit porter processionnellement autour de la ville avec promesse de renouveler la même cérémonie tous les ans à pareil jour [1].

Le père Vincent Huby, fondateur des maisons de retraite de Vannes avec M. de Kerlivio et mademoiselle de Francheville, devait être régent au collége de cette ville quand cette belle procession, que tant de révolutions n'ont pu détruire, eut lieu pour la première fois. Le père Huby appartenait à la

[1] Une vie détaillée de saint Vincent Ferrier a paru dernièrement à la librairie A. Bray ; elle est due à la plume savante de M. l'abbé Bayle, aumônier du lycée de Marseille.

Compagnie de Jésus, et ses prédications qu'une santé délabrée ne l'empêchait pas de poursuivre touchaient d'autant mieux les âmes que, suivant le conseil de saint François de Sales, le cœur y parlait toujours au cœur. La charité de cet homme de bien donnait à ses paroles une onction si divine qu'il était rare qu'on pût l'approcher sans ressentir à l'instant, au dedans de soi, une sainte confiance, qui faisait dire à des soldats qu'ils se croyaient bien moins protégés par leur épée que par une petite croix de cuivre qu'ils tenaient du bon père Huby. Les écrits de cet infatigable serviteur de Dieu et des hommes sont remplis de pensées aussi ingénieuses que profondes. En voici quelques-unes prises au hasard dans ses *Maximes spirituelles* :

« La paix de l'âme est la perle précieuse qu'il faut
« acheter au prix de tout ce qu'on possède.

« Nos répugnances nous font plus de mal que nos peines.

« Quand on a du courage, le zèle donne de la vigueur.

« Le parler dissipe l'esprit, le silence le ramène.

« Après une faute nous avons plus besoin de con-
« fiance en Dieu qu'auparavant, parce qu'étant plus
« faible nous avons plus besoin d'appui et de force,
« et que la confiance est notre force et notre appui.

« Les deux choses du monde les plus précieuses
« sont de savoir un peu prier et un peu souffrir, et
« toutes deux sont comprises dans une troisième
« qui est de savoir se résigner.

« Il y a des âmes qui rendent tout petit. Ce sont

« les petites âmes. Elles rendent les plus grandes
« actions petites parce qu'elles les font avec un cœur
« petit, avec une volonté petite, faible et bornée. Il
« y en a d'autres qui rendent tout grand. Ce sont
« les grandes âmes, qui font les plus petites actions
« avec un cœur grand, avec une volonté grande,
« généreuse et sans bornes. Tout ce que font les
« petits cœurs est petit. Tout ce que font les grands
« cœurs est grand. »

Nommer le père Huby, c'est rappeler son ami Eudo de Kerlivio, grand-vicaire du diocèse sous l'épiscopat de M. de Rosmadec et de M. de Vantorte. L'histoire de la vocation de ce saint prêtre tient du roman. Possesseur d'un riche patrimoine, il s'éprit à vingt ans d'une jeune personne douée d'une rare beauté, mais que ses parents refusèrent de lui donner parce qu'elle était sans fortune. Cependant le jeune homme s'était engagé à l'épouser par une promesse formelle, et son chagrin fut si violent, que son père ne sachant plus comment le guérir voulut essayer de l'absence, remède ordinairement souverain. Kerlivio quitta donc Hennebont et partit pour Paris après de tendres adieux à l'objet aimé. Quelques mois s'écoulèrent dans les larmes, les regrets, sans apporter aucun soulagement dans une douleur que, de part et d'autre, on s'était bien promis de rendre éternelle. Le fils soumis avait pu s'éloigner, et renoncer, du moins pour un temps, à un mariage repoussé par sa famille, mais rompre ses liens, comment y serait-il parvenu quand les crédulités de la passion l'aveuglaient encore, et que la femme choisie entre toutes lui apparaissait dans ses rêves telle qu'à l'heure de la cruelle séparation, désolée, mourante, incapable de remplacer jamais par une affection nouvelle, le cher et immortel souvenir d'un premier amour ! — Une affection nouvelle ! c'est un crime seulement d'y penser ! et pourtant bon jeune homme, il fallut bien y croire lorsqu'une lettre arriva de Hennebont et t'apprit le mariage de ton idole ! — Ainsi, se dit Kerlivio, sans l'obstacle apporté par ma famille, je m'appuyais sans défiance et pour toute la vie sur une ombre d'amour, une illusion que j'eusse acceptée jusqu'à la fin comme une adorable réalité ? Qu'est-ce donc, en définitive, que ces unions de la terre où les cœurs aimants sont moins protégés dans leur confiante tendresse par la constance réelle de l'affection qu'ils inspirent que par l'absence de l'épreuve propre à les éclairer sur le peu de solidité de cette affection ! — Ces réflexions changèrent tous les projets d'avenir de Kerlivio, et après avoir reçu les instructions de Vincent de Paul, il entra dans les Ordres à vingt quatre ans.

De retour à Hennebont, le premier soin du brillant cavalier devenu prêtre fut de s'appliquer à l'étude de la sainte Écriture, et le début de cette vie nouvelle nous présente un de ces admirables tableaux comme le christianisme seul peut en offrir. Eudo devint le directeur et le confesseur de son père qui, ravi de sa piété et de sa haute sagesse, lui ouvrit son cœur avec une simplicité d'enfant. « Il n'y avait
« sorte de bien, dit l'auteur de la Vie des Fonda-
« teurs des maisons de retraite, que ce fils zélé ne

« suggérast au père, et à quoi ce père charitable ne
« se portast aussi-tost. Mais ils ne vescurent pas
« longtemps ensemble. La patience couronna toutes
« les vertus du père. Il souffrit avec un courage in-
« vincible de longues et très-aiguës douleurs de la
« pierre et, sentant sa fin approcher, il fit une confes-
« sion générale à son fils, et reçut de sa main tous
« les sacrements. Dans cette extrémité, la confiance
« que le père marquoit à son fils et le sentiment de
« dévotion que le fils inspiroit au père, tiroient les
« larmes des assistants. Ce qui les toucha le plus,
« ce fut la manière de testament que fit le mou-
« rant. — Mon fils, dit-il, je ne fais point de testa-
« ment dans les formes parce que je suis assuré que
« tout ce que je vous laisse de bien, vous le don-
« nerez aux pauvres et à l'Église. — Jamais, ajoute
« mon auteur, la dernière volonté d'un père ne fut
« mieux exécutée par ses enfants. »

Et, en effet, si avant la mort du vénérable vieillard sa maison était déjà la ressource de bien des misères ; si l'on y préparait des vêtements pour les pauvres, des bouillons et des médicaments pour les malades ; si l'on y traitait deux fois la semaine tous ceux qui venaient demander une place à la table de la Providence, où chaque convive recevait encore, après le repas, une petite aumône en argent, la charité du fils devint encore plus abondante et plus ingénieuse après la mort du chef de famille. La construction de l'hôpital de Hennebont était arrêtée faute de ressources. Kerlivio fournit l'argent nécessaire pour achever de le bâtir, et de plus, il lui fit une rente, et se chargea de le meubler. Le père avait déjà fondé dans cet hôpital l'entretien de deux sœurs de charité; le fils y pensionna deux autres sœurs et donna une de ses maisons pour recueillir les orphelins sans ressource, et une forte somme pour les nourrir et leur faire apprendre des métiers. Retiré dans cet hôpital en qualité de chapelain et de confesseur, il s'était fait pauvre au milieu des pauvres, dormant sur une mauvaise paillasse, ne vivant que de laitage, si assidu au chevet des malades qu'il passa trois semaines de suite sans se coucher. Ce fut là qu'il connut le père Huby, venu en mission à Hennebont, et que ce dernier conçut pour lui cette haute estime qui engagea l'évêque de Vannes à s'attacher M. de Kerlivio en qualité de grand vicaire. L'amitié du bon missionnaire eut besoin de s'autoriser de l'intérêt de l'Eglise et de lutter longtemps avant de réussir à vaincre les résistances de l'aumônier heureux de l'obscurité de sa position modeste, et dont l'humilité s'effrayait d'une élévation toujours redoutable pour qui n'en est point ébloui. Déjà la pensée d'un établissement de séminaire lui avait été suggérée par le père Rigoleuc ; il comprit que l'exécution d'un projet si utile à tous, prêtres et fidèles, serait rendue plus facile par son nouvel emploi, et ce fut probablement la raison déterminante qui l'arracha de sa ville natale pour le transporter à Vannes auprès de Charles de Rosmadec, successeur de l'évêque du même nom, si dévot à saint Vincent Ferrier. Il y aurait toute une étude à faire sur cet éloignement des grandeurs, cet attrait pour le dernier rang, vertu si générale aux premiers siècles de l'Eglise, et l'une des plus naturelles à Kerlivio. J'aimerais à m'étendre également avec vous sur la vigilance, la pénétration, l'activité, la prudence dont il fit preuve dans ses fonctions de grand-vicaire, si le cadre étroit d'un journal de voyage n'était un sérieux obstacle à d'aussi grands développements. Comment pourtant ne pas vous signaler d'une manière spéciale la fermeté, la sincérité de ce prêtre qui, même vis-à-vis d'un supérieur ecclésiastique, n'eût jamais à se reprocher une parole d'adulation ? Quelle que fût l'importance des intérêts en cause, il ne croyait pas que rien pût justifier les complaisances serviles de la flatterie dans la bouche destinée à propager partout les austères enseignements de la vérité. Usant d'une liberté courageuse, autorisée d'ailleurs par son évêque, il ne craignit jamais de déplaire à ce prélat en l'avertissant respectueusement de ses défauts. — « Saint Charles aurait-il fait cela, Monseigneur ? lui demandait-il, et le digne successeur de saint Patern, loin de témoigner aucun déplaisir de cette noble franchise, disait partout de son grand-vicaire qu'il n'avait pas son pareil, et le nommait son bras droit. Si ce grand-vicaire eût été appelé à haranguer quelque potentat, son langage eût été celui de Bridaine prêchant devant Louis XV et toute sa cour : « Sire, je ne vous fais pas de compliments, c'est « parce que je n'en ai pas trouvé dans l'Evangile. »

La vie d'Eudo de Kerlivio eut d'autres chagrins que ceux de sa jeunesse. Un des plus cruels pour lui, fut de voir le séminaire dont il avait entrepris la fondation détourné du saint usage qui promettait à la Bretagne un clergé mieux instruit et d'une piété encore plus solide. Heureusement l'excellente inspiration des retraites ecclésiastiques bientôt établies dans ce local, inspiration donnée à la fois au père Huby et à Kerlivio, vint consoler les deux amis en leur montrant le même but atteint par des voies différentes. Former de bons prêtres, tel était le premier désir de ces deux hommes, du second surtout, et dans les visites diocésaines que lui imposait sa charge, il mettait tout en œuvre pour bien connaître l'état des paroisses, y maintenir le bon ordre, remédier au mal qui pouvait s'y être glissé. Ses exhortations aux ministres des autels roulaient sur la dignité de leur caractère, les avantages de la sobriété, de l'humilité, de la pauvreté évangélique. — « Un prêtre, disait-il, « doit mourir sans dettes et sans argent. » — C'était là une des maximes qu'il ne prêchait qu'en arrangeant sa vie de manière à la bien mettre en pratique au moment de sa mort.

Je pourrais vous citer plusieurs traits de cette vie pleine de mérites, soit lorsque le généreux Kerlivio sollicitait et obtenait la grâce d'un misérable qui avait voulu le tuer en déchargeant un pistolet par la fenêtre de sa chambre; soit lorsque, victime lui-même d'injures et d'affronts qui allèrent jusqu'au soufflet, il répondait à un prêtre qui se plaignait amèrement de la calomnie : — « Non, monsieur, « vous ne méritez pas l'honneur que Dieu vous fait « de vous donner occasion de souffrir quelque chose

« pour lui, puisque vous savez si mal le recon-
« naître. » Disgracié aujourd'hui, rappelé demain,
il s'éloigne, il revient, aussi docile à l'obéissance
qu'inaccessible à toute faiblesse d'amour-propre.
Usé avant le temps par des travaux au-dessus de ses
forces et de trop grandes austérités, il fut atteint,
en février 1685, d'une fièvre continue et d'une in-
flammation de poitrine, double maladie qui devait
l'envoyer au ciel. Ce lit de mort offrit un spectacle
non moins sublime que celui où le père reçut le pain
eucharistique de la main de son fils. Depuis dix jours
le père Huby célébrait chaque matin la messe pour
obtenir le rétablissement d'une santé si chère, quand
le mourant, luttant depuis dix jours aussi dans une
agonie assez cruelle pour le délivrer vingt fois, de-
vina la mystérieuse puissance qui le retenait au bord
de la fosse sans lui permettre d'y descendre. — « Je
vois, s'écria-t-il d'une voix forte, que mon ami re-
double ses vœux pour ma santé. De grâce, allez dire
au père Huby l'état où je suis ; qu'il ne fasse plus
violence à la volonté de Dieu, et me laisse partir de
ce monde ! » — Quelle confiance sublime dans le
pouvoir de l'amitié ! Cette prière vous rappellera les
paroles non moins confiantes de Marthe et de Marie
au divin ami de Lazare : « Seigneur, si vous aviez
été ici, mon frère ne serait pas mort. »

On se rendit aux vœux de l'agonisant, et la tendresse désolée du missionnaire dut se prêter au
mystérieux consentement réclamé par son ami. En
apprenant que le père Huby allait enfin dire sa messe
pour l'entier accomplissement des desseins de Dieu,

Kerlivio témoigna d'une joie profonde, heureux d'avoir arraché à l'amitié la permission de mourir. « — Bon ! dit-il en élevant les bras vers le ciel, Seigneur, voilà qui est fait ! Je puis m'en aller maintenant. » Et, en effet, il expira doucement quelques minutes après, tandis que le père Huby, encore à l'autel, achevait le divin sacrifice au milieu de ses larmes.

Arrêtons-nous dans ces récits dont le charme tout religieux m'a peut-être entraîné trop loin, et, puisque le désir d'honorer les restes du père Huby et de Kerlivio nous a conduit dans l'église du collége de Vannes, parlons, pour ne pas descendre trop brusquement des hauteurs de la sainteté aux trivialités de la vie commune, parlons de l'armée d'enfants échappée de ce collége en 1815, et dont quelques-uns, encore, après avoir vaillamment combattu pour Dieu et pour le roi, à Muzillac et ailleurs, édifient maintenant par les douces vertus qui font le digne prêtre de Jésus-Christ, les paroisses bretonnes dont ils sont devenus les guides. Mais, avant, laissez-moi vous dire ce qui m'a le plus frappé dans la vie de Kerlivio, du père Huby, de Vincent Ferrier, de saint Patern, ces grands hommes du Christianisme. Si j'ai pu me demander autrefois, avec d'autres esprits superficiels, pourquoi la plupart des saints, non contents de mener une vie pure, irréprochable, recherchaient encore des souffrances en apparence inutiles; aujourd'hui, j'ai été amené à des réflexions plus sérieuses en retrouvant quatre fois de suite le récit de ces souffrances volontaires soigneusement consignées dans les quatre notices dont je viens de rappeler ici les faits principaux. Aurais-je donc pris pour une exagération de la vertu un de ses fondements les plus solides ? Quand Patern vit de quelques légumes, et entoure son corps d'un tissu de crin ; quand Vincent Ferrier, malade, se frappe encore d'une discipline jusqu'à effusion de sang ; quand le père Huby, exténué par de long jeûnes, brisé par de continuelles douleurs rhumatismales, met dans son lit une planche sous ses épaules; de peur que le sommeil ne lui soit trop doux ; quand Kerlivio porte des vêtements tellement rapiécés, qu'à sa mort des mendiants seuls peuvent s'en servir, et que durant sa vie deux ou trois sous par jour suffisent amplement à sa nourriture ; quand un homme, enfin, est prêt pour toutes les privations, les tortures, les humiliations, qu'il les accepte avec joie, amour, reconnaissance, comment cet homme ne serait-il pas plus libre, plus ferme, plus grand, que celui qui traîne encore après soi les besoins, les ambitions, les frayeurs de la vie, lourde chaîne dont le pénitent a brisé tous les anneaux ? Avec l'aptitude à souffrir, on a de ces âmes de feu, de ces caractères de fer inaccessibles aux séductions comme aux menaces, aux persécutions des honneurs comme à celles des supplices ; mais avec des mœurs amollies, la passion effrénée du bien-être, de la satisfaction des sens, on n'a plus que ce que vous voyez : un grand marché d'esclaves approvisionné par l'ambition et la peur, et où toute conscience est à vendre.

VIII

Le collége de Vannes. — Caractère des Bretons. — Le Manach. Conspiration. — Départ des écoliers. — Combat de Sainte-Anne. — Échec à Redon. — Combat de Muzillac. — Pacification. — Rencontre dans un salon de Versailles.

Pendant les quinze dernières années qui précédèrent la révolution de Juillet, aucun étranger ne visita les divers monuments de la ville de Vannes, sans remarquer, au-dessus de la porte principale du collége, trois croix de la Légion d'honneur tracées au burin et surmontées de drapeaux fleurdelisés. Croix, drapeaux, fleur de lis, ont disparu avec les Bourbons jetés en exil; mais ces emblèmes, gravés au fronton d'un édifice consacré à l'étude des sciences et des lettres, rappelaient une histoire trop intéressante pour que la plume n'essaie pas d'arracher un peu de temps encore à l'oubli ce que le marteau d'un manœuvre a si promptement enlevé de la pierre.

Fondé au seizième siècle pour que la jeunesse bretonne pût s'instruire sans s'éloigner du pays, ce collége, dissous en 1791, et rouvert en 1804, après de longues et cruelles années de guerres civiles, ne ressemblait en rien, lors de sa réorganisation, à ces paisibles maisons d'éducation où les travaux de l'esprit et les récréations de l'enfance ne laissent à l'âge mûr et à la vieillesse que de pacifiques souvenirs. Réunis, dans une trève, sur un champ de bataille, entre les combats de la veille et ceux du lendemain, les élèves du collége de Vannes, qui voyaient parmi leurs condisciples des chefs de la première chouannerie, revenus s'asseoir au milieu d'eux pour se préparer à recevoir les Ordres, traversèrent l'ère impériale moins occupés, sans doute, des discussions de la scolastique que des sanglantes querelles où les pères de la plupart d'entre eux avaient été acteurs. Leurs visites fréquentes aux villages des environs, le babil des hôtesses qui les logeaient par chambrées, le collége n'ayant que des externes, les initiaient à tous les bruits du dehors et leur permettaient de prendre, dans les idées de l'époque en Bretagne, une part beaucoup plus grande que l'insouciance et l'étourderie habituelles à l'enfance ne le laisseraient supposer. Ces idées n'étaient point favorables à Napoléon, en dépit du curieux article introduit dans le catéchisme à propos du quatrième commandement de Dieu, ordonnant d'aimer l'empereur, sous peine de damnation éternelle ; et si les collégiens s'exaltaient aux récits guerriers des soldats de Cadoudal, de Guillemot, de Gamber ; s'ils s'attendrissaient en voyant de vieux prêtres, longtemps proscrits, rentrer pâles, vieillis, mourants dans les églises dépouillées et les presbytères en ruines ; ils s'indignaient plus souvent encore d'un régime chaque jour plus oppressif, et ne laissant aucune alternative à la jeunesse entre le service des autels et celui des camps. La confiscation des États pontificaux, la captivité du Pape, la guerre d'Espagne, d'autres événements qu'il est inutile de rappeler, et tous, dominés par la conscription, l'insatiable conscription, formaient dans les entretiens secrets du collége, la contre-partie des bulletins apologétiques de la grande armée, traduits en latin par le professeur de rhétorique, et donnés ensuite à tous les élèves pour sujets de composition. Il est facile d'imaginer ce que ces louanges en prose et en vers, arrachées à l'obéissance passive du collégien, devaient amasser d'amertume dans le cœur de l'enfant qui, presque toujours comptait quelque réfractaire dans sa famille, et voyait toutes les semaines vendre à l'encan, à la porte même du collége, les vêtements, les meubles, le cheval, la vache, et jusqu'aux instruments aratoires du malheureux père qui ne pouvait se résoudre à se faire le délateur de son propre fils. La chute du gouvernement impérial fut donc saluée, dans le Morbihan, avec les transports de la plus vive allégresse. Les Bourbons promettaient la liberté, la paix, et, de plus, ils apparaissaient avec tout le prestige du sang versé pour leur cause unie à la défense de l'autel.

La joie fut courte, cependant. On sait comment Napoléon revint de l'île d'Elbe, et combien fut rapide ce dernier triomphe, que dix-huit mille Français devaient payer de leur vie à Waterloo. Je n'ai point à soulever ici une discussion politique, ou plutôt historique ; il me suffira de constater que le Breton, si énergique quand il s'agit de revendiquer ses droits, de défendre son culte, son foyer domestique, ses libertés nationales, n'a rien de l'esprit aventureux qui aide à comprendre et peut-être à admirer un conquérant. Peu ambitieux, casanier dans ses habitudes, chérissant par-dessus tout son indépendance, que la simplicité de ses goûts sauvegarde au moins autant que la fierté de son caractère, le Breton a des notions de gloire qui sont rarement celles de la foule, et pour peu qu'il aperçoive sous les lauriers un petit bout de chaîne, il secoue la tête, s'écarte et se tait. Ce n'est point lui, le Breton à la façon de Duguesclin, de La Tour d'Auvergne de Cadoudal, qui mesurerait ses sympathies, ses services, à la force apparente d'un pouvoir, et fléchirait le genou bien moins devant un principe qu'aux pieds de la Fortune, distribuant richesses, emplois, honneurs. Fi des os de poulets et de pigeons, des reliefs et des caresses, s'il faut, pour les obtenir, flatter ceux du logis, donner la chasse à ceux qui déplaisent, et porter à son cou pelé le collier marqué au chiffre du maître ! « — Il vaut mieux porter des « haillons que des fers, » disait le vieux Ducis, dont le nom manque à la Bretagne. Le même homme répondait, à la Malmaison, aux avances du premier consul, en lui montrant une bande de canards sauvages traversant les airs : « Voyez-vous ces oiseaux? « ils flairent de loin le fusil du chasseur. Eh bien ! « je suis l'un d'eux : je me suis fait canard sau« vage. »

Or, les Bretons n'avaient pas à se faire canards sauvages, ils l'étaient de naissance avec leur illustre compatriote Châteaubriand, qui, lui aussi, regardait le retour de l'île d'Elbe comme un immense malheur. Les forêts du Morbihan, peuplées de réfractaires lors de la première chute du colosse, reprirent un aspect menaçant, et la résistance à main armée s'organisa dans presque toutes les paroisses. Les écoliers de Vannes, à la première nouvelle de l'événement du 20 mars, avaient voulu marcher pour défendre la cause royale; mais, forcés d'ajourner l'exécution de leurs projets de guerre, quand le drapeau tricolore volait si rapidement de Cannes à Paris il fallut contenir deux mois entiers leur impatience de combattre, sans autre dédommagement d'un délai si long pour des conspirateurs de seize à dix-huit ans, que le refus de chanter le *Domine, salvum fac imperatorem*, l'insulte aux cocardes tricolores des professeurs, le plaisir de couvrir d'encre et de boue aujourd'hui l'aigle gigantesque peinte au-dessus de la porte du collége, demain l'acte additionnel. Quant aux fleurs d'aubépine portées à la boutonnière par trois élèves revenant de la promenade, il ne faut pas s'étonner, l'attitude hostile du collége étant bien connue, si l'on crut y voir aussi une protestation. Ces fleurs de mai devinrent une véritable palme de martyre pour le courageux Le Manach, demeuré seul sur la place publique au milieu d'une foule d'agresseurs. Conduit par un piquet de gendarmerie au corps-de-garde de l'hôtel-de-ville, lorsqu'il eut terrassé trois ou quatre de ses lâches ennemis qui se ruaient sur lui par centaines et le frappaient par derrière, il fut livré à la merci d'un gendarme brutal qui avait reçu l'ordre d'obtenir de lui, n'importe par quels moyens, le nom de ses deux complices échappés au milieu du tumulte. Ce nom, Le Manach refuse de le faire connaître; il déclare qu'il ne livrera jamais ses camarades.— « Qui sont-ils, brigand ? qui sont-ils ? » vocifère le gendarme en l'arrachant du grabat où il s'était couché ; et, comme le jeune homme persiste à se taire, il le frappe, il le jette sur le sol, il le foule aux pieds, et lui meurtrit, à grands coups de bottes, la poitrine et les flancs. Alléché du dehors par les gémissements de la victime, un autre misérable, un bourgeois, vient associer sa lâcheté à la barbarie du premier bourreau, et, se penchant sur le corps de Le Manach, laboure son visage à coups de poing, couvre de crachats ses yeux et ses joues. « — Tuez-moi si vous le voulez, répétait le malheureux inondé de sang, jamais, non, jamais vous ne saurez le nom de mes camarades. Achevez-moi plutôt. » — Et, en effet, un pareil supplice aurait pu se terminer par la mort de la victime, si l'officier du poste, couché dans une chambre voisine, n'était accouru à son secours. Transféré à la prison du Petit-Couvent, où les voleurs, au milieu desquels on le jette, vont lui infliger de nouvelles tortures, le pauvre collégien passe trois jours et trois nuits dans la persuasion qu'il sera fusillé s'il ne dénonce pas ses complices, menace que le geôlier lui répète à chaque instant, et qui ne change rien à sa réponse : « Eh « bien ! s'il faut mourir, je mourrai. » Le quatrième jour la prison s'ouvre, les gendarmes paraissent, l'emmènent en silence, et tout semble lui annoncer

l'approche de son dernier moment. « Tout à coup,
« dit M. l'abbé Bainvel, l'un des condisciples de Le
« Manach, l'ordre est donné aux élèves de se réunir
« dans la grande cour. Que va-t-il se passer ? A la
« triste physionomie des professeurs, à leur air in-
« quiet et consterné, on prévoit quelque chose de
« terrible. On voit apparaitre, en effet, escorté par
« un fort détachement de soldats et de gendarmes,
« notre malheureux condisciple Le Manach, à peine
« reconnaissable tant il a souffert. On lui avait pro-
« mis la liberté, à la condition de crier : Vive l'em-
« pereur ! en présence de tout le collége. Le brave
« jeune homme avait répondu qu'il préférait la
« mort. Enfin, par une dernière décision, il avait été
« arrêté que Le Manach serait chassé ignominieu-
« sement du collége, et à jamais exclu de tous les
« établissements de l'Université ; qu'il serait soldat
« de droit et reconduit de brigade en brigade dans
« le sein de sa famille, en attendant sa feuille,
« de route pour rejoindre son corps. C'était pour
« être témoin de l'exécution de ce jugement, qu'on
« nous avait réunis. Tout ce protocole fut lu au
« milieu d'un silence de mort. Mais Le Manach,
« épuisé et presque défaillant, veut dire un dernier
« adieu à ses camarades. Il se précipite au milieu
« d'eux. Tous pleurent avec lui, on lui presse les
« mains, ses amis les plus chers peuvent l'embras-
« ser..... On redoute l'effet d'une scène si drama-
« tique, on se hâte de l'arracher aux caresses de ses
« amis pour l'exiler dans sa famille, où la haine et
« la vengeance le poursuivront encore. Aujourd'hui,

« ce courageux écolier de 1815 prêche l'oubli et le
« pardon des injures aux lieux même de son injuste
« persécution. »

Si l'on comptait sur l'impression produite par ces actes de brutalité pour calmer l'exaltation des condisciples de Le Manach, on méconnaissait complétement le caractère breton, qui a besoin de la provocation, de l'attaque, pour mettre en usage toute son énergie, toute sa puissance proverbiale de ténacité. On croyait, par l'exemple d'une punition rigoureuse, enseigner la soumission aux collégiens, et cet exemple, tournant au profit de la conspiration, leur apprenait seulement la prudence. On nomma un comité-directeur composé de deux élèves en théologie, deux en rhétorique, deux en philosophie, et trois ou quatre écoliers plus jeunes appartenant aux autres classes. Les vaines bravades, les clameurs indiscrètes, furent sévèrement interdites par ce comité, d'autant mieux obéi, qu'au prix d'une contrainte de quelques semaines il promettait une prochaine vengeance. Tout ce qu'on avait d'argent et d'objets de quelque valeur, fut sacrifié pour se procurer des armes ; et comme les fusils n'étaient utiles qu'autant qu'on saurait bien s'en servir, indépendamment de l'attention sérieuse prêtée aux évolutions militaires de la garnison, et même de la garde nationale, on imagina un stratagème qui devait avoir un plein succès. Un enfant de quinze ans, frêle, pâle, d'une apparence maladive, prétexta d'une ordonnance de médecin qui lui enjoignait, comme moyen de développer ses forces, l'exercice journalier du fusil, pour se faire donner, chaque matin, avant la classe, par un officier gascon, zélé bonapartiste, des leçons qu'il répétait chaque soir à une cinquantaine de camarades réunis douze par douze dans une cave ou dans un grenier. Les fusils, les pistolets, les sabres, les balles, les cartouches, cachés le plus souvent dans des charrettes chargées de foin, étaient transportés hors de la ville pour être déposés en lieu de sûreté. C'était, le plus souvent aussi, au fond d'un bois, au coin d'une lande, ou, en mer, dans une petite barque, que le comité de direction se réunissait pour délibérer. Les membres de ce comité avaient voulu lier par un serment tous ces jeunes conspirateurs, dont pas un, sur près de quatre cents qu'ils étaient, ne trahit un secret si important confié à tant de légèreté et d'inexpérience. Dans une chambre obscure, un Christ, au pied duquel était un médaillon de Louis XVIII, fut placé sur une sorte d'autel, et devant ce Christ, tous ces enfants, appelés l'un après l'autre, prononcèrent à genoux et d'une voix ferme, cette formule de serment que leur présentait Bainvel, l'un des deux élèves en théologie :

« Je jure devant Dieu et sur l'image sacrée du roi,
« d'être fidèle et dévoué au roi Louis XVIII et à ses
« successeurs ; de répandre jusqu'à la dernière goutte
« de mon sang pour défendre ses droits et sa cause,
« de mourir plutôt que de jamais abandonner mes
« camarades, et de garder le secret le plus inviolable
« envers et contre tous. »

Il faut lire, dans le charmant récit de ce hardi

séminariste Bainvel, aujourd'hui paisible curé de Sèvres, ou dans la *Petite Chouannerie* de M. Rio, sous-lieutenant de la compagnie des écoliers, il faut lire comment on rêva d'abord l'enlèvement du préfet, puis l'escalade du fort Penthièvre avant d'en venir au seul parti raisonnable, celui de proposer le commandement de la petite armée à un capitaine déjà éprouvé sur les champs de bataille, et capable de diriger utilement les forces qu'on voulait mettre entre ses mains. Ce chef fut M. de Margadel, qui comprit, à l'enthousiasme de ces enfants, qu'il pouvait les rattacher sans crainte à l'insurrection générale toute prête à éclater dans les campagnes. Il arriva, quoique bien lentement, ce jour du départ si impatiemment attendu, ce 24 mai qui allait commencer pour les écoliers une vie si rude, et, pourtant, si séduisante aux yeux de tous, que parmi ceux qu'on avait exclus, les enfants au-dessous de quinze ans et ceux appartenant à des familles bonapartistes, plusieurs ne voulurent entendre aucune raison pour se séparer de leurs camarades, et suivirent l'élan général. Sortis de la ville deux à deux, trois à trois, à la nuit tombante, et dispersés dans les bourgs et les villages environnants où ils avaient caché leurs armes, ils s'étaient donné rendez-vous, à deux jours de là, au hameau de Kercohan, à six lieues de Vannes, et où ils devaient se rendre par petites bandes et par des chemins de traverse. Les chefs de la conspiration, restés les derniers pour surveiller le départ, se rendirent par des routes détournées, avec un certain nombre de camarades retrouvés en chemin, chez M. de Margadel, qui leur fit distribuer des cartouches, des cocardes blanches, et, se mettant à leur tête, les conduisit au château de Pont-Sale, habité par des amis. Le souper est servi, tous les convives sont à table; mais, quoi! ce n'est plus maintenant la vie tranquille du collége! les bleus arrivent, l'alerte est donnée, il faut sauter par la fenêtre, et se résigner à remplacer le festin de la dame châtelaine par la cuisine plus rustique d'un bivouac de chouans! C'est dans le vallon de Brech, que paysans et marins, réunis autour des marmites, répondirent par le plus cordial accueil aux acclamations de joie de ces enfants qui venaient combattre avec eux, et sur lesquels les mâles visages des chouans, dont plus d'un était sillonné de cicatrices, produisaient une sorte de fascination. Là était le frère de Georges, le brave, le généreux Joson Cadoudal, et ce vieux Gamber, dont l'intrépidité fabuleuse n'eut d'égale que sa miséricorde et sa piété. Il fallait de ces types d'honneur et de vertu à ces jeunes soldats nourris de traditions religieuses et héroïques, et qui, commandés par deux séminaristes, Nicolas et Bainvel, devaient, dans leur manière de vivre en campagne, au milieu des discordes civiles, se montrer aussi bien sans reproche que sans peur. On ne peut lire sans attendrissement, dans les récits de MM. Rio et Bainvel, comment les plus robustes écoliers protégeaient les plus jeunes et les plus faibles ; comment ils priaient tous ensemble avant et après le combat ; comment ils s'apitoyaient sur leurs ennemis tombés sur le champ de bataille, et plaçaient auprès d'eux des sentinelles qui pansaient leurs blessures et repoussaient les pillards. La guerre, surtout entre les enfants d'un même pays, est une effroyable calamité ; mais il appartient à la compassion, à la magnanimité, d'en adoucir les horreurs par ces larmes de pitié ou d'admiration qui effacent tant de choses.

A la première nouvelle de l'insurrection, Lorient, toujours hostile aux royalistes, envoya contre eux une colonne d'impériaux et un bataillon de gardes nationaux qui quittèrent la ville en criant : *Mort aux brigands ! Point de quartier pour des scélérats !* et en jurant que le lendemain chacun d'eux rentrerait vainqueur, une tête de chouan au bout de sa baïonnette. — La rencontre eut lieu au bourg de Sainte-Anne, sanctifié par tant de miracles, et dont le nom chéri des Bretons, leur rappelle avec cette patronne céleste, leur bien-aimée souveraine Anne de Bretagne qui, comme l'a dit si bien l'abbé Bainvel, deux fois reine de France, n'a pu se consoler de la perte de sa couronne ducale. Il était impossible aux soldats de Joseph Cadoudal, de Gamber, de Margadel, de Le Thiez, de Sol, de Grisolles, de n'être pas victorieux sur un pareil champ de bataille et vous ne vous étonnerez point qu'une Morbihannaise nous ait assuré, en nous racontant la défaite des bleus, que ceux-ci, pendant la fusillade, voyaient toujours devant eux une belle femme vêtue de blanc qui les menaçait et détournait leurs coups des royalistes dont elle parcourait les rangs. La déroute des bleus fut complète, mais si la confiance puisée dans une croyance forte, enthousiaste, la détermina, cette même croyance, disposant les vainqueurs à la générosité, protégea du moins les vaincus restés prisonniers, et leur fit connaître ce que peut avoir de bon quelquefois cette religion sainte tant reprochée aux populations de l'Ouest. Les bleus étaient sortis de Lorient en exprimant la ferme résolution de ne pas faire de prisonniers, et voici que les blancs avaient en leur pouvoir vingt et quelques vieux soldats ou fédérés, parmi lesquels était le commandant en chef de la colonne ennemie, d'autant plus compromis aux yeux de tous que, par une perfidie devenue évidente, il avait cherché précédemment à se jouer de la loyauté de Cadoudal. Ce dernier pour toute vengeance lui demanda comment il eût traité les blancs si l'issue du combat avait été différente, et, sans vouloir prolonger davantage l'embarras du pauvre officier, il lui déclara qu'il était libre avec tous ses compagnons d'infortune. Plusieurs d'entre eux étaient blessés ; les *brigands* dont ils avaient juré la mort pansèrent leurs blessures, et tous furent reconduits avec égards aux avant-postes où les bleus embrassèrent les blancs en s'engageant d'eux-mêmes à ne plus porter les armes contre des ennemis si magnanimes.

Une partie des écoliers avaient combattu vaillamment au centre de la mêlée, et ce ne fut pas sans quelque orgueil qu'il racontèrent le lendemain à leurs condisciples moins heureux qui les attendaient à Kercohan, les impressions du premier combat. La compagnie fut organisée, et la nomination des officiers qui se fit au scrutin, montra combien était pur et désintéressé le dévouement de ces braves jeunes gens s'obstinant à l'envi à refuser les grades et demandant comme un faveur de rester *simples chrétiens*. Que leur importaient des honneurs, à eux destinés, pour la plupart, à devenir curés de villages après leur prmière et unique campagne ? Cependant il fallait de chefs. Le grand Nicolas fut nommé capitaine, Bainvel lieutenant, Le Quellec, sous-lieutenant. Sur les vingt et un officiers et sous-officiers de cette compagnie unique dans l'histoire, quatre furent tués, et des dix-sept qui ont survécu, neuf au moins, sont devenus prêtres. J'aimerais à vous faire le portrait des deux Nicolas, frères jumeaux si tendrement unis, de Bainvel jugé digne de remplacer l'un d'eux au premier rang, de Rio, à la fois orateur et soldat ; de Le Quellec si courageux malgré sa santé débile, si tendre, si paternel pour le jeune compagnon *qu'il secoua souvent de son premier sommeil pour le faire prier avec lui, persuadé que, dans un métier comme le leur, un chrétien devait se coucher comme s'il eût dû mourir le lendemain*. Le gai, l'aimable Le Tieck, barde de la troupe, toujours riant, toujours chantant, mériterait aussi une mention particulière, ne fût-ce que pour sa bonté qui lui faisait porter à la fois jusqu'à quatre fusils pour soulager ses camarades fatigués et plus faibles. Au passage des ruisseaux et des rivières ses épaules étaient toujours au service de ceux qui pouvaient en avoir besoin pour traverser l'eau à pied sec. Pauvre barde !.... Mais abrégeons ; les histoires de la chouannerie rempliraient des volumes, et je ne puis, dans ces notes éparses que vous engager à lire comme moi la *Petite Chouannerie* et les *Souvenirs d'un Écolier*.

La prise de Ploërmel, de Josselin, de Questembert, de Rochefort, de Malestroit, suivit de près la victoire de Sainte-Anne. Mais l'armée royale eut à Redon un échec attribué généralement à la mauvaise inspiration des chefs qui attaquèrent la ville le jour de la Fête-Dieu, à l'heure même où le Saint-Sacrement parcourait processionnellement les rues, sous une pluie de fleurs. Punis de la faute de quelques-uns de leurs généraux, les blancs ne pénétrèrent dans la ville que pour l'évacuer bientôt, chassés par des forces supérieures. Plusieurs écoliers furent blessés par la fusillade des soldats retranchés dans la Mairie et dans la tour, et nulle part encore depuis qu'ils avaient embrassé cette vie périlleuse, les pauvres enfants n'avaient souffert de la fatigue et de la faim ce qu'ils souffrirent dans cette nuit passée sous les halles de Redon, et où leurs coups de fusil tinrent jusqu'au matin la garnison en échec. Cependant là aussi, la pitié des habitants vint en aide aux collégiens, ces favoris de la ferme, du manoir et du presbytère ; cette élite de la jeunesse morbihannaise, tenant par quelques-uns de ses membres à toutes les familles du pays. Si les marches forcées, les longs jeûnes, les nuits de bivouac à la belle étoile, les combats au-dessus des forces de leur âge, rendaient la vie militaire un peu rude à des soldats de quinze ans, l'intérêt qu'ils excitaient partout était bien fait

pour soutenir leur courage et les dédommager de ce que leur existence nouvelle pouvait avoir de trop rigoureux. — « Ceci est pour les écoliers, » leur disait-on, en apportant de tous les villages sur le passage de l'armée des provisions de pain, de laitage, de fruits. — « Nous vendons le vin ou le cidre aux étrangers, mais nous le donnons gratis aux enfants de la maison, » leur répondaient les cabaretiers et surtout les cabaretières, sans vouloir accepter leur écot. Ici servantes et maîtresses, dans les châteaux comme dans les chaumières, abandonnaient leurs chambres aux collégiens, et tandis qu'ils reposaient, passaient la nuit à réparer leurs vêtements. Là, les jeunes pensionnaires des couvents les accueillaient aux cris enthousiastes de : Vive le roi! vivent les écoliers, et leur jetaient à pleines mains des fleurs et des cocardes blanches. Par un privilége que le matin de la vie possède toujours sans avoir jamais besoin de le revendiquer, tant de faveurs, tant de préférences n'excitaient aucune jalousie dans l'armée royale. « Les vieux chouans applaudissaient à nos
« succès, dit l'abbé Bainvel; les grognards de
« l'Empire assuraient que nous n'allions pas trop
« mal pour des conscrits. Les vieux loups de mer,
« ces intrépides marins du Morbihan qui avaient passé
« leur vie à lutter contre l'Océan et l'Angleterre,
« nous félicitaient à leur façon, et nous donnaient
« des poignées de main à nous faire rentrer sous
« terre. »

Mais le plus beau fait d'armes des écoliers fut la bataille de Muzillac, où l'armée s'était rendue le

9 juin pour protéger le lendemain, à quelques lieues de là, le débarquement de quatre à cinq mille fusils et de munitions de guerre qu'un navire de transport apportait aux royalistes manquant de tout. Ce débarquement si nécessaire aux chouans ne pouvait s'effectuer sans opposition de la part des bonapartistes; et le 10, à quatre heures du matin, le général Rousseau commandant des forces imposantes, parut devant le pont qui est à l'entrée de la ville, et qu'il eut franchi si Cadoudal et quelques-uns de ses braves soldats d'Auray ne lui en eussent disputé le passage assez de temps pour permettre à l'intrépide Rohu d'arriver avec tout un bataillon de marins. Cette position bien défendue, il devenait important de s'occuper d'un autre pont de moulin jeté sur le même cours d'eau, à moins d'un quart de lieue du premier, et vers lequel l'ennemi ne pouvait manquer de se diriger. Placés sur un coteau au-dessus de cette chaussée de Penesclus qu'ils doivent protéger, les trois cents cinquante collégiens mitraillés par le canon et la fusillade, voient tomber au milieu d'eux, la tête fracassée par un biscaïen, leur barde Le Tieck, qui entonnait au moment même un de ses chants de victoire; et, comme quelques-uns d'entre eux, tout éperdus, vont relever le cadavre, Bertaud, le sergent instructeur chargé de leur éducation militaire, s'emporte contre ce qui lui paraît un attendrissement de femme, de nourrice, et jure qu'à Leipzig et dans les grandes batailles de l'Empire auxquelles il est fier d'avoir assisté, jamais soldat ne baissa la tête à chaque coup de canon comme le

font les collégiens. Ce reproche a piqué l'amour-propre de ces derniers, qui comprennent d'ailleurs aux immenses avantages de l'ennemi bien pourvu de cartouches, ayant de plus qu'eux le nombre, les canons, la cavalerie, les baïonnettes, combien pour vaincre dans de telles conditions ils ont besoin de toute leur audace. Plus tard, dans le cimetière de bourg Peaule, il y aura des larmes; ici, c'est du courage qu'il faut, et les femmes de Muzillac en donnent l'exemple en apportant aux combattants les cartouches qu'elles ont fabriquées elles-mêmes en fondant leur vaisselle d'étain. Deux fois Cadoudal et ses marins repoussent la colonne d'attaque qui ne peut réussir à franchir le pont. Le général Rousseau fait un signe, et c'est maintenant du côté des écoliers qu'il espère triompher d'une résistance qui a déjà coûté la vie à beaucoup de ses soldats. « Si tel
« fut son espoir, dit M. Rio, il dut être étrangement
« surpris de ce qui se passa bientôt entre ses soldats
« et nous. A l'impétuosité de leur course en fran-
« chissant le pont, on put croire d'abord que tout
« fléchissait devant eux; mais quand ils eurent
« grimpé jusqu'à mi-côte, le spectacle devint inté-
« ressant pour ceux d'entre les nôtres qui nous ob-
« servaient de loin. — A moi mes enfants! nous
« cria Margadel, et s'élançant le premier de tous, il
« ajusta un bleu qui avait devancé tous les autres,
« et le fit tomber roide mort sous un coup de feu.
« Notre capitaine (Nicolas, le séminariste), non moins
« brave et non moins adroit, allait en faire autant à
« celui qui suivait, quand une balle le frappant

« droit au cœur, fit tomber sa carabine de ses
« mains, et le fit tomber lui-même dans les bras de
« son frère, qui ne tarda pas à périr du même genre
« de mort. Cette fois-ci, nous fûmes à la hauteur de
« notre métier, et refoulant notre émotion au fond
« de nos cœurs, nous passâmes outre sans tour-
« ciller. Le bruit des décharges, la fumée qui nous
« aveuglait et que nous avalions à pleine gorge, le
« tournoiement d'une mêlée qui se débrouillait à
« peine, une certaine verve d'improvisation dans
« notre manière de combattre, tout cela nous mettait
« dans un état d'ivresse impossible à décrire. Nous
« tirions les uns sur les autres littéralement à brûle-
« pourpoint, puisqu'à chaque instant il nous fallait
« secouer les morceaux de bourre fumante qui tom-
« baient sur nos vêtements, de peur que le peu de
« cartouches qui nous restaient ne fît explosion
« dans nos poches ou dans nos ceintures. Enfin, le
« nuage qui était devant nos yeux s'éclaircit, et
« nous vîmes les bleus qui dégringolaient en dé-
« sordre sur la pente du coteau, laissant derrière
« eux des morts et des blessés. Quelques-uns de ces
« derniers se traînèrent ensuite jusqu'au moulin,
« protégés par le feu des nombreux tirailleurs qui
« étaient embusqués dans les environs. »

Une nouvelle manœuvre vint augmenter le péril
des collégiens, et ne leur laissa guère d'autres succès à ambitionner que celui de se faire exterminer
avant de livrer le passage à l'ennemi. Les deux canons traînés sur le coteau en face de celui où les
écoliers étaient agglomérés et tout à fait à découvert,

furent braqués au niveau et à demi-portée de la crête qu'ils occupaient. « La canonnade, continue
« M. Rio, éclata au milieu du silence que les deux
« armées avaient gardé comme de concert, des
« volées de biscaïens brisaient en mille éclats les
« roches granitiques autour de nous, ou passaient
« en bourdonnant par dessus nos têtes. Pour leur
« offrir moins de prise, nous nous couchions à plat
« ventre à un signal donné ; puis dans l'intervalle
« des décharges, nous nous relevions tous ensemble
« en agitant nos chapeaux et en poussant des cris
« d'autant plus provocateurs que le timbre criard
« de nos voix apprenait aux tirailleurs ennemis que
« c'était à une troupe d'enfants qu'ils avaient à faire.
« Il nous semblait qu'alors ils rechargeaient leurs
« pièces avec un redoublement de colère, et qu'ils
« mettaient plus de temps à les pointer contre nous,
« ce qui nous en donnait aussi davantage pour faire
« feu sur quelques tirailleurs qui déjà s'étaient
« aventurés à gravir le coteau. »

Tout semblait perdu cette fois pour les chouans, quand un cri de Rohu, placé en observation sur le toit, un cri de joie, de délivrance, vola de bouche en bouche, et changea complètement la position des bleus et des blancs : — Voilà Gamber ! — Gamber longtemps attendu ; Gamber trompé par un ordre mal compris, et qui arrivait enfin, à la tête du bataillon le mieux discipliné et l'un des plus intrépides de l'armée royale. Avec moins de cinq cents hommes, qu'il dispose avec toute l'habileté d'un capitaine consommé, le vieux paysan d'Elven ne craint pas de se mesurer, un contre quatre, et sa hardiesse, à laquelle le général Rousseau lui-même, doit un jour rendre un hommage public, est couronné d'un plein succès. Les bleus sont en fuite. — Victoire ! victoire ! Vive le roi ! crient les écoliers de Vannes. Et, après avoir combattu avec le courage de vieux vétérans, ils courent aux blessés que l'ennemi a laissés derrière lui sur le champ de bataille, et leur prodiguent tous les soins, toutes les consolations qu'auraient pu leur donner des Sœurs de charité. Le blond Candal, neveu du curé d'Auray, ce pauvre enfant de seize ans, mort de fatigue et d'épuisement peu de jours après la capitulation, était au nombre des plus empressés parmi ces bons jeunes gens qui déchiraient leurs vêtements pour bander les plaies des soldats dont la main quelques moments auparavant, donnait la mort à leurs camarades. Brizeux l'a nommé dans la charmante élégie qu'il a consacrée aux élèves de Vannes. C'est peut-être aussi à ce même Candal qu'un vieux grenadier mourant disait avec une reconnaissance naïve : — « C'est égal, tu es un bon petit calotin ! »

Bainvel qui commanda au combat de Muzillac, après la mort de Nicolas, fut proclamé capitaine, et comme lui, Le Quellec et Rio avancèrent d'un grade dans cette campagnie, louée par Châteaubriand, chantée par Worsworth et par Brizeux. Canons, obusiers, caissons, fusils, sabres, gibernes, débarqués à Folen, sur la Villaine, devinrent le prix de la victoire de Muzillac. On est armé, on est fort, on parcourt maintenant les grandes routes en trainant après soi son artillerie ; et n'était les tristes nouvelles arrivant de la Vendée, on laisserait le général Bigarré réunir toutes ses forces, sans en prendre le moindre souci. Le 21 juin, à la bataille d'Auray, les collégiens de Vannes sont aux prises avec les fédérés de Rennes, presque tous élèves des écoles de droit et de médecine. La lutte est terrible, et si la retraite, cette fois est pour les chouans, ils la font payer aux troupes impériales par des morts et des blessés trois fois plus nombreux que parmi les leurs. A l'exception de Vannes, Lorient, Pontivy, le fort Pentièvre, tout le département est aux royalistes, dont l'armée grossit chaque jour. Enfin l'heure de la pacification a sonné en dépit d'agressions imprudentes qui, trois semaines après les désastres de Waterloo, voudraient encore d'inutiles batailles, et la capitulation de Vannes ramène les écoliers triomphants dans cette ville, où la plupart d'entre eux reprendront leurs études après cette héroïque escapade de deux mois. Ce fut un beau jour pour eux que celui où l'armée royale prenant possession des faubourgs de Vannes, ils obtinrent l'honneur d'ouvrir la marche, des rameaux de chêne dans les fusils, les vêtements déchirés, les chaussures sans semelles, les traits amaigris, le visage noirci, mais les yeux pleins d'un orgueil bien légitime, en voyant quelle joie, quelle sympathie, quels applaudissements les accueillaient au passage ! Beaucoup de femmes pleuraient ; et il y eut encore des larmes d'attendrissement et de reconnaissance le lendemain à l'église de Saint-Patern, et, plus tard, quand une messe expiatoire, suivie d'une cérémonie toute chevaleresque, rassembla, autour d'un autel, dressé à la place même où moururent Sombreuil et le saint évêque de Dol, toute la population de la ville et des campagnes des environs. Une ordonnance du roi Louis XVIII avait, entre autres récompenses accordées aux élèves du collége de Vannes, nommé chevaliers de la Légion d'honneur, trois de ces élèves, Bainvel, Le Quellec et Rio. C'est à ce dernier qu'il faut demander ce qu'il éprouva d'enivrement en recevant, à genoux, la croix d'honneur, des mains de Mademoiselle d'Olonne. Mais ce qu'il ne faut pas oublier de redire, à l'éternelle louange de ces royalistes, parmi lesquels les écoliers de Vannes ont glorieusement combattu, c'est qu'ils épargnèrent au Morbihan, sinon à toute la Basse-Bretagne, la honte de l'invasion étrangère, qu'ils étaient décidés à repousser par la force, si le général prussien, en ce moment à Rennes, ne s'était rendu à la lettre pleine de fermeté que lui écrivit De Sol. Quand M. Foucaud, directeur général des subsistances militaires de l'armée royale en 1815, remit cette lettre à Tauentzien, les alliés étaient déjà à Saint-Meen, et se disposaient à marcher sur Ploërmel. Le général étranger comprit que trop de sang généreux avait déjà coulé en Bretagne; il rappela ses soldats, et le nom du Morbihan, inscrit sur des poteaux indicateurs, avertit les Prussiens qu'ils n'eussent point à mettre le pied sur un sol où la fierté patriotique n'a pas moins de vigueur que les croyances religieuses [1].

[1] Dans la première édition de ce livre j'avais cité, par

Plus de vingt-cinq ans après ces événements, un prêtre et un artiste distingué se rencontraient dans un salon de Versailles, et le premier, ayant parlé de sa chère Bretagne, comme le peut faire un Breton, l'autre répondit qu'il aimait aussi cette province, bien qu'en 1815, au combat d'Auray, il eût été bien près d'y périr. L'ecclésiastique demanda, avec quelque hésitation, sous quel drapeau servait son interlocuteur, et celui-ci ayant déclaré qu'il était au nombre des jeunes fédérés de Rennes, partis tout exprès pour combattre les écoliers de Vannes, le prêtre devint de plus en plus attentif. L'artiste raconta comment, à l'attaque d'Auray, les fédérés de Rennes obtinrent du général Bigarré la faveur de marcher en tête pour se mesurer avec les collégiens royalistes, et, poursuivant son récit : « J'a-
« perçois, dit-il, à quelques pas des siens, le capi-
« taine des écoliers : je le vois encore, vêtu d'un
« habit noir, un fusil à la main, un ruban blanc
« au bras gauche. Poussé par mon enthousiasme,
« je devance les miens, et, presque à bout portant,
« je tire sur l'officier des collégiens ; il me riposte
« en même temps, et je tombe frappé d'une balle
« qui me traverse le corps. Quant à lui, j'ignore s'il
« a été tué, ou seulement blessé. »

Vous devinerez facilement l'émotion du bon abbé

erreur, le nom d'un autre officier de l'armée royale, comme envoyé De Sol de Grisolles près du général prussien. Cette mission si honorable a été remplie par M. Foucaud. Je me fais à la fois un devoir et un plaisir de rétablir ici son nom, d'après sa réclamation en date du 25 septembre 1855.

Bainvel, au récit d'un fait qui n'était jamais sorti de sa mémoire. « Il avait toujours cru, dit-il, avoir
« tué son antagoniste ; et, depuis qu'il était prêtre,
« il n'avait jamais manqué le 21 juin de dire la
« messe pour le repos de l'âme de cette victime in-
« connue... Sa joie fut grande de savoir que tous
« ses *De profundis* avaient été sans objet, et con-
« naissant les généreux sentiments de M. D. V., il
« n'hésita pas à lui avouer la part qu'il avait prise
« dans cette fatale rencontre. Les *deux ennemis*,
« réconciliés, sans rancune, mais non sans être
« émus jusqu'aux larmes, ainsi que les témoins de
« cette singulière explication, s'embrassèrent de
« tout leur cœur. Puissent tous les Français, que
« les entraînements politiques ont divisés et rendus
« ennemis, se réunir ainsi et s'aimer comme les
« enfants d'une même patrie ! »

IX

César et les Vénètes. — La tour du connétable. — Tir du papegault. — Monuments de Vannes. — La *Groac'h* de l'étang du Duc. — Les ermites. — La chapelle de Bethléem. — Le commis-voyageur et l'Alréenne. — La *soûle*.

Si j'avais quelque prétention au rôle d'historien, il ne me serait point pardonné de m'arrêter si longtemps à Saint-Vincent-Ferrier, à Eudo de Kerlivio, à l'insurrection de 1815, avant d'avoir recherché la véritable origine de Vannes, et pesé les raisons contradictoires des savants : les uns faisant de cette ville l'antique capitale des Vénètes; les autres plaçant la célèbre Dariorig à Locmaria-Ker. Heureusement pour moi, aucun de mes lecteurs ne tient à m'engager dans une discussion où je ne pourrais étaler, d'ailleurs, qu'une science toute factice, et ce qui me met complètement à l'aise, c'est la certitude où je suis d'intéresser beaucoup plus, par la peinture d'un beau caractère ou le récit d'une noble action, qu'en établissant la position exacte de telle ou telle cité gauloise, de tel ou tel établissement romain. Nous laisserons donc à Locmaria-Ker, paraissant réunir le plus de suffrages, l'honneur d'avoir été Dariorig, et nous admettrons sans conteste que Vannes ne prit de l'importance qu'après la ruine de celle-ci, quand une mémorable bataille navale entraîna la soumission de toute l'Armorique, et coûta la vie ou la liberté aux glorieux vaincus de César. Ce qui vous paraîtra préférable à de vaines dissertations sur un détail purement géographique, c'est encore le rapprochement que vous pouvez faire vous-même entre les écoliers de Vannes et leurs ancêtres, luttant comme eux, à l'époque de la conquête romaine, contre le plus grand génie militaire de leur temps. N'est-ce pas, en effet, un magnifique spectacle que ce combat de huit heures, où les deux cent vingt vaisseaux des Vénètes ne tombèrent au pouvoir de l'ennemi qu'après une résistance héroïque, de véritables prodiges de science navale et d'audace guerrière? Hélas! malgré la défense opiniâtre d'hommes courageux, combattant par haine du despotisme, et pour délivrer leur patrie de la domination étrangère, la victoire, cette fois encore, se montra contraire à la justice; Dariorig fut détruite, ses magistrats, ses sénateurs décapités, et le reste du peuple échappé aux hasards de la bataille, impitoyablement vendu à l'encan! Quatre siècles de mort suivirent cette lamentable défaite de l'Armorique; et les Romains, maîtres du pays, imprimèrent sur le sol esclave ces douloureuses marques de servitude dont les traces subsistent à Vannes aussi bien qu'à Locmaria-Ker. Oui, la domination étrangère a passé par là, elle y a régné, et la preuve, on la voit dans ces murailles en petites pierres appareillées, coupées par des cordons de briques placés à différentes hauteurs, et faisant partie des fortifications de la ville. Des routes stratégiques, encore visibles, partent de cette enceinte fortifiée pour se rendre à Corseul, au Port-Louis, à Angers, à Carhaix, à Nantes, à Rennes, à Locmaria-Ker, à Port-Navalo. Partout, dans les faubourgs et dans les campagnes environnantes, des débris d'habitations romaines ou des retranchements ont été employés à élever de petits murs de séparation entre les propriétés; et partout aussi, dans ces clôtures, la bêche du jardinier ou la charrue du laboureur déterre chaque jour des briques, des fragments de poteries brisées, des médailles attestant la longue occupation des légions de César.

Cette lettre sera le chapitre de l'humilité, car, après l'aveu toujours pénible d'une défaite, il nous faut encore aujourd'hui donner un démenti formel aux belles paroles adressées par René de Rohan à Marie Stuart, lors du passage de la princesse à Morlaix. — Jamais Breton ne fit trahison! — Cette tour en face de la promenade de la Rabine, est la dernière du *très-bel et très-fort château de l'Hermine* où le duc Jean IV enferma traîtreusement l'illustre Olivier de Clisson. Invité la veille à un grand festin où le duc le traita avec honneur, et se montra très-prodigue de vœux de bonne amitié; le connétable, fut attiré dans la tour, qui a conservé son nom, sous le prétexte d'un avis à donner sur la construction encore inachevée du château.

« — Messire Olivier, dit le duc en arrivant au pied de la maîtresse tour, après avoir promené Clisson de chambre en chambre dans les autres édifices; « je n'en puis plus de fatigue, permettez-« moi de vous attendre au bas de l'escalier, tandis

« que vous examinerez là haut si tout est comme il
« convient. »

Pris au piége, Clisson fut à peine au premier étage, que la porte extérieure se referma sur lui, et que des soldats, apostés d'avance à cet effet, le traînèrent au donjon où ils le chargèrent de chaînes. En même temps, Bazvalan, gouverneur du château, recevait l'ordre de lier, la nuit même, dans un sac le malheureux prisonnier pour le jeter à la mer; et, malgré les supplications du vieux guerrier, la fureur du vindicatif Jean de Montfort ne connaissant plus de bornes depuis qu'il avait appris l'existence d'un projet de mariage entre Marguerite de Clisson et le comte de Penthièvre, fils du célèbre Charles de Blois, il fallut promettre d'obéir. Cependant la nuit vint, et avec la nuit la réflexion, l'appréhension de la colère du roi de France, la peur de se voir chassé de ses États, réduit à la fuite, à l'exil pour s'être vengé d'un ennemi puissant. Aux premières lueurs du matin, Bazvalan fut appelé dans la chambre à coucher du duc.

« — Eh bien ! Clisson est-il mort ? » demanda ce dernier d'une voix tremblante.

Et, sur la réponse affirmative du gouverneur, il se tordit les mains, et se livra aux plus violents accès de désespoir.

« Plut à Dieu que je vous eusse cru, Bazvalan ! s'écriait-il au milieu de ses sanglots. Je vois que jamais je n'aurai de bien, et serai tout le reste de ma vie en pauvreté et mendicité. Retirez-vous, et ne paraissez oncques devant moi. »

Bazvalan sortit en silence. Mais, le soir de ce même jour que le duc passa tantôt pleurant, tantôt priant, et sans vouloir prendre aucune nourriture, le gouverneur se présenta de nouveau devant le prince, et lui avoua que, prévoyant ses regrets, il avait pris sur lui, la veille, de surseoir à l'exécution. Ivre de joie à cette nouvelle si peu attendue, le duc se jeta dans les bras de Bazvalan, et lui promit, en récompense de ses bons offices, une reconnaissance éternelle et 10,000 francs d'or que le prince cupide eut soin de prendre dans la bourse de son prisonnier. Le prix de la délivrance de Clisson, d'ailleurs très-coupable envers son astucieux suzerain, fut porté à 100,000 francs d'or (environ 1,100,000 francs), plus la reddition de trois châteaux et de cette bonne ville de Jugon, alors en si haute estime, qu'elle nous a laissé la devise :

> Qui a Bretagne sans Jugon,
> A chape sans chaperon.

Nous voilà, vous en conviendrez, bien loin des Patern, des Kerlivio, et même des écoliers de Vannes. Mais, si notre orgueil patriotique souffre de ne pouvoir accepter sans restriction l'éloge trop absolu de la loyauté bretonne ; s'il est triste de voir notre histoire en désaccord avec le vicomte de Rohan, non-seulement devant la tour du château de l'Hermine, mais aussi au château de Champtoceaux où Jean V, prisonnier à son tour, retrouva dans Marguerite de Clisson toute la perfidie dont avait usé Jean IV à l'égard du connétable, il y a cependant dans ces pages affligeantes de nos annales un enseignement fort utile à méditer. Point de nation, point de famille, même parmi les plus illustres, dont les prétentions absolues au pur honneur, appliquées indistinctement et dans tous les temps à tous ses membres, ne fondent en eau passées au crible de l'examen ! Le mal s'est toujours montré près du bien dans ce monde déchu, et le bon côté de cette conviction, assez humiliante pour l'homme de cœur, c'est qu'elle le dispose à l'indulgence pour les misères morales au milieu desquelles il nous faut vivre, et qui deviendraient insupportables si le passé ne nous montrait partout que vertus et perfections. La société actuelle nous paraît, sur bien des points, digne de pitié. Mais quelle funeste époque aussi que cette longue guerre entre Charles de Blois et Jean de Montfort, entre Jean IV et Olivier de Clisson, entre Jean V et Marguerite ! — Toujours des villes assiégées, des forteresses escaladées, des réconciliations hypocrites suivies de nouveaux attentats; et toujours aussi de nouvelles souffrances pour les peuples, maudissant à la fois les vaincus et les vainqueurs ! — La poésie bretonne a conservé un chant satirique peignant à merveille la pensée populaire, à cette époque si troublée et si malheureuse : « Ils ont brûlé l'herbe dans les prairies; le blé ne germera plus dans les champs où ils ont passé. Ah ! de tout mon cœur, je souhaiterais qu'ils s'étranglassent l'un l'autre ! »

La tour du Connétable, propriété particulière, est louée à un menuisier qui nous en a fait les honneurs avec beaucoup d'obligeance. Cette tour, comme les murailles romaines dont je vous ai parlé et qui se trouvent dans le haut de la ville, faisait partie des anciennes fortifications presque toutes reconstruites aux quatorzième et seizième siècles. En nous promenant sur sa plate-forme, nous nous figurions la foule qui devait encombrer les rues et les places voisines, lorsque sur les remparts, la jeunesse du pays s'exerçait au tir du papegault ou du papegai. Vannes était au nombre des trente-trois villes et bourgs de la province admis au privilége de ce jeu guerrier, dont le premier avantage était de former de bons tireurs. On donnait le nom de papegault à un oiseau de bois assez semblable à un perroquet, et qui, placé sur un pivot, devait servir de cible jusqu'au moment où l'enlèvement de l'oiseau entier ou de son dernier morceau décidait du roi de la fête. Défendu par un poteau en bois recouvert d'une plaque de fer, percée seulement d'un trou de 6 à 8 pouces de diamètre, et qu'on plaçait devant lui comme un rempart, le papegault résistait souvent plusieurs semaines aux efforts des tireurs, dont l'un lui enlevait la queue, un autre l'aile, un autre la tête. Heureux celui dont l'arbalète ou l'arquebuse réussissait à abattre, soit le perroquet tout entier, soit le dernier débris tenant encore à sa place; il se couvrait de gloire; il recevait une somme de 1,800 livres; il était nommé *roi* pour un an, et dans le cours de cette royauté, si enviée de tous, il avait le droit de vendre du vin sans payer patente, ce qui lui constituait de suite une liste civile. Cet exercice de l'arc ou de l'arquebuse avait quelque chose de si attrayant, que les gens d'église eux-mêmes voulaient en prendre leur part, et qu'il fallut une défense formelle de François Ier, maintenue par ses successeurs, pour écarter de cet amusement trop martial de jeunes ecclésiastiques aussi désireux du titre de rois du papegault que de fidèles serviteurs de l'Eglise. Moins d'un siècle après cette défense, datée du 24 janvier 1527, les Jésuites obtinrent d'Henri IV le détournement en faveur de leurs colléges de Rennes et de La Flèche, des attributions du papegault, de l'arc et de l'arbalète, sans aucun but utile depuis l'emploi exclusif de l'arquebuse et du fusil. « Par délibération du 31 décembre 1768, dit le savant abbé Manet, les Etats de Bretagne eux-mêmes sollicitèrent en cour la suppression totale du troisième papegault, celui du fusil et de l'arquebuse, devenu sans objet depuis que le service militaire avait pris une nouvelle forme entre les mains des troupes réglées toujours subsistantes, et ne demandèrent d'exception que pour les seules villes de Saint-Malo et du Croisic, chargées de leur propre garde, ce qui leur fut octroyé par l'arrêt du conseil du 7 mai 1770. Le roi de l'arquebuse continua donc dans la première de ces deux places, jusqu'en 1790 inclusivement, de recevoir du fermier de la province une cotte taillée, qui, à cette époque où la révolution y mit fin, ne laissait plus guère à l'abatteur, en clairs deniers, que 8 à 900 francs en sus de son exemption de monter la garde durant l'année de sa royauté, et de payer des octrois pour la consommation de sa maison. »

Je ne vous ai rien dit de la cathédrale, et pourtant les sculptures de son portail de l'ouest, appartenant au style ogivale flamboyant sont dignes de l'attention des curieux. Les tours, plus anciennes s'élevant au-dessus de la façade occidentale et d'autres parties de cet édifice irrégulier, reconstruit morceau par morceau à différentes époques, ne sont pas non plus sans intérêt. Le tombeau de saint Vincent Ferrier est placé dans l'une des chapelles du transept. Nous remarquâmes encore dans cette église plusieurs tombeaux d'évêques, entre autres ceux de MMgrs d'Argouges, Bonnadec, Bertin.

— Et le château de La Motte, résidence des ducs, allez-vous me demander ? et la salle des Etats où la réunion de la Bretagne à la France fut décidée, malgré l'opposition désespérée de Le Bosech et de Jean Moteil ? — « Le château de La Motte ? nous dit un passant, en répondant à la même question ; le voilà tel qu'il a été reconstruit au siècle dernier, et qu'il sert aujourd'hui de préfecture. Quant à la salle haute des Halles, témoin de la dernière lutte de notre vieille nationalité, la voici, c'est la salle de spectacle ! — Hélas ! vous le voyez, la transformation est complète ! Le temps est un magicien plus habile que ce fameux Merlin dont nous allons bintôt chercher les traces sous les ombrages de Brocéliande.

Une de ces légendes merveilleuses, plus agréables à entendre que les tristes réalités de l'histoire, fait de l'étang du duc, à Vannes, la demeure d'une *groac'h* ou fée des eaux. Douée jadis, pour toute féerie de jeunesse, de beauté et de grandes richesses, la groac'h était une princesse de vingt ans, propriétaire de l'étang au duc, et recherchée en mariage par tous les grands seigneurs du pays. Un de ceux-ci, à qui appartenait l'étang de Plaisance, la fatiguait surtout par ses importunités. Ne sachant comment s'en délivrer, l'héritière lui dit un jour qu'elle le prendrait pour époux quand l'étang de Plaisance coulerait dans celui du duc, chose impossible à ses yeux. L'amoureux ne répliqua rien ; mais ayant fait creuser un canal pour réunir les deux étangs, il invita la dame à une fête brillante, et la reconduisit en bateau de Plaisance à l'étang du duc, ce qui désespéra si bien la pauvre princesse, que, sommée de tenir sa promesse, elle se précipita, la tête la première, au fond de l'eau. Depuis ce jour, dans les belles nuits d'été, quand les pâles rayons de la lune, glissant à travers un voile de vapeurs, éclairent à demi les lieux témoins de cet événement tragique, on voit, de temps à autre, assise sur un rocher, voisin de l'Hôpital général, une femme d'une incomparable beauté, tenant à la main le classique peigne d'or des syrènes, et toujours occupée à peigner, à tresser sa blonde chevelure. Ce fameux peigne, oublié, dit-on, sur la rive par la nymphe effarouchée, tomba une nuit entre les mains d'un passant, poëte ou antiquaire, qui crut pouvoir s'en emparer, et fut lui-même entraîné avec son trésor au milieu de l'étang où il disparut. On ne sait ce qu'il devint depuis; seulement, l'aventure a laissé une impression telle, que le peigne d'or de la groac'h ne tentera plus personne, et qu'il faut perdre tout espoir de le voir enrichir un jour un musée breton.

Notre dernière promenade nous a conduits le long de la rivière, en passant devant l'Evêché, vers un lieu nommé l'*Ermitage*, où la tradition rapporte que saint Patern se retirait quelquefois dans un monastère fondé par lui. Nous n'avons vu qu'une maisonnette sans caractère architectural, et tellement cachée dans le feuillage, qu'il nous a fallu pour contempler sa façade donnant sur un jardin, grimper sur les pierres chancelantes d'un vieux mur. Tout près de Vannes, sur la route d'Auray, on nous montra une autre cellule accompagnée d'une chapelle et d'un jardin, et qui fut aussi la demeure d'un vieux soldat devenu ermite. Les ermites sont presque aussi rares aujourd'hui que les fées des eaux. C'est dommage! un anachorète serait si bien dans la forêt de Quénécan sous un toit de branchages, avec un lit de fougères, un chapelet, un livre d'heures, et surtout des papiers bien en règle pour les montrer à ses voisins les gendarmes de Cléguérec!

Il me reste à vous parler d'un lieu de pèlerinage à 4 kilomètres de Vannes, et où mademoiselle de Francheville, la pieuse fondatrice des Maisons de retraite, se rendait pieds nus tous les samedis. Ce lieu, visité surtout la veille de Noël, c'est la chapelle de Notre-Dame-de-Bethléem, nommée vulgairement Béléan, et dont les murs, portant la date de 1407, ont remplacé un édifice beaucoup plus ancien, auquel se rapporte une tradition singulière. Le sire du Garo, dont l'antique château a conservé quelques ruines à peu de distance de la chapelle, étant parti pour la Terre-Sainte à la suite d'Alain Fergent, tomba à Bethléem au pouvoir des Sarrazins, qui le renfermèrent dans un coffre avec son écuyer, en leur promettant pour le lendemain le supplice du pal. Jamais nuit ne fut plus cruelle à passer pour des captifs, malgré leurs prières ferventes à la Reine du ciel; aussi, quand les premières lueurs du matin pénétrèrent à travers les planches mal jointes de leur étroite prison, ils éprouvèrent peut-être plus de soulagement que de crainte en pensant que le moment du martyre était venu, et que l'horrible agonie de l'attente allait finir. Cependant, l'écuyer, l'œil appliqué à la serrure, cherche à voir ce qui se passe autour d'eux:

« — Mon maître! s'écrie-t-il hors de lui-même, ou je suis le jouet d'un rêve, ou je vois devant moi les campagnes voisines de votre château!

« — Insensé! répond le chevalier, la peur de la mort aurait-elle troublé ton esprit?

« — Non! non! reprend l'écuyer, j'entends la voix du coq du Garo! Cette lande, ces taillis, ces champs que j'aperçois, sont bien notre chère Bretagne!

« — Tais-toi, malheureux! tais-toi! s'écrie à son tour le chevalier, qui n'a pu retenir ses larmes au souvenir de sa patrie et du château de ses pères;

ne parle pas du Garo au moment même où j'entends les pas des mécréants pressés de nous faire mourir.

« --- Vous entendez les pas des filles de Plœren, qui se rendent à Vannes, le pot au lait sur la tête. Encore une fois, mon maître, la sainte Vierge nous a sauvés, nous sommes au Garo. »

Et ils y étaient véritablement, Notre-Dame-de-Bethléem les y ayant transportés avec les deux Maures commis à leur garde.

Cette tradition, que l'abbé Mahé essaie de rendre moins merveilleuse, en attribuant à un parti de chrétiens la délivrance des captifs jetés à fond de cale de quelque vaisseau ; cette tradition est reproduite avec toute sa naïveté dans un vieux tableau sur bois appendu au mur de la chapelle. Un autre tableau, où le même sujet est traité avec beaucoup plus d'art, a été offert, il y a sept ou huit ans, à Notre-Dame-de-Bethléem, par un voyageur ému au récit de la pieuse légende, et qui se chargea, en outre, de réparer à ses frais les nombreuses dégradations du modeste sanctuaire consacré à la Mère de Dieu. Le savant ecclésiastique dont nous venons de citer l'opinion, a vu les derniers débris du coffre miraculeusement transporté, et que les pèlerins se partageaient comme des reliques. Maintenant, il n'en reste plus que le souvenir, et la certitude pour les moins crédules que l'érection de la chapelle de Bethléem, par un seigneur du Garo revenu de Palestine, témoigne toujours de quelque grâce importante obtenue par l'intercession de Marie.

En rencontrant sur la route d'Auray une troupe

d'hommes, de femmes et d'enfants conduite par un prêtre, tous chantant des cantiques et le chapelet à la main, nous aurions pu croire à l'accomplissement d'un vœu à cette même chapelle de Notre-Dame-de-Bethléem. C'étaient simplement les habitants d'une paroisse voisine se rendant à Vannes avec leur curé pour l'imposante cérémonie de la confirmation. L'*omnibus* d'Auray passa au milieu de la petite procession sans distraire l'attention de personne ; les enfants eux-mêmes ne levèrent pas les yeux.

La route de Vannes à Auray est l'une des plus tristes qui se puissent voir ; aussi l'*omnibus* allant et venant tous les jours entre ces deux villes, et dans lequel nous avons voulu monter malgré notre antipathie pour les voitures, est-il une sorte de diatribe ambulante sur la Bretagne à l'usage du commis-voyageur. Ah ! je l'ai reconnu ! il était là tapi dans un coin, souple et insolent, ignorant et bavard, tenant à la fois du chien couchant, du paon, du perroquet et de l'âne ! — Tout nouvellement échappé de sa Champagne pouilleuse, il invectivait les Bretons, au grand scandale d'une Alréenne, toute frémissante d'indignation à ses côtés, et dont les grands yeux noirs lançaient des éclairs. La discussion fut animée, et peut-être trouverez-vous les deux pèlerins assez stupides de s'exposer à un enrouement pour combattre un adversaire de si peu de valeur. La jeune femme n'était pas de cet avis.

— « Bon courage, Messieurs ! nous dit-elle à

notre arrivée à Auray, et en élevant la voix pour être bien entendue du commis-voyageur, parcourez nos villes et nos campagnes; étudiez tout ce que notre pays renferme de bon et de beau pour le défendre contre les sots et les ignorants qui le calomnient sans le connaître. »

L'allusion était brutale et l'expression peu parlementaire. Nous ignorons si le commis-voyageur riposta. Nous étions descendus au bout du pont à l'entrée de la ville, et l'*omnibus* continuait sa route vers la place où sont ses bureaux.

— Mon ami, dis-je à mon compagnon en lui montrant une rue grimpant vers cette place; il faut avouer cependant que, si nous étions arrivés là-haut au moment où seize paroisses des environs, partagées en deux troupes acharnées, s'y disputaient la *soûle*, nous n'aurions pas eu grand'chose à répondre au nom de *Sauvages* que nous jette si dédaigneusement ces Champenois. Cette rencontre eut lieu bien peu d'années avant la Révolution, et des vieillards se souviennent encore de cette multitude de lutteurs haletants, échevelés, les habits en lambeaux, roulant comme une avalanche le long de la rue du Château dont vous voyez la pente rapide, jusqu'au pont de Saint-Goustan où ils arrivèrent couverts de sang et de meurtrissures. Ce ballon de cuir, formidable pomme de discorde lancée entre des paroisses rivales et d'un si haut prix aux yeux des vainqueurs, avait disparu de tout le reste de la Bretagne, qu'il captivait, qu'il passionnait encore tous les âges dans le Morbihan.

Que de mâchoires brisées, de côtes enfoncées, d'yeux arrachés, de bras et de jambes rompus dans ces luttes terribles . ` les poings frappaient sans cesse et comme au hasard ; où les imprécations, les menaces, les plaintes, les huées donnaient à cette masse d'hommes enlacés, à ce Briaré aux cents bras paraissant se déchirer lui-même, je ne sais quelle voix étranglée et maudite plus horrible peut-être à entendre que la lutte n'était affreuse à voir ! Le champ de bataille changeait cent fois dans une mêlée où la soûle prise et reprise était lancée ou entraînée souvent à de grandes distances ; il arrivait fréquemment que les soûleurs rencontraient devant eux un ruisseau, une rivière, la mer même, et alors le combat continuant dans l'eau avec une rage nouvelle, le nombre des noyés était quelquefois très-grand. On raconte à ce sujet.....

Ici, je fus interrompu par mon ami encore sous le charme du sentiment tout patriotique de l'Alréenne. Il avait raison. Oublions des usages barbares maintenant abolis, et revenons aux tableaux chrétiens, aux exemples de courage et de vertu, gloire impérissable de notre province.

X

Auray. — Souvenirs d'un premier voyage dans le Morbihan en 1845. — Georges Cadoudal.

Bâtie en amphithéâtre sur le versant d'une haute colline baignée par un bras de mer, la ville d'Auray, dont notre historien Le Baud attribue sans trop se faire écouter la fondation au roi Arthur lui-même, apparaît tout à coup, gracieuse et riante, derrière et au-dessus des mâts et des voiles pressés entre ses deux quais, et paraissant encombrer son petit port. Autrefois, la superbe tour de Bethléem, de deux cent quinze pieds d'élévation, y compris sa flèche élégante, attirait tout d'abord les yeux du voyageur, mais aujourd'hui l'église du quatorzième siècle a disparu ; et du château fort assiégé successivement par Eudon Porhoët, Jeoffroy II, Jean de Montfort, Charles de Blois, Olivier de Clisson et le lieutenant de Charles VIII, il ne reste que des souterrains oubliés et quelques arcades croulantes, suspendues aux flancs si pittoresques du Loc. Le Loc est un coteau escarpé surmonté d'un belvédère et transformé en charmante promenade d'où la vue découvre le plus magnifique panorama. Au levant, c'est une longue route serpentant au milieu des landes arides au-dessus desquelles s'élèvent les clochers de Plœren, de Plougoumelen, de Baden ; et, au delà, de Sarzeau et de Saint Gildas de Rhuys ; au midi, c'est ce bras de mer de trois lieues de longueur portant le nom de rivière d'Auray, encaissé entre des collines couvertes de sombres rochers et de bouquets de bois plus sombres encore ; ce sont des châteaux dispersés çà et là, l'Ile d'Arz, l'Ile aux Moines, les grèves de Locmaria-Ker ; et plus loin Belle-Ile, Houat et Hédic. En revenant vers le couchant, voici Carnac et ses mystérieux alignements de pierres gigantesques ! Quiberon est là derrière Carnac ; Quiberon, plage de désolante mémoire, et dont la Chartreuse qu'on aperçoit au nord, non loin du Campanille de Sainte-Anne, vient compléter le sanglant souvenir. Du haut de ce belvédère, et sans s'écarter un instant des lieux que l'œil peut y découvrir, que d'intéressantes histoires l'habitant du pays n'aurait-il pas à raconter au voyageur !

Après la promenade du Loc, il ne nous restait à voir à Auray que les jolies stalles de la Chartreuse de Broch, maintenant dans la chapelle des sœurs de Saint-Louis, et l'antique église du Saint-Esprit, défigurée par d'ignobles fenêtres, d'atroces cheminées, éternel remords de conscience pour les malheureux qui ont osé les placer au-dessus de ces belles ogives dont la profanation attriste le cœur. Hélas ! Auray où je suis venu une première fois, au printemps de 1845, me réservait à mon retour, après un intervalle de huit ans, d'autres sujets de tristesse que l'aspect d'une belle église changée en collége ou en caserne. En montant la rue du Château d'un pas précipité, je parlais à mon compagnon d'une vieille amie que je voulais surprendre; je lui racontais notre première entrevue lorsqu'accourant au-devant de moi à l'aide d'une béquille qui hâtait sa marche au lieu de la ralentir, elle m'embrassa avec une émotion toute maternelle qui me toucha jusqu'aux larmes. Qu'avais-je fait pour mériter un accueil aussi chaleureux d'une pauvre vieille femme accablée d'infirmités et de chagrins, et ne connaissant de moi qu'un volume de vers bien modeste ! J'avais essayé de défendre et de propager nos croyances religieuses, et l'une de mes ballades qu'elle savait par cœur plaignait la destinée du fils de ses rois bannis, l'*Exilé de là-bas*. Ah ! que m'importaient pour une pareille visite mes gros souliers, ma blouse de toile, mes vêtements couverts de poussière ! c'était toujours moi, écrivain bien imparfait, bien obscur, mais fidèle à toutes les inspirations de ma jeunesse; et je savais quelle exclamation joyeuse saluerait mon nom ! — « Madame Engrand de Fontpertuis ? » demandai-je, croyant entendre déjà le bruit de la béquille se rapprocher de la porte. La servante ouvrit de grands yeux : La personne que je cherchais était morte, dit-elle, depuis longtemps.

Depuis longtemps, et je l'ignorais !

Ma mère n'a pas oublié le récit d'une autre visite près d'Auray, lors de mon premier voyage. C'était à Kerléano, chez le général Joseph Cadoudal, celui-là même qui se montra si généreux après le combat de Sainte-Anne. Son fils, avait pris, un mois auparavant, ma défense contre un critique un peu léger, et qui me croyait, assurément bien à tort, tout gonflé de quelques petits succès de province. Je m'étais fait un devoir, en traversant le Morbihan avec mon excellent ami M. de Keranflech, de remercier le père du bon procédé du fils, et l'accueil si cordial, si empressé des habitants de Kerléano ne s'effacera jamais de ma mémoire. Là aussi, la mort a frappé un rude coup depuis 1845, le vénérable chef de famille, le brave général n'est plus; et son frère, le colonel Louis, qui m'est venu voir à Morlaix, et m'a fait promettre de lui rendre un jour sa visite, s'éteint lui-même dans un manoir des environs. Péniblement affecté de la perte de ma vieille amie, je n'ai point songé à remplir ma promesse auprès d'un lit de douleur, où ma présence pouvait d'ailleurs être indiscrète, et le courage m'a manqué également pour conduire mon ami à Kerléano, et lui montrer la chapelle funéraire élevée à la mémoire de Georges. Je n'ai vu nulle part une simplicité plus noble et plus touchante que celle de ce vieux soldat, réfugié avec sa fille à l'ombre du tombeau vide et inachevé de son célèbre frère. « Si j'avais été mieux partagé du côté des dons de la fortune, nous disait-il en nous montrant ce tombeau, j'aurais voulu achever moi-même ce monument. Mais, ajouta-t-il avec un sourire d'une résignation toute chrétienne, qui de nous voit tous ses désirs satisfaits ? L'important, d'ailleurs, est bien moins de laisser un long souvenir après soi, que de mériter ce souvenir par la loyauté et le désintéressement de sa vie. »

Le général se peignait lui-même dans ces paroles. Loyauté, désintéressement, tels furent, en effet, les deux principaux mobiles de son existence. Plus éclatante, mais aussi bien plus débattue, la renommée de son formidable frère est universelle. Disons quelque chose de cet homme prodigieux, dont le génie militaire, l'intrépidité, l'activité presque sans exemple, aurait fait un Duguesclin, à une époque moins désastreuse de notre histoire.

Fils d'un cultivateur de la paroisse de Brech, cité dans tout le pays pour ses succès à la soûle, Georges, héritier des avantages physiques de son père, montra aussi de bonne heure les qualités diverses du soldat, de l'administrateur, de l'homme politique, qui devaient en faire un si redoutable chef de parti. Ses premières armes, il les fit dans les premiers troubles du Morbihan, puis avec la grande armée vendéenne, qu'il avait rejointe à Fougères, à la tête de quelques camarades d'enfance, et dont il partagea les dernières victoires et les lamentables revers. Revenu dans ses landes natales, après la déroute de Savenay, accompagné de Lemercier, le seul de ses amis échappé à la mort sur les champs de bataille; Georges parcourut les campagnes du Morbihan, réchauffant l'ardeur guerrière de ses compatriotes et organisant, de concert avec De Silz, Guillemot surnommé le *Roi de Bignan*, Lemercier, plus connu sous le nom de *La Vendée*, des plans de résistance énergiques à la tyrannie féroce des Robespierre, des Saint-Just et des Couthon. A cette époque d'odieuse servitude, on a dit des victimes de la Terreur qu'elles savaient mourir, mais les Vendéens et les Bretons faisaient mieux, ils savaient se défendre. C'est la guerre que rêve Cadoudal dans les prisons du château de Brest, où les leçons d'un compagnon de cachot mûrissent ses plans et agrandissent ses connaissances encore incomplètes. C'est pour la guerre qu'il accepte, après une évasion heureuse avec son nouvel ami et le brave *La Vendée*, l'héritage de son oncle, mort dans la prison où sa mère doit périr. Dans les conférences de la Mabilais, d'autres parlent de pacification, mais lui, la chouannerie bretonne incarnée, refuse d'y souscrire, tant il est convaincu que, contre les hommes de la spoliation, de la guillotine, du sacrilége, la lutte la plus opiniâtre, est un devoir sacré. L'obstiné jeune homme combattra, en effet, au premier rang à Grand-Champ, à Saint-Billy et dans la forêt de Camors. A Carnac, il contribuera à précipiter la retraite du général Romans, succès trompeur, que l'épouvantable catastrophe de Quiberon va bientôt suivre.

Nous reviendrons tout à l'heure à Quiberon. Mais occupons-nous de Georges, dont la division, commandée par Tinténiac s'était embarquée pour Sarzeau, avec ordre de surprendre par derrière l'ennemi, que d'Hervilly attaquerait de front, et qui se trouverait ainsi placé entre deux feux. Sarzeau est balayé par les trois mille cinq cents Morbihannais et la compagnie de Loyal-Émigrant qui les accompagne ; mais, trompé par les intrigues du comité prétendu royaliste de Paris, Tinténiac croit à un contre ordre, marche sur Elven, s'en empare, poursuit sa route vers Josselin et le château de Coëtlogon, où les mêmes émissaires lui promettent d'importantes dépêches ; puis, quand il commence à s'apercevoir qu'il a donné dans un piége et se dispose à revenir au plus vite vers Auray, surpris par une divison ennemie que ses chouans taillent en pièces, tombe frappé de mort par la balle d'un fuyard. Julien et Georges Cadoudal avaient été les héros de cette victoire si chèrement achetée, aussi, n'est-il pas facile de comprendre comment, au lieu de choisir un des deux frères pour remplacer Tinténiac, le commandement fut donné de préférence au comte de Pontbellanger. Ce dernier prêta l'oreille, à son tour, à de perfides amorces et entraîna plus loin encore, jusqu'à Châtelaudren, la colonne qui n'y trouva que la plus amère déception. Le doute n'était plus possible sur la faute commise par Tinténiac et son successeur, en adoptant des plans autres que ceux arrêtés d'abord par tous les chefs réunis. Au moment même où les Morbihannais criaient à la trahison, éloignés ainsi en pure perte, de plus de vingt lieues du point où leurs services pouvaient être si utiles, l'affreuse nouvelle du désastre de Quiberon vint mettre le comble à l'irritation générale. Pontbellanger désespérant de ramener ses hommes découragés au milieu des garnisons ennemies, et des nombreuses colonnes lancées à leur poursuite, perd la tête, et s'enfuit avec quelques émigrés de l'état-major.

« Dans ce moment critique, dit Crétineau-Joly,

« Cadoudal annonce qu'il se charge du salut de tous.
« A cette parole d'un jeune homme qui, par sa mâle
« constance, a si souvent soutenu l'énergie de ses
« amis, la confiance renaît dans les rangs, et Georges,
« que le danger a élu général, commence la retraite.
« Il fallait de l'audace pour l'entreprendre, l'expé-
« rience pour la mener à bonne fin. Cadoudal et
« Lemercier se mettent à l'œuvre. En trois jours et
« trois nuits de marches, à travers mille périls et
« malgré des engagements que les ténèbres n'inter-
« rompaient pas, ils ramenèrent dans le Morbihan
« cette foule qui en était sortie, l'espérance au cœur.
« Ils n'avaient pas perdu un homme en rétrogradant.
« Quinze jours après, l'armée était licenciée : Ca-
« doudal, son nouveau chef, lui accordait un repos
« dont il avait besoin lui-même pour l'organiser plus
« vigoureusement. »

L'organisation du Morbihan sur un pied de guerre régulier ne fait pas moins d'honneur au génie de Cadoudal que cette merveilleuse retraite, regardée avec raison par un écrivain révolutionnaire, comme une éclatante confirmation du titre périlleux accordé, sans conteste, par toute la chouannerie bretonne, à son jeune et habile général. Beauchamps se trompe en disant que, dans cette organisation, Georges adopta le système anti-nobiliaire, écartant du commandement tous les nobles, pour les remplacer par des plébéiens. Non, c'est là une erreur notoire qu'il est facile de reconnaître en parcourant la liste des chefs de division choisis par Cadoudal, qui n'avait d'autre système que celui du bon sens, toujours

prêt à honorer le mérite, sans distinction de classe, aussi éloigné d'une antipathie puérile que d'un ridicule engouement. Dans l'état-major de l'armée catholique et royale, le laboureur Guillemot et Sol de Grisolle se donnent la main ; le matelot Rohu et le chevalier de Silz se trouvent à côté l'un de l'autre. « Le plus grand seigneur de France, dit M. Théo-
« dore Muret, s'il n'avait pas possédé les qualités
« nécessaires, aurait en vain sollicité le commande-
« ment de quatre hommes ; et, si quelque vile ac-
« tion avait souillé son nom, une douzaine de balles
« l'aurait puni sans plus de façon que l'individu le
« plus obscur. » — Voilà la vérité ! Georges avait un esprit trop solide et trop élevé pour attacher beaucoup de prix aux hasards de la naissance; mais sa supériorité le préservait aussi de l'orgueil plébéien, ou, pour mieux dire, de l'orgueil bourgeois, si absurde dans ses préventions et ses jalousies.

L'égalité, dans toute la sincérité de ce mot, et non pas à la façon menteuse des révolutionnaires, régnait donc dans l'armée des chouans, au milieu de ces hommes présentés chaque jour à l'aversion et au mépris de tous, comme les défenseurs d'odieux préjugés, les satellites de la tyrannie. Réunissant dans ses mains tous les pouvoirs de l'autorité militaire, Georges établit un conseil d'administration et de correspondance pour chaque paroisse, sous la direction d'un conseil supérieur et général. La défense aux campagnes de fournir aux troupes républicaines les denrées dont elles avaient besoin, et l'ordre aux jeunes gens de conserver le célibat, tant que durerait la guerre, étaient sans doute deux mesures assez rigoureuses, mais il faut bien reconnaître leur importance salutaire pour la cause de l'insurrection. D'ailleurs, la sévérité de la défense portée contre le mariage a été fort exagérée, le délinquant n'était pas puni de mort, comme on l'a dit; on lui coupait seulement les cheveux, comme marque de flétrissure, et la honte qui devait en résulter pour le coupable, fit qu'on eut rarement besoin d'appliquer cette punition. Dignes soldats d'un général dont la vie privée fut toujours d'une pureté irréprochable, les Bretons, en observant la loi du célibat, que les évêques, cependant, jugèrent prudent de révoquer, conservèrent la régularité de leurs mœurs, puissamment sauvegardées par la religion. Ce chef de vingt-six ans, que tous *servaient d'amitié,* pour me servir d'une expression charmante et bien connue dans l'histoire des guerres de l'Ouest, donnait lui-même l'exemple de la piété la plus vive. Tous les devoirs religieux étaient fidèlement observés par lui, et souvent, au bivouac, entouré des nombreux compagnons de ses dangers, tous à genoux et la tête découverte, il leur disait la prière.

Un des auteurs de la *Biographie bretonne,* qui ne voit dans les assassinats, les profanations, les monstruosités de quatre-vingt-treize, qu'*un mouvement social qui attaquait nos habitudes plutôt que notre foi, la profession du prêtre plutôt que sa conscience,* se demande comment, après la chute de Robespierre, la patience toute fraternelle des généraux de la république ne fit pas tomber immédiatement le fusil ou la fourche des mains du paysan breton. J'avoue que la mansuétude du général Lemoine et de ses bourreaux du champ des martyrs, me parait d'une nature si extraordinaire que je ne puis m'étonner, avec le biographe en question, qu'au lieu d'exciter la reconnaissance des populations de l'Ouest, cette fraternité à coups de fusil les ait trouvées encore plus hostiles et plus intraitables. Je comprends à merveille, au contraire, que le Morbihan, ayant sous les armes à cette époque au moins vingt mille royalistes, se reposât tout juste le temps nécessaire pour recommencer la lutte avec plus d'ardeur. Tandis que le sang des prêtres continuait à inonder l'échafaud à Vannes, des engagements multipliés, dans lesquels les chouans étaient presque toujours victorieux, se succédaient à Elven, Plumergat, Mériadec, Muzillac, et confirmaient la prédiction de Stofflet, sur la renommée future de Georges, *la grosse tête ronde*. Ce dernier, personnification la plus complète de tout un pays, tenait ce pays dans sa main, et faisait marcher, d'un mot, d'un signe, ses bandes dévouées, heureuses d'obéir à ce chef populaire, si bon camarade au jeu de boules, si sage dans le conseil, si hardi, si grand dans le combat. L'espoir de tous pour un avenir moins tourmenté, et dans lequel Georges et Lemercier avaient rêvé un double mariage, qui, d'amis inséparables devaient les rendre frères ; cet espoir reposait sur le génie de Cadoudal ; aussi, qui n'eût donné vingt fois sa vie pour le conserver à la cause de l'ordre, de la liberté vraie, de la religion ? Un jour, un prêtre, M. Lomelech, vicaire de Ploërmel, pour lui laisser le temps d'échapper à une colonne ennemie, prit son nom et se livra à sa place. C'était la mort pour ce bon prêtre : il le croyait, du moins, car Georges, instruit de ce généreux sacrifice, s'élança sur les traces des bleus, et grâce à un miracle de valeur, comme les chouans savaient en faire, battit l'escorte, bien supérieure en nombre aux royalistes, et délivra le prisonnier.

On était au mois de juin 1796. Forcé d'accepter pour ses soldats une pacification à laquelle la plupart des chefs des départements voisins avaient consenti, Georges, trop bien instruit par la capitulation de Quiberon, si indignement violée, de ce que valait un traité pour les hommes de la république, ordonna prudemment aux siens de cacher leurs armes et de se tenir prêts à combattre au premier signal. Ce qu'il avait prévu arriva. Des prêtres, des officiers royalistes, de pauvres paysans, des femmes, sont égorgés, souvent après d'affreuses tortures, et sans qu'aucune punition atteigne leurs bourreaux, assurés de l'impunité. Ailleurs, les terroristes avaient eu beau jeu. Tout en détestant leurs excès, de très honnêtes gens criaient comme eux : — Vive la guillotine ! — Mais nous avons déjà vu qu'en Bretagne, comme en Vendée, on connaît un moyen plus noble d'essayer d'échapper au loup que de hurler avec lui. De retour d'un voyage qu'il fit en Angleterre pour combattre les funestes inspirations du Conseil des Princes, imbu d'idées surannées et de vaines distinctions entre gentilshommes et paysans, le fils du laboureur de Kerleano se hâta de tout disposer pour une reprise d'armes générale. Cette levée de boucliers fut reculée pendant deux années entières par les intrigues des conspirateurs de salon. Décidée enfin contre la volonté de Louis XVIII lui-même, enjoignant à d'Autichamps de ne relever le drapeau que sur un ordre du roi, la guerre proposée, soutenue énergiquement dans les discussions de La Jonchère par Cadoudal, Frotté, Bourmont, doit éclater du 15 au 20 octobre 1799. Nouveaux combats, et nouveaux succès des royalistes. Nantes, si fière d'avoir résisté à la grande armée vendéenne, est envahie par les chouans de Châtillon et de Dandigné; le Mans est au pouvoir de Bourmont; Lemercier s'empare de Saint-Brieuc; Sol de Grisolle, de Pont-Château, La Roche-Bernard, Redon; Guillemot, de Locminé; Limoëlan, de Pontorson; Georges, de Sarzeau, Port-Navalo, Muzillac et le même chef met en déroute, après une bataille des plus meurtrières livrée à Grand-Champ, la division du général Harty. L'écrivain de la *Biographie bretonne*, cite, au sujet de cette bataille, une anecdote qui n'est pas sans intérêt, surtout racontée par un adversaire :

« Georges, dit-il, avait comme toujours, intrépi-
« dement payé de sa personne dans cette ardente
« journée. Il était blessé, ses plus braves compa-
« gnons avaient été tués à ses pieds. Dans l'inter-
« valle de deux charges meurtrières, une de ces
« idées homériques particulières à Georges, lui passe
« dans l'esprit : il propose au général républicain

« un combat singulier de quatre-vingts de ses
« grenadiers contre quatre-vingts Bretons. Harty,
« piqué d'honneur, fait marcher quatre-vingts sol-
« dats d'élite : autant de chouans d'élite s'avancent
« dans la lande, commandés par Georges en per-
« sonne. Ce duel, renouvelé des luttes féodales, fut
« long, sanglant, désespéré. Les deux armées en
« suivaient les chances avec un fiévreux intérêt. Les
« républicains furent taillés en pièces, et ceux qui
« survécurent tombèrent, criblés de blessures, au
« pouvoir des vainqueurs échappés à cette bouche-
« rie. Georges usa noblement de cette victoire épi-
« sodique : il renvoya à Vannes les prisonniers
« républicains, après leur avoir fait remettre quel-
« que argent. »

Rapprochez maintenant de ces dernières lignes ce que le même auteur rapporte d'une rencontre faite par le général Harty, trois ou quatre jours auparavant : « Les républicains, dit-il, arrivèrent rapi-
« dement au pont du Loch, où leur cavalerie surprit
« huit chouans, tous jeunes gens et déserteurs de la
« compagnie franche d'Auray. La guerre se faisait
« alors sans ménagement, sans quartier. Les huit
« jeunes gens furent fusillés sur place. »

De quel côté est la générosité ? L'homme qui cite ces deux faits est pourtant celui qui écrit cette phrase : « Les généraux de la république étaient
« encore plus patients dans leur fraternelle entre-
« prise, que les chefs insurgés ne l'étaient dans
« leurs haines ardentes. »

Il serait trop long de suivre pas à pas la vie aventureuse de Georges. La grande bataille du pont du Loch, si glorieuse pour lui, et où les républicains laissèrent neuf cents morts derrière eux avant de rentrer à Vannes ; son traité de paix avec le général Brune, quand, resté l'un des derniers sur la brèche, il lui devint tout à fait impossible de continuer la guerre ; son entrevue avec le premier consul, dont il repoussa les offres brillantes, et qui donna l'ordre d'arrêter celui que 100,000 fr. de rente et le grade de général de division n'avaient pu séduire ; sa fuite en Angleterre ; ses dégoûts au milieu de courtisans si vains, à vues si étroites, si peu sympathiques aux royalistes qui, pour me servir de l'expression de Puisaye dans une de ses dépêches contre Georges, *veulent établir l'égalité sous le drapeau blanc ;* sa dernière apparition en Bretagne, où la police de Fouché l'environnait d'espions, tels sont les principaux faits d'une existence semée de tant de périls, jusqu'à la fin de décembre 1800. A cette époque, la trop célèbre machine infernale éclata dans la rue Saint-Nicaise, à Paris, deux secondes après le passage du vainqueur de Marengo. Cet injustifiable attentat de quelques furieux qu'on voulut attribuer à Georges, et dont sa conscience d'honnête homme et de chrétien n'aurait jamais accepté l'horreur, coïncida pour lui avec la perte de son ami de cœur le brave *La Vendée,* tué dans une embuscade, et celle de son frère Julien, fusillé à bout portant par les bleus aux environs de son cher Kerléano. Les clameurs de la calomnie et la fin tragique de ses deux fidèles compagnons, auraient porté le dernier coup à tout autre que Cadoudal, traqué comme il l'était, de paroisse en paroisse, par les émissaires de la police ; mais Georges, tout en s'éloignant encore une fois du Morbihan, que sa présence menace de ruiner, reprend avec une énergie nouvelle son infatigable opposition aux puissances du jour. — Ici, épouvanté par les calamités qu'entraînent avec elles les guerres civiles, et n'applaudissant à un parti aussi extrême que dans le cas où, comme sous la Convention et le Directoire, l'ordre social même est en question, je me borne simplement à raconter. Un plan d'une audace inouïe, mais, cette fois, appartenant bien à l'imagination chevaleresque du terrible chouan, est prêt pour une dernière lutte, une insurrection décisive pour laquelle le *Roi de Bignan* et son fils, Gamber d'Elven, saint Hilaire, Philippeaux, un grand nombre d'autres Bretons déterminés, réfugiés dans le Hampshire, n'attentent qu'un ordre de Cadoudal.

« Georges et ses chouans, dit Crétineau-Joly,
« répugnaient trop à l'idée de se poser en assassins
« pour qu'on pût forcer leur audacieuse probité à
« prendre ce parti, que, dans une aversion de fraîche
« date pour la révolution, Dumouriez semblait assez
« disposé à conseiller. Georges et ses chouans
« avaient sous les yeux le fatal effet de la machine
« du 3 nivôse. Sûr de lui comme de ses amis, il vou-
« lait bien jouer sa vie en rase campagne et homme
« à homme, mais il ne pouvait consentir à laisser
« peser sur son nom l'infamie d'un guet-apens.
« Je provoquerai Bonaparte, disait-il ; chacun de

« mes amis provoquera un de ses guides dans les
« Champs-Elysées, quand il reviendra de Saint-
« Cloud. Nous nous battrons à armes égales, le pis-
« tolet d'une main et le sabre de l'autre, un à un,
« comme au combat des Trente, et Dieu sera en aide
« aux honnêtes gens. Si Bonaparte est en voiture,
« il descendra ; je mettrai pied à terre aussi. Je ne
« veux avoir sur lui que l'avantage du bon droit ;
« mais ne me parlez pas d'assassinat. »

Ainsi, c'est à Paris même, au milieu de ses gardes que Bonaparte, à la veille de se faire proclamer empereur, devait être appelé comme en champ-clos par les descendants de ces Vénètes, les derniers à résister à César. Une ascension des plus périlleuses à la falaise de Beville, ramena les conspirateurs sur le sol français, et peu après ils étaient cachés à Paris ou dans les environs, attendant l'instant d'agir. De longs pourparlers entre Pichegru et Moreau, qui ne pouvaient s'entendre, occasionnèrent des retards aussi favorables aux investigations de la police que funestes au projet des conjurés. Le neuf mars 1804, Georges est arrêté dans la rue des Fossés-Monsieur-le-Prince, après une vigoureuse résistance qui l'eût sauvé si la foule assemblée autour du général et des quatre officiers de police terrassés par lui, n'avait été alléchée par l'appât d'une récompense promise à qui livrerait Cadoudal. Les divers interrogatoires que ce dernier eut à subir, le montrent ce qu'il fut toujours, ennemi loyal et d'une résolution inébranlable. Un caractère si fortement trempé ne pouvait manquer d'exercer une certaine fascination sur un homme à qui on ne peut refuser d'avoir accompli de grandes choses ; aussi croyons-nous qu'un historien n'a rien exagéré en supposant que la conquête de Georges, à la veille de monter sur l'échafaud, n'eût pas moins flatté l'orgueil de Napoléon qu'une de ses plus éclatantes victoires. Je ne puis vous répéter ici la brusque réponse du chouan au capitaine-adjudant de place Laborde, qui lui fut envoyé à la Conciergerie pour l'engager à demander sa grâce. A Bicêtre, un soir, au moment où Georges et ses amis, renfermés dans le même cachot, se préparaient à prier ensemble, un autre émissaire leur présenta un placet qu'ils n'avaient qu'à signer pour obtenir la vie. Cadoudal prit le papier des mains du concierge, et le lui rendant après avoir lu seulement ces mots : *A Sa Majesté l'Empereur :* « Camarades, dit-il en se tournant vers les autres condamnés, faisons la prière. » Le lendemain, la tête du général et celle de ses onze compagnons tombaient sur la place de Grève. Sur ces douze hommes morts avec le plus grand courage, sept appartenaient au Morbihan. La mémoire de Georges subit d'abord les derniers outrages, et cela devait être ; aujourd'hui qu'un demi siècle a refroidi ou éteint les passions politiques d'alors, aujourd'hui que la révolution nous a dit son dernier mot dans les hideuses divagations du socialisme, bien fou, bien ingrat qui n'honorerait point le souvenir de ces énergiques champions de la résistance, surtout quand l'esprit de conservation qui les faisait agir s'alliait en eux, comme dans la pensée si élevée de Georges, à une juste appréciation des hommes et des choses, à un profond mépris de toute vieillerie féodale, à une réprobation constante de tout abus de pouvoir. L'impression douloureuse produite dans le Morbihan par la mort de Georges et de ses amis, ne saurait se peindre. C'était fait de la chouannerie, du moins jusqu'en 1815, où elle se réveilla, comme je vous le racontais l'autre jour en parlant du collége de Vannes.

Elevée peu avant 1830, au moyen d'une souscription, comme les monuments de la Chartreuse et du Champ-des-Martyrs, la chapelle de Kerléano, encore inachevée, n'a point reçu le précieux dépôt qui devait reposer entre ses murs. Les révolutions dont elle rappelle une des pages les plus curieuses, ont menacé même de la détruire. La lettre par laquelle M. Lorois, préfet du Morbihan, faisait connaître au ministre de l'intérieur, en 1831, son opinion sur la démolition projetée, mérite qu'on en cite un passage. « Il est fâcheux, dit cet adminis-
« trateur, que des monuments puissent perpétuer,
« avec le souvenir de nos dissentions civiles, les
« haines qu'elles avaient fait naître. Mais, si chaque
« parti vainqueur avait effacé du sol les traces des
« derniers vaincus, les temples de la république, les
« colonnes, les arcs-de-triomphe de l'empire au-
« raient disparu successivement. »

XI

La Chartreuse. — Expédition de Quiberon.
Le Champ-des-Martyrs.

De Kerléano, nous voici tout naturellement arrivés à la Chartreuse de Brech. L'origine de ce monastère, occupé aujourd'hui par une école de sourds-muets dirigée par des Sœurs de la Sagesse, remonte à la chapelle de Saint-Michel-du-Champ fondée par Montfort sur le champ de bataille où périt Charles de Blois; où Duguesclin rendit sa vaillante épée à Chandos. Destinée de tout temps aux guerriers tombés dans nos guerres fratricides, la Chartreuse protége encore les restes des victimes de Quiberon, à la place où Jean IV, enfin *seul duc de Bretagne*, après une lutte de vingt trois ans qui coûta la vie à plus de deux cent mille hommes, recommandait aux prières d'un doyen et de huit prêtres l'âme de tant de soldats morts pour sa cause dans cette sinistre vallée de Kerso. Cette grande bataille, livrée le 19 septembre 1364, entre autres souvenirs, rappelle ce levrier de Charles de Blois quittant son malheureux maître pour aller caresser Montfort que la fortune favorisait. Cet abandon si extraordinaire aux yeux de tous, que dans l'armée de Charles on y vit un présage funeste, est moins une tache dans l'histoire de l'espèce canine qu'un triste reproche pour nous. Si le favori de l'infortuné prince eût été un homme et non un chien, sa retraite dans le camp ennemi n'eût surpris personne. Enfle-toi donc, pauvre homme! dirait Montaigne.

J'ai promis de revenir avec vous sur la descente des émigrés à Quiberon. Préparée par la perfidie anglaise qui ne négligea rien pour attirer la défaite la plus désastreuse sur les bannis que le cabinet de Saint-James semblait protéger, cette descente s'opéra à Carnac, au milieu des chouans accourus pour la faciliter, et dont les joyeuses acclamations tenaient du délire. L'exagération du nombre des émigrés faisant partie de l'expédition, portés à vingt six mille par la presse de Londres, tandis qu'ils n'étaient pas même six mille, et qu'on appelait ainsi contre eux des forces terribles; l'enrôlement dans l'armée royaliste d'un grand nombre de prisonniers républicains, tout prêts pour la trahison, comme le fit vainement observer à Pitt le maréchal de camp d'Hervilly; l'opposition à ce dernier de l'ambitieux Puisaye, dont le caractère antipathique au sien devait amener indubitablement entre ces deux chefs des rivalités désolantes; les ordres contraires qui leur furent donnés et qu'il est impossible de ne pas attribuer à un odieux calcul; justifient assez, sans parler des instructions secrètes du ministère à sir Waren concernant les émigrés appartenant à notre marine, l'accusation adressée par Shéridan au cabinet britannique : « Vous dites, s'écriait le véhément orateur dans sa

« réponse aux communications de Pitt, que le sang
« anglais n'a pas été versé à Quiberon ! C'est vrai !
« mais l'honneur anglais y a coulé par tous les
« pores ! » — C'est le jugement de l'histoire, qui a
vu dans l'insistance du gouvernement anglais à
comprendre dans cette expédition trois cents de
nos hommes de mer les plus distingués, un amer
souvenir des triomphes du brave Suffren. La Campagne de l'Inde n'avait pas été oubliée ; et, comme
Napoléon l'a remarqué dans ses *Mémoires*, en
anéantissant du même coup tous ceux qui en avaient
été les auteurs ou les témoins, l'Angleterre prenait
sa revanche.

Les éléments de discorde, de malheur, de destruction rassemblés ainsi par une politique tortueuse sous le voile d'une fastueuse protection, se
montrèrent même avant le débarquement de la
première division expéditionnaire. Ce débarquement, Puisaye l'ordonna pour le 26 juin aux premières lueurs du jour. Mais d'Hervilly, muni
comme lui de pleins pouvoirs, et dont les instructions étaient différentes, s'y opposa jusqu'au lendemain dans le but d'explorer préalablement le
littoral. La descente effectuée à l'aide des chouans
de Tinténiac et de Cadoudal qui avaient forcé la
division du général Romans, les garnisons d'Auray
et de Carnac, de se replier sur Landévant et d'abandonner la plage aux royalistes, Puisaye commençait à peine à parler de son dessein d'attaquer
de suite un port de mer, que d'Hervilly déclarait
péremptoirement qu'il attendrait l'arrivée de la se-

conde division commandée par Sombreuil, dont le secours lui paraissait indispensable. Les chouans sont maîtres d'Auray et de Vannes; mais le général Hoche accourt de son camp de Rennes; Vannes est reprise par lui, et le voilà disputant Auray à Bois-Berthelot. Chouans et émigrés rivalisent d'ardeur, demandent à marcher en avant; et au lieu de profiter de leur enthousiasme pour combattre, cinq jours entiers se passent en revues inutiles et en discussions. Le sixième jour enfin, la presqu'île de Quiberon où se trouve le fort Penthièvre est attaquée à la fois par d'Hervilly et Puisaye; le commandant Delize et les sept cents hommes qu'il commande capitulent, demandent à entrer dans les rangs de l'armée royale, et, par une imprudence inexplicable, c'est à une partie de ces transfuges si peu sûrs que les deux généraux confient la garde du fort. Les chouans laissés seuls aux avant-postes par les troupes régulières qui devaient les soutenir et que d'Hervilly rappelle sans tenir compte des murmures des soldats de Tinténiac et de Bois-Berthelot, se croient trahis; et quand le général Hoche, habile à mettre à profit tant d'hésitations et de lenteurs, revient avec des forces considérables attaquer les avant-postes sur toute la ligne, assez de soupçons, de colères, de vanités jalouses divisent les royalistes, pour pressentir avant peu dans leur armée quelque épouvantable échec. Des deux chefs, l'un fut la dupe du gouvernement anglais, l'autre de cette agence de Paris dirigée par Brottier, et dont les machinations incessantes n'épargnèrent aucune calomnie, aucune lâcheté pour faire manquer l'expédition. D'Hervilly était prévenu chaque jour par ces intrigants que Puisaye travaillait pour le jeune duc d'Orléans ou même le duc d'York; de là des tâtonnements dans les opérations à combiner d'un commun accord, et des dissentiments d'autant plus fréquents que la véritable cause en restait secrète. Pour les chouans, pour les émigrés, l'air était comme imprégné de trahison, sans qu'on sût d'où elle venait; mais on la respirait, on la savait partout quoiqu'invisible; et cette conviction portait le découragement dans tous les esprits.

La trahison existait, en effet, comme je viens de le dire; elle existait à la fois dans les calculs du cabinet de Saint-James et dans les manœuvres non moins coupables de l'agence, trompant, sacrifiant les princes exilés, en se vantant de les servir. Une dépêche de cette agence adressée à tous les généraux de l'Ouest, leur défendait au nom du Roi de coopérer à l'expédition de Quiberon, et pendant que les émissaires du comité fabriquaient des pièces, contrefaisaient des signatures pour réussir dans leur infernale entreprise, Hoche, à la tête de huit mille soldats s'avançait vers la presqu'île où d'Hervilly après avoir rêvé la destruction complète de l'armée qui marchait à sa rencontre, s'était réfugié sous les canons de l'escadre et du fort. Cadoudal, d'Allègre et Lemercier, sous la fusillade des bleus dans un combat de trois heures, protégent la retraite d'une immense foule de femmes, d'enfants, de vieillards, fuyant avec leurs bestiaux devant les républicains, et les conduisent jusqu'à la forteresse, où quelques chouans mêlés aux troupes régulières leur donnent accès malgré les soldats. D'Hervilly se décide enfin ; l'ordre de la bataille est donné, et dans la nuit du 6 au 7 juillet Hoche est surpris dans son camp par l'avant-garde royaliste commandée par Puisaye, et composée des braves de Loyal-Émigrant et des meilleurs chouans de Tinténiac et de Cadoudal. Ces deux chefs, aux prises avec le général à la tête de deux bataillons, multiplient leurs décharges, et résistent avantageusement à celles de l'ennemi ; mais une compagnie du régiment de d'Hervilly, appelée à les soutenir et formée de ces prisonniers de pontons enrôlés à dessein pour l'expédition par la politique anglaise, faiblit au premier feu, et d'Hervilly se refusant à la remplacer par ses grenadiers qui tous demandent à marcher, les chouans et les émigrés engagés dans le camp, au lieu de songer à une victoire, durent se trouver heureux d'opérer leur retraite en ne laissant derrière eux que peu de morts. Des forces arrivaient à Hoche de toutes parts, et Tallien et Blad, envoyés à Vannes avec des pouvoirs illimités par le Comité de salut public, rédigeaient les proclamations les plus menaçantes. Ce fut alors qu'après avoir obtenu un rapprochement trop tardif entre les deux premiers chefs, Tinténiac et Cadoudal s'embarquèrent pour Sarzeau, avec ordre de rejoindre dans les forêts de Camors et de Lanvaux la colonne de Jean-Jean et de Lantivy, jetée sur la côte au nord de Lorient, pour revenir ensemble prendre l'ennemi par derrière.

Vous avez vu déjà comment les menées de l'éternelle agence firent manquer ce plan. Les ennemis les plus dangereux des hommes d'action appartenant à l'opinion royaliste n'étaient pas dans le camp des bleus.

Le 15 juillet, la seconde division des émigrés ayant à sa tête Charles de Sombreuil, moins nombreuse que la première, mais composée d'hommes d'élite, parut dans la baie de Quiberon ; et le 16 eut lieu cette mémorable bataille, magnifiques funérailles de la noblesse française, comme l'a si bien nommée un historien. Je n'entreprendrai pas le récit de cette glorieuse défaite qu'il faut lire dans ses moindres détails, pour reconnaître avec le même écrivain combien, en ce jour, la noblesse se montra digne de ses aïeux et des paysans qui marchaient à ses côtés. Jeunes soldats et vétérans combattaient avec la même ardeur, et deux traits, que vous pourrez généraliser, vous donneront une idée de leur courage. Le jeune frère de Charlotte Corday, tout couvert du sang qui coulait de ses nombreuses blessures, luttait encore, après avoir renversé à ses pieds quatre hussards. Il était enveloppé par les ennemis : « — Camarades ! crie le général Humbert, témoin de cette vaillante défense et arrêtant le fer de ses soldats ; laissez vivre ce jeune homme, trop brave pour ne pas être épargné. » — Non loin de là, le comte de Rotalier venait de démonter trois batteries républicaines. Son fils, frappé d'une balle en pleine poitrine, tombe dans ses bras. Mais continuant à protéger la retraite avec ses artilleurs.

« Aujourd'hui, dit-il en pleurant, il n'y a pas de pères, mais seulement des révolutionnaires et des royalistes. »

Tant d'héroïsme ne pouvait rien contre la trahison pénétrant sous toutes les formes dans le camp des émigrés. Tandis que l'agence écartait les colonnes de Jean-Jean et de Tinténiac en trompant leurs chefs, la perfidie anglaise portait également ses fruits par les nombreuses évasions de bleus affublés de cocardes blanches, et livrant à l'ennemi tous les plans de d'Hervilly et de Puisaye. Ces transfuges qui comptaient dans la garnison si mêlée du fort Penthièvre autant d'amis que de républicains, s'engagent à enlever le fort aidés par les trois cents grenadiers de Ménage ; et, en effet, dans la nuit du 20 juillet, après un horrible massacre, le drapeau tricolore reprend sur les murs de la forteresse la place où flottait l'autre étendard. Partout les anciens prisonniers des pontons se retournent contre leurs nouveaux chefs, les égorgent ou les abandonnent pour grossir les rangs de l'ennemi. D'Hervilly ayant été blessé mortellement à la bataille du 16, où il combattit aussi en héros, Puisaye et Sombreuil restaient chargés du salut d'une multitude désolée, ne voyant plus de refuge à sa détresse que sur les vaisseaux de l'escadre, et appelant à grands cris des embarcations. Le pilote Rohu est envoyé à sir John Warren pour presser les secours ; pas une chaloupe ne bouge ; et le marquis de La Jaille dépêché après Rohu ne réussit pas mieux que le pilote à décider l'amiral à agir. Vous peindrai-je une scène de confusion, d'épouvante, de désespoir, trop bien expliquée par l'inaction de la flotte, et la position affreuse d'une multitude de femmes, de vieillards, d'enfants, de blessés, fous de terreur, et placés entre les vagues de l'Océan et les bataillons ennemis qui les écrasent : Puisaye, cédant à une frayeur égoïste que l'histoire ne lui pardonnera pas plus que sa politique anti-française, si hautement condamnée par Sombreuil et le vénérable évêque de Dol, se jette lui-même dans un canot, « certain, dit-il à Sombreuil, d'obtenir de l'amiral les ordres sauveurs que Rohu et La Jaille n'ont pu encore lui arracher. » Cette parole au moins se vérifia, et pour l'honneur de Puisaye, il est fâcheux qu'après avoir vu le Commodore, il n'ait pas profité de la première chaloupe pour rejoindre ses camarades. Cependant Sombreuil, dont l'armée se réduit maintenant à moins de huit cents hommes en état de combattre, se replie sur le port Aliguen, qu'il lui faut bientôt quitter pour chercher un dernier asile dans le fort-neuf, où il tient tête à quinze mille républicains. La politique du cabinet de Saint-James ayant atteint son but, l'humanité pouvait avoir son tour : les chaloupes canonnières se rapprochent du rivage, les vaisseaux s'ébranlent, le feu de l'*Allouette* et de la *Pomone* protége l'embarquement des royalistes dans les chaloupes où la foule se précipite et s'entasse avec une effroyable confusion. Trop surchargées, plusieurs de ces embarcations chavirent, sombrent ; les autres sont suivies à la nage par des malheureux dont la tête s'élevant au-dessus des vagues, sert de point de mire aux

fusils des bleus. Que d'actions sublimes ne pourrait-on pas citer dans ce lamentable désastre ! « Ce fut
« dans ce moment, dit Crétineau-Joly, que Charles
« de Lamoignon parut au rivage. Il portait sur ses
« épaules son frère Christian qui était blessé. Une
« chaloupe s'approche, Charles de Lamoignon y dé-
« pose le malade. Il l'embrasse ; puis, s'arrachant
« aux bras qui veulent le retenir : Mon régiment doit
« encore se battre, s'écrie-t-il, je vais le rejoindre.
« Trois canonniers déjà à bord entendent ce langage
« héroïque. Ils débarquent avec le neveu de Malhes-
« berbes, ils moururent avec lui. »

Sombreuil et ses braves résistaient toujours, et leur feu continuait à porter la mort dans les rangs des grenadiers d'Humbert. Ces derniers, au nombre desquels était Cambronne, parlent les premiers de capitulation. Hoche prend l'engagement d'épargner la vie des émigrés s'ils mettent bas les armes, et la corvette l'*Allouette* continuant ses décharges sur les bleus, Gesril du Papeu, l'ami d'enfance de notre Châteaubriand, et né à Saint-Malo comme lui, pour rendre la capitulation plus facile, rejoint le navire à la nage, fait cesser le feu ; puis, fidèle à la foi jurée, revient se livrer à l'ennemi. Sombreuil aussi, après un entretien avec le général Hoche qui accepta la proposition du jeune chef de donner sa vie pour le salut de tous, demande et obtient l'autorisation de se rendre à bord de la *Pomone*, et comme Gesril, revient loyalement au rivage pour y mourir. La lettre de Sombreuil à Hoche datée du 22 juillet 1795, a été conservée. Elle explique suffisamment la situation des prisonniers entassés, à Auray, dans les églises des Cordeliers et du Saint-Esprit, au nombre de trois mille.

« J'écris à M. Tallien, disait Sombreuil, et lui
« parle du sort de ceux dont les circonstances m'ont
« fait hier le chef. Dans le calme comme dans l'o-
« rage des combats, j'emploierai toujours les moyens
« que me permettent les lois militaires pour veiller
« à ce qui les intéresse. Toutes vos troupes se sont
« engagées envers le petit nombre qui me restait,
« qui aurait nécessairement succombé ; mais, mon-
« sieur, la parole de tous ceux qui sont venus jus-
« que dans les rangs la leur donner, doit être chose
« sacrée pour vous. Je m'adresse à vous pour la
« faire valoir : s'ils ne doivent point y compter,
« monsieur, veuillez m'annoncer leur sort. »

Hoche ne répondit à cette lettre que par une phrase de sa dépêche au comité du Salut public, sur *ce qu'il y aurait de cruel et d'impolitique, de songer à détruire six ou sept mille familles entraînées à Quiberon, par le prestige ou la terreur.* Ce fut tout : Tallien put agir librement dans ses haines révolutionnaires, et comme pour venir en aide aux fureurs de ce représentant ; Hoche remit le département sous les ordres du général Lemoine, dont il connaissait la férocité. La colonne de Tintégniac, en marche dans les Côtes-du-Nord, lui fournit un prétexte pour s'éloigner des vaincus, au moment où son intervention, en réclamant pour eux l'exécution de la capitulation promise, pouvait encore les sauver. Hoche était de la famille de Pilate.

La commission militaire, nommée par Lemoine, se prononça bientôt sur le sort de Sombreuil, de l'évêque de Dol et de ses prêtres, revenus de l'exil avec la première division, de Soulanges, Lalandelle et plusieurs autres gentilshommes, jugés les premiers (9 thermidor, an III). Vainement les prisonniers affirment sur l'honneur qu'il y a eu capitulation proposée par Humbert, acceptée par Sombreuil, qui s'en excepta seul, approuvée verbalement par Hoche, tous sont condamnés à mort, et la promenade de la Garenne, à Vannes, est le lieu marqué pour la première exécution. Sombreuil, après avoir fléchi le genou devant Dieu, se relève, et repoussant le bandeau dont on veut lui couvrir les yeux, reçoit, debout, la décharge qui tue en même temps le vieil évêque et Soulanges, cet autre vieillard, dont la piété ardente appelait comme une récompense céleste l'heure du supplice. Tous les jours, à dater du 9 thermidor, jusqu'au moment où le général Lemoine termina sa liste de sept cent onze victimes, nombre fort au-dessous de la vérité, les royalistes, conduits par troupes de cinquante à soixante à La Garenne, à l'Ermitage, à la prairie de Tré-Auray, connu depuis sous le nom de *Champ-des-Martyrs*, tombèrent sous les fusillades de trois bataillons de volontaires d'Arras, de la Gironde, de Paris, les seuls qui, avec quelques soldats étrangers, acceptassent le métier de bourreaux. La plupart des officiers républicains s'étaient refusés aussi à faire partie des commissions militaires, et quelques-uns, parmi lesquels il faut citer

Drouillard, chef de bataillon, allèrent jusqu'à dire qu'ils avaient prononcé avec tous leurs camarades les mots de capitulation honorable, qu'ils ne pouvaient juger ceux qu'ils avaient absous, le sabre à la main. L'épouvantable lâcheté de ces exécutions en masse d'hommes courageux, et qui s'étaient confiés sans réserve à l'honneur du nom français, éveillait partout la compassion, et plus d'une fois, indépendamment du dévouement sans borne de presque tous les habitants d'Auray, pour prodiguer aux détenus les soins les plus charitables, de zélés républicains, des soldats chargés d'escorter les condamnés, leur témoignèrent une sympathie profonde et leur proposèrent de contribuer à leur évasion. Peu de royalistes profitèrent de ces offres généreuses. « Non, mes amis, il y a eu capitulation, et je ne croirai jamais que des officiers français manquent à leur parole, » répondait à des soldats de son ancien régiment d'Anjou, qui le pressaient de s'échapper, le lieutenant-colonel La Villéon. Le marquis de Senneville opposait le même refus à des propositions semblables. — « La vie vaut-elle un mensonge? » demandait à son ami le jeune De Lage, pressé de cacher une ou deux années de sa vie pour profiter d'un sursis offert à ceux qui déclareraient avoir émigré avant l'âge de seize ans. — « Non, non ! répondit l'ami ; il vaut mieux mourir pour la vérité que de vivre en la trahissant. » Et tous deux se préparèrent mutuellement à paraître devant Dieu.

Le courage me manque pour retracer, dans leurs horribles détails, ces massacres où les chiens accouraient se gorger de sang autour des cadavres ; ces inhumations faites à la hâte par des charretiers, achevant d'un coup de bêche les malheureux donnant quelque signe de vie ; ces scènes de cannibales, enfin, encouragées dans ce qu'elles avaient de plus hideux, par le général Lemoine, et dont la lugubre histoire est racontée par les monuments de la Chartreuse et du Champ-des-Martyrs. Ces monuments, quelle que soit l'opinion de l'administrateur qui, tout en s'opposant à leur destruction, regrettait leur existence, ont cela de particulier et de sérieusement utile que seuls, en France, ils témoignent des crimes d'une époque dont le retour est encore dans la pensée de plusieurs. Sans doute, ce qui tendrait à perpétuer les haines, les divisions, nuirait aux progrès de l'avenir en troublant le repos de la patrie ; mais ce repos si désirable, même au prix des plus grands sacrifices, ses ennemis acharnés ne trouvent-ils pas leur principale force dans la complicité de notre insouciance et de notre oubli du passé ? Des plumes éloquentes ont tenté la réhabilitation de la folie et du crime, et, il faut l'avouer, la part faite au paradoxe et au mensonge est belle avec notre empressement à balayer du sol et de la mémoire les traces de nos pères, à confondre dans une même obscurité le bien et le mal, les vertus et les forfaits. Pour nous, pèlerins bretons, nous avons franchi le sol de la Chartreuse avec la volonté du souvenir. Portzamparc, un des vaincus de Quiberon, couvert de blessures, et qu'on allait conduire au supplice, demanda un instant pour écrire à sa famille une lettre, où il conjura tous les siens de pardonner comme il le faisait lui-même. Là s'arrête la générosité du chrétien. Le pardon est une vertu sociale ; l'oubli est à la fois une faute et un danger.

La chapelle expiatoire de la Chartreuse, qu'une sourde-muette vint nous ouvrir, a été ajoutée, au moyen d'une souscription, à l'église du monastère, reconstruite elle-même il y a environ un siècle. L'inscription du portique, d'un art tout païen, frappe seule les yeux à l'extérieur :

Gallia mœrens posuit : La France en pleurs l'a élevé.

Mais à l'intérieur, entre des murs revêtus de marbres noirs et blancs, la richesse du sarcophage placé au milieu de la chapelle, et, plus encore, les ossements entassés dans le caveau qu'il recouvre, saisissent le cœur d'un sentiment mêlé de tristesse et d'admiration. La muette ouvrit une porte en bronze, travaillée à jour, donnant accès dans le caveau, et percée dans le stylopate en marbre blanc, supportant le sarcophage, et descendit une lumière au moyen d'une corde, dans ces ténèbres vaguement éclairées, où nous entrevîmes bientôt des têtes, des fémurs, un monceau de débris humains. Les bustes de Sombreuil, de Soulanges, de d'Hervilly, de Talhouët sont placés sur deux faces du dé ; les deux premiers au-dessus de la porte du caveau, les deux autres du côté de l'église. Au-dessus de ces médaillons et dans les tympans du couronnement cintré, surmonté de la croix qui termine le sarcophage, sont d'un côté, en bas-relief, le buste de Mgr Hercé, évêque de Dol, et de l'autre, la Religion, déposant une couronne sur un tombeau. Deux autres bas-reliefs plus grands, ornant les faces latérales, présentent, à droite, la joie trompeuse du débarquement ; à gauche, Gesril du Papeu, prêt à s'élancer à la mer pour remplir sa promesse, et partager le sort de ses frères d'armes. Plusieurs inscriptions sont gravées sur toutes les faces de ce magnifique tombeau dû au talent de M. Caristie, ancien pensionnaire de France à Rome. Voici ces inscriptions : « — *Quiberon XXI juillet MDCCXCV. — Indignement immolés pour Dieu et pour le roi. — Tous mes frères sont morts pour Israël. — J'ai espéré en Dieu, je ne craindrai pas. — La mort des justes est précieuse devant Dieu. — Pour nos vies et nos lois. — Vous recevrez une grande gloire et un nom éternel.* — » Indépendamment de ces inscriptions, nous lûmes dans un religieux recueillement les noms des victimes au nombre de 952, et parmi lesquelles des amis bien chers m'en avaient recommandé plusieurs. Deux bas-reliefs se remarquent aussi des deux côtés de l'arcade communiquant de la chapelle à l'église ; ils représentent le duc et la duchesse d'Angoulême, autres infortunes moissonnées par la mort, et qui n'ont point obtenu, comme les émigrés de Quiberon, un tombeau sur la terre de France !

Le Champ-des-Martyrs est à une courte distance de la Chartreuse, et malgré la froideur du style grec du petit temple élevé à son extrémité, nous ne pûmes y pénétrer sans une impression douloureuse, à laquelle notre visite à la première chapelle nous avait à peine préparés. Cette sombre avenue de sapins dont une colonne en granit surmontée d'une croix marque l'entrée; cette arène, de sinistre mémoire, apparaissant, des terrasses qui l'entourent, comme une immense fosse ouverte; ces marais couverts d'une herbe rougeâtre; l'inscription du portique, si éloquente dans son laconisme : *Hic ceciderunt* : C'est ici qu'ils tombèrent; le bruit du vent dans les arbres verts, s'élevant, s'affaiblissant, s'éteignant comme les derniers gémissements de voix expirantes; la solitude, la désolation régnant partout à l'entour, oppressent le cœur, remplissent les yeux de larmes amères qui ne peuvent couler. Nous remarquâmes, dans la chapelle des béquilles, de petits *ex-voto* en cire attachés aux murs, et nous nous rappelâmes ce que nous avions entendu raconter des mères bretonnes, traînant leurs enfants malades sur la terre arrosée par tant de sang héroïque; et croyant leur donner ainsi la force nécessaire pour se guérir. En sortant, nous lûmes la seconde inscription gravée sur la grande frise de la façade : *In memoria æterna erunt justi* : Les justes laisseront un souvenir éternel. C'est, comme l'a dit le Père Arthur Martin, l'opposition des récompenses aux douleurs. — Je songeais à ces paroles consolantes, quand mon compagnon de voyage m'indiqua du doigt un mot écrit récemment sur la porte, par la main de quelque passant : Liberté ! — Ce mot à cette place nous fit horreur, et les beaux vers de Victor Hugo nous revinrent à la mémoire :

> O Dieu ! leur liberté, c'était un monstre immense
> Se nommant vérité parce qu'il était nu,
> Balbutiant les cris de l'aveugle démence,
>   Et l'aveu du vice ingénu !
> La fable eût pu donner à ses fureurs impies
>   L'ongle flétrissant des Harpies
>   Et les mille bras d'Ægéon.
> La dépouille de Rome ornait l'impure idole :
> Le vautour remplaçait l'aigle à son Capitole,
>   L'Enfer peuplait le Panthéon.

XII

Vallée de Kerso. — Légende de Nicolazic. — La *Scala-Sancta*. — L'église et la fontaine de Sainte-Anne. — Le paralytique de Messac. — La fuite des captifs.

De riantes prairies où le ruisseau de Brech promène son cours capricieux, et va de moulin en moulin porter le travail, la joie et la vie; des rochers bizarres parmi lesquels on montre au voyageur un de ces *roulers*, ou pierres vacillantes, masses de granit en équilibre sur une autre masse, et qui s'ébranle à la plus légère pression des petits pâtres, « aimant, disent-ils, à le faire danser; » des bouquets de bois au creux de la vallée où le cri lointain du coucou se perd dans le bruit des cascades et les coups retentissants des battoirs aux mains des laveuses; des enfants, les joues blanches de farine, mêlant au tic tac du traquet frappant la meule, aux clapottements de la roue qui tourne, des chansons et des cris de plaisirs; un pont, un vieux pont de bois, si pittoresque qu'il semble jeté sur le ruisseau moins pour rejoindre les deux rives que pour embellir le paysage; des buissons d'aubépine aux fleurs blanches abritant à leur ombre un tapis doré de primevères; le rouge-gorge volant sur la route, l'hirondelle sur l'eau, la linotte sur la branche, l'allouette dans la nue; un ensemble harmonieux d'eaux limpides, d'herbes fraîches, de landes fleuries, d'ombrages ondoyants, de toits de chaume, gracieusement encadrés par des collines en ampithéâtre et doucement éclairés par le plus beau ciel; voilà, notre arrivée à Sainte-Anne en suivant les sinuosités charmantes de la vallée de Kerso. Il faut pour un moment écarter ce nom rendu lugubre par nos discordes, et ne voir dans ces campagnes si paisibles que les beautés sereines de la nature préparant notre âme aux merveilles encore plus aimables de la religion.

La fondation, ou, pour parler plus exactement, la réédification de l'église consacrée à la mère de la sainte Vierge, n'est pas aussi ancienne que pourrait le faire supposer sa légende, digne de ce moyen âge où la poésie chrétienne aime à puiser. En 1392, le berger Pierre Amador laissait la garde de son troupeau à la reine du ciel, qui promit d'y veiller en son absence et allait inviter l'évêque de Ségovie à le suivre à Niéva, pour y déterrer une image de Marie, à laquelle la petite ville de Sancta-Maria-la-Real de Niéva doit son origine et son nom. Ceci se passait au quatorzième siècle. Mais c'est plus de deux siècles après, sous le règne de Louis XIII qu'un bon paysan de la paroisse de Pluneret, Yves Nicolazic, se vit chargé d'une mission presque pareille, et devint le témoin de prodiges plus extraordinaires encore que ceux racontés par le berger espagnol. Nicolazic habitait un petit village nommé Ker-Anna, du nom d'une très-ancienne église de Sainte-Anne détruite depuis plus de neuf cents ans, et dont il ne restait qu'un souvenir confus, et quelques débris de fondations dans un champ nommé le *Bocenno*. Un fait surnaturel avait entretenu la tradition d'une antique chapelle bâtie à cette place au temps des Romains : bien qu'on pût bêcher indistinctement toutes les parties du Bocenno, il en était une où jamais la charrue n'avait pu passer sans se rompre et les bœufs sans s'effrayer, et refuser le travail. Là, Nicolazic avait brisé deux socs dans la même journée. Ces accidents étaient si connus de tous que, lorsqu'un laboureur entrait dans le Bocenno, on lui recommandait de prendre garde à l'endroit des ruines.

Nous voyons dans l'Évangile comment à la naissance du Sauveur une clarté divine se répandit dans la campagne tandis qu'une musique céleste charmait l'oreille des pasteurs. Choisi dans sa pauvreté comme les bergers de Bethléem et tant d'autres obscurs paysans favorisés de grâces singulières depuis le berceau du Christianisme, le fermier du Bocenno entendit aussi dans son champ une mélodie mystérieuse, et vit en même temps une grande lumière s'étendre de ce champ jusqu'au village de Ker-Anna. Un soir, une heure après le soleil couché, son beau-frère et lui s'étant rencontrés en ramenant leurs bœufs près de la source visitée maintenant par tous les pèlerins, ils aperçurent, le visage tourné vers la fontaine, une femme d'un aspect vénérable « vêtue, « dit la légende, d'une toile de fin lin, blanche « comme neige, telle que les évangélistes nous dé- « crivent le vêtement de Jésus transfiguré sur le « Thabor. » Eblouis et effrayés, les deux laboureurs prirent la fuite; puis, ayant réfléchi que cette dame si majestueuse devait être une grande sainte, et étant revenus sur leurs pas pour la contempler, ils trouvèrent la source déserte, sans aucune trace de l'apparition.

Cependant la dame devait se montrer bien des fois encore à Nicolazic, soit au bord de la fontaine, soit dans la grange du fermier ou dans sa maison bâtie en partie de vieilles pierres provenant de l'antique chapelle. Une nuit, couché sur la paille de sa grange où il s'était retiré, prétextant la nécessité de garder son grain nouvellement battu, mais en réalité pour songer avec plus de recueillement à la sainte qui l'avait accompagné quelques heures auparavant à son retour d'Auray, un flambeau à la main, et marchant devant lui sur la route; il entendit, vers les onze heures, le bruit confus d'une multitude arrivant de tous les côtés. Surpris au delà de tout ce qu'on peut dire, il se leva, ouvrit la porte de la grange, parcourut des yeux la campagne, et au lieu de l'immense foule qu'il s'attendait à voir, et dont il entendait tout à l'heure les pas pressés, les voix innombrables, il ne distingua autre chose que les prairies solitaires voisines de sa demeure et le murmure du vent dans les châtaigniers. Revenu à sa botte de paille, le paysan reprit son chapelet; et tout à coup la dame qu'il avait rencontrée encore la veille apparut devant lui resplendissante de lumière. Elle se nomma cette fois, et parla de sa chapelle du Bocenno, bâtie la première en son honneur en Bretagne, et qu'il entrait dans les desseins de Dieu de faire relever par un pauvre laboureur. Le berger Castillan avait été envoyé par la sainte Vierge au palais de l'évêque de Ségovie. Ce fut au recteur de Pluneret, Dom Roduëz, que sainte Anne dépêcha le fermier breton.

L'ordre de tout raconter à M. le recteur n'embarrassa pas médiocrement Nicolazic qui craignait de passer aux yeux du prêtre pour un imposteur ou un insensé ! Six semaines s'écoulèrent sans qu'il trouvât le courage de remplir sa mission, et il ne finit par s'y décider que sur l'insistance de la sainte. Comme il s'y attendait, son histoire fut traitée d'illusion, et à une seconde visite, qu'il fit à Dom Roduëz, celui-ci le menaça, s'il ne renonçait à ses chimères, de lui interdire l'entrée de l'église, l'usage des sacrements, et même en cas de mort, la sépulture chrétienne. Les capucins d'Auray que le pauvre homme alla consulter ensuite, pressé par l'apparition qui lui enjoignait de commencer la réédification de la chapelle, ne le traitèrent pas beaucoup mieux ; et la conclusion à laquelle ils s'arrêtèrent, après un minutieux examen, fut qu'il y avait déjà trop de chapelles dans les campagnes, et qu'il serait déraisonnable d'élever de nouveaux autels qu'on ne pourrait entretenir. Nicolazic revint chez lui tout en larmes, et néanmoins toujours plein de confiance dans la parole de celle qu'il nommait *sa bonne maîtresse*. Il avait raison, malgré tant de contradictions et d'obstacles, de ne pas désespérer ; et la découverte de la statue miraculeuse enfouie dans le Bocenno depuis plus de neuf siècles, et encore reconnaissable pour une image de la mère de Marie, lui parut un signe manifeste de la prochaine érection de l'église qu'on lui enjoignait de bâtir.

Cette découverte de la statue de sainte Anne, précédée et suivie de tant de prodiges, eut lieu d'ailleurs avec des circonstances merveilleuses dont Nicolazic ne fut pas seul témoin. Un flambeau tenu par une main invisible guidait les cinq laboureurs qui le suivaient à quelques pas, et, quand les paysans furent entrés dans le Bocenno, cette lumière surnaturelle s'éleva et s'abaissa trois fois avant de disparaître à la place où la tranche de Le Roux rencontra bientôt la sainte image. Celle-ci grossièrement travaillée et rongée par le temps, n'eut d'abord que le gazon pour autel, ce qui n'empêcha pas, dès la même semaine, un nombre considérable de dévots et de curieux de venir la contempler. Cette affluence justifiait déjà la vision de Nicolazic plusieurs fois renouvelée, et par laquelle il lui semblait entendre autour du Bocenno les pas et les cantiques d'une grande multitude. Un plat d'étain fut placé sur un escabeau pour recevoir les offrandes destinées dans la pensée de Nicolazic à commencer la construction. Cela contraria Dom Rodüez; et par son ordre, statue, escabeau, plat, tout fut renversé brutalement avec défense aux habitants du pays de croire aux rêveries d'un maniaque.

Les choses en étaient là en mars 1625, quand messire Sébastien de Rosmadec, évêque de Vannes, ayant appris ce qui se passait résolut de faire interroger Nicolazic, et à cet effet envoya au presbytère de Pluneret Dom Jacques Bullion, bachelier en Sorbonne. Favorablement prévenu par le rapport que lui soumit ce savant ecclésiastique, depuis son promoteur, le bon prélat vit lui-même Nicolazic, le confia au zèle des capucins de Vannes, qui après l'avoir longuement examiné, et s'être bien assurés par les renseignements les plus certains de la sainteté de sa vie, le renvoyèrent à l'évêque en déclarant tout d'une voix qu'ils croyaient à la sincérité, au sens droit de cet homme, et pensaient qu'une chapelle élevée au Bocenno, où déjà les pèlerins accouraient en foule, ne pouvait être que très-agréable à Dieu. On parlait d'ailleurs de guérisons obtenues par les croyants, et pour les opposants de punitions non moins éclatantes. L'érection de la chapelle fut décidée. Mais, avant de l'entreprendre, l'évêque voulut s'assurer des fonds nécessaires pour l'entretien d'un chapelain pour la desservir. En attendant, la sainte image restait sans abri au Bocenno. Les capucins proposèrent aux habitants du village de Ker-Anna de dresser provisoirement à leur bonne patronne une cabane de feuillages. Cette pensée fut accueillie avec empressement, et l'oratoire champêtre fait avec des branches de genêts mit à couvert la statue, qui fut posée sur un vieux coffre à blé donné par Nicolazic.

La pose de la première pierre de l'église eut lieu la même année, le jour de la fête de sainte Anne, au milieu de trente mille pèlerins. Jamais commencements ne furent à la fois plus modestes et plus magnifiques : modestes, dans les moyens humains choisis par la sainte ; magnifiques par l'abondance des grâces obtenues, la multiplicité des miracles dont le plus inexplicable peut-être est l'extension si rapide d'une pieuse croyance appuyée sur le témoignage de deux ou trois pauvres paysans. Les dons pleuvaient au pied de la sainte image, devant laquelle Dom Roduëz puni de son incrédulité par une maladie terrible, et guéri subitement à la suite d'un vœu réparateur, célébra la première messe pour bien témoigner aux yeux de tous de son sincère repentir. L'église s'éleva, et avec elle les bâtiments du couvent des Carmes destinés à veiller au culte de le sainte et à exercer l'hospitalité envers les pèlerins. En 1627, les bons pères s'établirent à Sainte-Anne et peu après, ils construisirent pour abriter les pieux voyageurs accourant de toutes les parties de la Bretagne et de plusieurs autres provinces, les galeries couvertes qui entourent la cour, des deux côtés de la *Scala-Sancta*. Le bâtiment ainsi nommé, construit, dit-on, sur le modèle du *saint Escalier* qui se voit à Saint-Jean-de-Latran à Rome, présente entre deux voûtes placées l'une au-dessus de l'autre, un autel servant à la célébration des saints mystères les jours de grandes assemblées, quand l'église ne peut suffire à contenir la multitude des assistants. L'élévation de l'autel de la *Scala-Sancta* permet à vingt mille personnes d'y suivre des yeux les cérémonies de l'église ; et la disposition des deux escaliers placés l'un à droite, l'autre à gauche de l'autel, prévient la confusion quand se suivant à la file, les communiants se succèdent à la table sainte.

Avant de rien décrire, j'aurais dû peut-être vous parler de la joie de Nicolazic, quand il vit sa bonne maîtresse honorée à Ker-Anna comme il le désirait si ardemment. Les offrandes des pèlerins n'avaient point profité au pauvre laboureur; le peu qu'il possédait diminuait au lieu de s'accroître. Mais, comme il l'avait dit à ceux qui lui montraient ses blés foulés aux pieds, l'espérance de sa récolte détruite par la grande affluence de peuple, se pressant autour du Bocenno, il voulait la gloire de sainte Anne, et le reste, il n'en prenait point de souci. Cette gloire, il semblait même craindre d'en dérober quelque chose en attirant sur lui trop d'attention, et c'est pourquoi, fuyant autant qu'il le pouvait les témoignages de considération, dont la foule l'entourait à Ker-Anna, il s'alla cacher dans une petite métairie, à Pluneret, où il vécut vingt années encore, priant sa bonne maîtresse, bénissant Dieu et faisant le bien. Lorsqu'il fut près de mourir il accepta les soins empressés des Carmes, qui le transportèrent dans leur infirmerie, où il ne devait rester que six jours. « Son confesseur, dit le père
« Martin, lui suggérait les derniers actes du chré-
« tien, et n'attendait plus que son dernier soupir,
« quand, tout à coup, l'on voit son visage, à moitié
« glacé par la mort, rayonner d'une sainte joie. Ses
« yeux se fixaient devant son lit et paraissaient
« ravis du plus doux spectacle. On le presse de
« parler, de dire ce qu'il regarde. » — Voici la

« sainte Vierge, répondit-il, et madame sainte
« Anne, ma bonne maîtresse. »

Ainsi mourut ce brave homme, le 13 mai 1645 à l'âge de soixante-trois ans. Sa tombe est dans l'église, à la construction de laquelle il a tant contribué. On l'a déposé, comme il en avait manifesté le désir, entre les chapelles de la sainte Vierge et de sainte Anne, à la place même où la statue fut découverte au Bocenno. En voyant les murs de cette église si vénérée, tapissée d'*ex-voto*, placés là par la reconnaissance de plusieurs générations, on se demande ce qu'ont été, pour le bien public, les plus célèbres favoris des princes, auprès de ce pauvre laboureur, ami de sainte Anne, et choisi par elle pour rouvrir à toutes les misères humaines le trésor oublié d'une puissante intercession. Sans la pensée de ces grâces tellement abondantes qu'il n'est peut-être aucune famille bretonne qui ne pût en citer un exemple dans son propre sein, il serait difficile d'expliquer le sentiment de respect, de confiance, de piété profonde qui vous saisit dans l'église consacrée à la sainte aïeule de Jésus. Deux fois je suis venu me prosterner devant l'autel de sainte Anne, et deux fois j'ai senti mon cœur se fondre dans une émotion délicieuse et beaucoup trop rare pour moi. Enfants, nos mères nous ont fait baiser de naïves images de sainte Anne, attachées à leurs chapelets, et, si un certain nombre d'entre elles seulement ont entrepris un jour ce pèlerinage, toutes ont désiré le faire chaque fois que leur cœur a battu plus vite, agité par une espérance incertaine ou l'appréhension d'un danger. O ma mère, toi dont le veuvage a été éprouvé par tant de chagrins? ne te souvient-il pas, en me lisant, des prières que tu m'apprenais à bégayer pour celui que j'ai connu à peine, et qui mourut loin de nous, par de là les mers? Le nom de Sainte-Anne, patronne des marins, était toujours sur tes lèvres. Hélas! nous n'avons pas été exaucés! Il fallait que tes enfants devinssent orphelins, qu'ils vécussent de ton travail, qu'ils apprissent l'amertume de la vie sur ton noble cœur, pour te vouer un amour aussi grand que ton grand courage!

La route que nous suivions nous conduisit d'abord à la source où la sainte se montra, pour la première fois à Nicolazic, et bien qu'un intervalle de dix jours nous séparât de la Pentecôte, l'une des grandes solennités de la chapelle, nous trouvâmes les trois bassins de la fontaine entourés d'une foule d'estropiés, de paralytiques, d'aveugles. Des femmes nous offraient de l'eau miraculeuse pour nous laver les yeux et les mains. C'était un appel à la charité. Un poète a dit que le plaisir rendait l'âme plus compatissante. C'est une erreur! les indigents ne s'y trompent pas ; aussi les rencontre-t-on, de préférence, là où les souffrances physiques et les peines morales poussent indistinctement le riche et le pauvre, et resserrent entre eux, dans la douleur, des liens de famille dont la prospérité et la joie effacent trop souvent le souvenir.

Nous quittâmes la fontaine après avoir salué l'image de la sainte qui la protége, et traversant une belle place, entourée de châtaigniers, nous arrivâmes devant l'immense cour de la chapelle. On pénètre dans cette cour par trois portes, ouvrant sous l'autel de la *Scala-Sancta*, où de belles statues de la Sainte-Famille, provenant d'un ancien retable des Cordeliers d'Auray, remplacent un magnifique groupe de l'*Ecce Homo*, qu'on y remarquait autrefois, et qui a été détruit par les révolutionnaires. Des deux côtés de l'échelle sainte s'étend le vaste cloître destiné aux pèlerins. Au milieu se montre l'église surmontée de son campanile, et à gauche, adossé à la tour le couvent des Carmes, occupé aujourd'hui par un petit séminaire. L'Eglise, je le répète, n'a rien dans son architecture qui puisse expliquer l'émotion religieuse qu'on y ressent. Ce qu'on y voit de plus remarquable sous le rapport de l'art, sont la voûte de la sacristie soutenue par quatre colonnes de marbre, et les trois retables placés dans le fond de la chapelle, ouvrage de la renaissance, où se trouvent de charmants détails. L'image trouvée au Bocenno était trop vénérée des Bretons pour échapper aux vandales de la terreur. Un morceau de la tête seulement fut sauvé des flammes du bûcher, à Vannes; et c'est celui qu'on voit précieusement encadré dans le piédestal de la nouvelle statue. Le trésor de l'église enrichi de magnifiques offrandes par la piété des princes dont les noms se lisent encore dans le registre de la confrérie de Sainte-Anne, fut pillé dans le même temps. On réussit à cacher ou à retrouver le masque en cire, le vieux chapeau et des lambeaux de la soutane de M. de Keriolet, enterré devant le maître-autel. Ces reliques tentaient moins la cupidité que les présents d'Anne d'Autriche et de Louis XIII, de Louis XIV et du prince son frère, de Marie-Thérèse, d'Henriette d'Angleterre, de Marie Leksinska de Marie-Antoinette, de Louis XVI, et tant d'autres illustres donateurs.

Je crois vous avoir dit que les murs de la chapelle étaient garnis d'un nombre considérable de tableaux qui sont comme l'histoire en images des bienfaits de la sainte. Il y a dans cette galerie formée par la reconnaissance de toutes les classes de la société depuis la découverte de la statue jusqu'à nos jours, des épisodes qui reposeraient bien votre cœur des scènes horribles de nos guerres civiles. J'en choisirai deux parmi des centaines tout aussi admirables. Vous les trouverez presque aussi glorieux pour la foi ardente des protégés que pour l'ineffable bonté de la protectrice.

Un ouvrier charpentier de la paroisse de Messac, arrondissement de Redon, se vit frappé d'une paralysie qui lui enleva l'usage de tous ses membres, et le retint six mois sur son lit livré aux plus intolérables douleurs. C'était en 1631, six ans après la fondation de la nouvelle chapelle de Sainte-Anne, et Adrien Judeaux, notre pauvre malade, ayant entendu ce qu'on publiait partout des miracles de la sainte, promit de se rendre à Ker-Anna, pour peu que la mère de la sainte Vierge lui procurât quelque soulagement. Ses souffrances s'étant un peu adoucies à la suite de ce vœu, Judeaux quitta son grabat, et se traîna sur les genoux, à l'aide de deux petites béquilles hautes d'un pied et demi, jusqu'au petit port de Messac, assez éloigné de sa demeure. Il attendit là, en vivant d'aumônes, qu'un batelier charitable consentît à le transporter à Redon. Un marchand lui ayant procuré gratuitement cette traversée, le paralytique crut qu'il trouverait pour se rendre de Redon à Auray une occasion prochaine; mais six semaines s'écoulèrent; six semaines pendant lesquelles les tortures de la faim s'ajoutèrent plus d'une fois aux souffrances de la maladie, et l'occasion tant désirée ne se présentait point. Un jour que le malheureux rampait comme il pouvait au bord de la rivière, traînant après lui ses jambes mortes, et à demi mort lui-même de fatigue et d'inanition, un marchand eut encore pitié de sa détresse, et l'embarqua avec lui pour La Roche-Bernard. Ici, un saunier qui allait à Guérande, prit le paralytique sur sa mule, et ne l'en fit descendre qu'après l'avoir confié à un autre saunier non moins compatissant qui le porta de la même manière au Croisic. Par bonheur, une grande procession se rendait par mer, à quelques jours de là, du Croisic à Auray, et un batelier permit à Judeaux de se coucher dans un coin de sa barque, sans rien exiger pour le passage. D'Auray à Sainte-Anne, il restait une lieue à franchir : un homme de bien prit le mendiant en croupe, et voilà le fervent pèlerin commençant sa pénible neuvaine; faisant tous les jours, sur ses genoux déchirés, le tour de la chapelle; et cela avec des douleurs si horribles qu'il

ne pouveit cheminer plus d'un jet de pierre sans se reposer. Une foi si courageuse ne pouvait manquer d'obtenir sa récompense ; aussi, la neuvaine achevée le malade put-il se tenir debout. « Et alors, dit
« l'auteur de l'abrégé de l'ouvrage du père Hugues
« sur sainte Anne, une bonne femme qui vendait
« de la bougie aux pèlerins lui changea ses petites
« annilles pour de plus grandes dont il y avait bon
« nombre dans la chapelle. » Ce n'était pas tout, le vœu entièrement accompli, les annilles échangées lui devinrent même inutiles, et quoiqu'il les eût prises sous le bras pour s'en aider au besoin dans les moments de lassitude, il regagna le port de Messac, *sain, gaillard*, dit le bon père, et sans avoir eu besoin de s'en servir.

L'autre histoire n'est pas moins surprenante :

Un marchand, parti de Saint-Nazaire, près de Nantes, sur un navire qu'il avait équipé pour aller racheter son fils prisonnier des Turcs, fut lui-même, pris par des pirates, et mené en esclavage sur la côte d'Afrique. Là, soumis aux plus rudes travaux et accablé de mauvais traitements par les barbares qui voulaient lui faire renier sa foi, le malheureux passa trois années entières dans la situation la plus cruelle. Ceci se passait quelques années seulement après la mort de Nicolazic, et le pauvre captif, sans espoir d'aucun secours efficace du côté des hommes, aimait à rappeler à ses compagnons d'infortune, Bretons comme lui, ce qu'on racontait dans toute la province des miracles de la *bonne maîtresse* du fermier de Ker-Anna. Ces entretiens ayant ranimé la confiance de tous à un degré que la prudence humaine eût taxé d'insigne folie, Guy Routoux, (c'était le nom du marchand) résolut avec ses camarades au nombre de six, de fuir dans une sorte de barque qu'ils construisirent au moyen de longs roseaux liés ensemble et de toile cirée servant à calfater ces roseaux. La fragile embarcation terminée, après des angoisses sans nombre tant que dura ce travail qu'il fallait cacher soigneusement, les captifs promirent solennellement, s'ils revoyaient jamais la Bretagne, de se rendre à la chapelle de Saint-Anne d'Auray, en ne mangeant que le pain de l'aumône tout le long du chemin. Un matin donc que leurs gardiens les avaient laissés seuls au bord de la mer, ces sept hommes, sans boussole, sans voiles, n'ayant de provisions que pour deux ou trois jours, commencèrent leur traversée périlleuse, et dont pas un récit de naufragés n'offre un exemple aussi effrayant. Une violente tempête s'éleva, de grands navires voguant dans les mêmes parages furent engloutis, et la barque de roseaux erra cinq jours et cinq nuits, les trois derniers jours montée par un équipage affamé, défaillant faute de nourriture, incapable même de veiller à l'instrument grossier qui servait de gouvernail. Ces chrétiens d'une foi si courageuse arrivèrent ainsi au port de Palma, à l'île de Majorque. Ils étaient sauvés ; et la foule accourant au rivage pour contempler leur étrange bateau, vit avec une surprise nouvelle ce bateau s'enfoncer sous les vagues dès que le dernier des captifs l'eût quitté. Les pères de la Merci établis dans l'île recueillirent avec empressement le marchand et ses amis, et ayant fait retirer de l'eau les restes de la barque, ils les exposèrent dans leur église. Pour compléter ce touchant récit, j'ajouterai que Guy Routoux accomplit son vœu au printemps de 1657, et qu'il suspendit en ex-voto aux murs de la chapelle ses habits d'esclave. Il me serait facile de multiplier à l'infini les histoires miraculeuses retracées dans cette galerie de tableaux représentant des aveugles recouvrant la vue, des muets la parole, des morts se levant du cercueil.— « Croyez-vous, demandait le Sauveur à ses apôtres, que, lorsque le Fils de l'Homme paraîtra de nouveau à la fin des temps, il retrouve un peu de foi sur la terre ? » — Oui, Seigneur ! Oserons-nous répondre : quand la foi serait éteinte partout ailleurs sur la surface du globe, vous la retrouveriez encore en Bretagne devant l'autel de Sainte-Anne et le tombeau de Nicolazic.

XIII

Les élèves du petit séminaire de Sainte-Anne. — Fêtes et pèlerinages. — M. de Keriolet. — La pierre de Mériadec. — Le matelot de la *Surveillante*. — Jeanne de Monfort. — Lorient. — Procession de Notre-Dame-de-Victoire. — Notre-Dame-de-l'Armor. — Bénédiction des Coureaux.

Comme nous sortions de l'église de Sainte-Anne, emportant les objets de dévotion que nous y avions fait bénir, nous vîmes un spectacle qui nous montra une fois de plus ce qu'il y a d'élevé, de miséricordieux, de véritablement social dans l'éducation chrétienne. Une multitude de mendiants étaient assis aux abords du petit séminaire, et les élèves de ce pieux établissement allaient de l'un à l'autre, distribuant de la soupe à ces malheureux. Rien n'est mieux fait pour préparer ces jeunes hommes à la belle mission du prêtre que les soins rendus aux pauvres avec tant d'ardeur et de cordialité. Huit ans auparavant, j'avais passé une heureuse journée dans ce séminaire dirigé alors par un ami. Peut-être, plusieurs des enfants dont l'aimable accueil m'avait si vivement ému, étaient-ils là, sous mes yeux, parmi ces jeunes serviteurs des pauvres. Je n'en reconnus aucun. Mais en les voyant si gais, si heureux de leurs fonctions charitables, je leur rendais au centuple les sympathies que leurs condisciples, sinon eux-mêmes, m'avaient, naguère, si généreusement accordées.

Nous nous promenâmes quelques moments dans la cour immense qui s'étend autour de l'église, partageant notre attention entre les élèves du séminaire et les groupes de pèlerins qui passaient devant nous, quelques-uns nu-pieds, presque tous le chapelet à la main. Il y en avait qui appartenaient aux premières classes de la société, et ceux-là descendaient de cheval ou de voiture à l'entrée du village. L'un d'eux était, dit-on, un général fort connu, et l'on parlait autour de nous d'un évêque attendu dans la même journée. Ces pèlerins arrivés là si commodément, nous intéressaient beaucoup moins que des femmes du peuples venues de Questembert, de Malestroit, de Josselin, et jusque de Guémené avec leurs enfants, et dont la marche pesante annonçait l'extrême fatigue. Nous vîmes aussi plusieurs troupes de jeunes soldats appartenant à un régiment envoyé ce même jour de Vannes au Port-Louis, et qui avaient obtenu de leurs chefs la permission de faire un circuit pour venir implorer la protection de sainte Anne, et prier le vieux chapelain de bénir les médailles qu'ils voulaient rapporter dans leurs familles. N'ayant pu retarder notre visite jusqu'à la Pentecôte, nous tâchions de nous figurer ces lieux bénis un jour de grande solennité, quand les pèlerins sont si nombreux qu'on ne peut en abriter la moitié sous les tentes; quand des milliers de cierges allumés à la fois brûlent devant l'autel, quand les croix et les bannières de toutes les paroisses voisines, suivies des populations entières qu'elles représentent arrivent par tous les chemins devant la *Scala-Sancta;* quand les malades se font traîner dans leur charrette ou porter sur le dos de leurs proches à la rencontre de leur bienheureuse patronne ; quand les joyeuses volées des cloches, unies au chant des cantiques, aux hymnes de l'église, répandent dans toute la contrée un bruit de fête qui semble descendre du ciel en bénédictions. Nous aurions voulu voir la procession de l'île Dieu, franchissant tous les ans soixante lieues pour se trouver au pieux rendez-vous, et celle d'Arzon où de rudes matelots, arrière-petits fils de ces quarante-deux Arzonnais qui *allèrent de bande* combattre les flottes de Ruyter, portent sur leurs épaules le modèle du vaisseau de soixante quatorze canons, sauvé avec leurs pères par la sainte patronne de la Bretagne. Nous aurions aimé à entendre la voix mâle de ces braves marins répéter en chœur le cantique qu'ils chantent tous les ans à cette fête, et qui fut composé en vers français, par un pauvre maître d'école de campagne, sous l'inspiration même de ses modestes héros. L'œuvre du poète de village plus ancienne, croyons-nous, que la version bretonne qui n'en est qu'une traduction, nous parait bien supérieure dans sa naïveté à la plupart des chants populaires de la même époque. La simplicité de la foi, la sincérité du cœur donnent à la parole la moins cultivée une autorité sans égale. On est éloquent parce que l'on est vrai. Fi d'un éclat étudié et menteur qui n'émeut et ne persuade personne !

Les bons religieux qui ont écrit des livres sur le pèlerinage de Sainte-Anne, et dont les premiers ont connu Nicolazic, ont tous dans leurs récits ce mérite si grand d'une foi tranquille et d'une parfaite sincérité. On se plaît à les entendre parler de ces naufragés poussés au rivage par une main invisible ; de ces agonisants rendus à la vie, et portant aux pieds de la sainte le linceul déjà prêt pour les ensevelir ; de ces pénitents à peine vêtus et la corde au cou, mendiant un morceau de pain noir le long du chemin, et se traînant autour de la chapelle sur leurs genoux ensanglantés. Parmi ces pénitents, il n'en est pas de plus célèbre que ce Keriolet dont l'épitaphe se lit dans l'église à quelques pas de la tombe du vertueux Nicolazic. Kerloi, l'ancien château de Keriolet, n'est qu'à une lieue et demie du bourg de Saint-Anne, sur la route de Pluvigner. Il faut, avant de s'éloigner, chercher ses ruines presque entièrement disparues, et visiter aussi, aux environs du manoir qui le remplace, la chapelle de Notre-Dame-de-Miséricorde.

La vie de Pierre Le Gouvello de Keriolet, divisée en deux parties également extraordinaires par l'impétuosité des vices et la rigueur des expiations, contraste singulièrement avec l'existence calme et innocente de Nicolazic. Les passions mauvaises, les débordements de la jeunesse du gentilhomme de Kerloi allèrent si loin qu'il tenta de voler à son père dix mille écus, et qu'à la suite d'une foule de débauches, de duels, de projets sacrilèges difficiles à raconter, une nuit que la foudre tomba dans sa chambre, fou de colère et d'impiété, il courut ouvrir sa fenêtre, et tira ses pistolets contre le ciel. Venu à Loudun dans un but coupable à l'époque du procès d'Urbain Grandier, il entra dans l'église de Sainte-Croix où des flots de peuple se pressaient pour assister aux exorcismes qui occupèrent toute l'Europe sous Louis XIII ; et là ce qu'il vit, ce qu'il entendit lui parut si prodigieux qu'il s'enfuit de l'église épouvanté de l'énormité de ses crimes, et résolu à racheter par une rude pénitence ses longs égarements. Persuadé que le meilleur moyen de rentrer en grâce auprès de Dieu était de faire aux autres autant de bien qu'il se voulait faire de mal à lui-même, à son retour de Loudun, il changea son château en hospice, et consacra toutes ses richesses au soulagement des pauvres. Souvent on le voyait revenir chez lui portant quelque malade sur ses épaules ; et l'on remarquait que l'effusion de sa tendresse augmentait pour les mendiants ses hôtes, quand leurs plaies étaient plus hideuses, et les soins qu'il s'empressait de leur rendre lui-même plus répugnants. Nourri de leurs restes, il multipliait aussi ses jeûnes, passant trois années entières au pain et à l'eau, et restant quelquefois trois jours sans prendre aucun aliment. La nuit, il se couchait tout habillé sur la terre, encore tout brisé de ses longues oraisons, durant lesquelles il se tenait à genoux jusqu'à six heures de suite. Ses vêtements étaient la livrée la plus abjecte de la misère, et tels qu'ils provoquaient les risées et l'outrage, car un homme aussi ardent, aussi passionné, devait se montrer aussi extrême dans ses mortifications qu'il l'avait été dans ses effroyables plaisirs. Les pieds déchirés dans une chaussure traversée par des pointes de clous, il entreprit les pèlerinages de Rome, de Saint-Jacques-de-Compostelle, de Notre-Dame-de-Lorette, et beaucoup d'autres voyages; faisant environ dix lieues chaque jour, vivant de croûtes de pain dues à l'aumône, lui qui nourrissait à Kerloi des milliers de pauvres, dormant la nuit dans des étables où il partageait la litière des animaux. A tant de souffrances physiques, il s'en mêlait d'une autre nature, et celles-ci beaucoup plus cruelles arrachaient au malheureux converti des torrents de larmes que vingt-cinq années de pénitence ne pouvaient tarir. Vous avez entendu quelquefois des personnes vertueuses et affligées s'étonner de n'être pas mieux traitées de Dieu, répéter ce que le frère aîné de l'enfant prodigue disait à son père qui tuait le veau gras pour fêter le retour d'un débauché, quand le fils soumis et sage n'avait pas même reçu un chevreau. Ah! que la vie de Keriolet explique bien les préférences de la miséricorde sans nuire à l'inexorable justice! Le pénitent marchait à grands pas à la conquête d'une récompense plus éclatante peut-être que celle du pieux laboureur de Ker-Anna, mais avant que la mort les eût couchés dans le même temple, à quelque pas l'un de l'autre, comme pour représenter à eux deux toute la grande famille chrétienne, quelle douceur le pauvre paysan n'a-t-il pas trouvée dans la sérénité de son innocence!

Quel supplice l'autre n'a-t-il pas enduré dans l'amertume que laisse après soi la dépravation ! — « Et moi je ne finis pas ! » s'écriait après moins de trois jours de maladie, Keriolet moribond, et venu comme Nicolazic se refugier dans son agonie à l'ombre des autels de Sainte-Anne. Le malheureux n'avait pas soixante ans, mais la moitié de sa vie lui pesait des siècles. Avoir fait le mal, c'est avoir eu des complices et des victimes, et victimes et complices n'en sont pas moins flétris et perdus par nos séductions et notre exemple, quand le jour de la vérité a lui pour nous. L'impossibilité d'une réparation individuelle de toutes ses fautes est pour le pénitent une croix qui l'écraserait si Dieu ne l'aidait lui-même à la traîner jusqu'au bout. Le prodigue repentant est le préféré du père de famille parce qu'entre les deux frères il est de beaucoup le plus malheureux. La compassion explique tout le christianisme.

Indépendamment des objets conservés dans la sacristie de Sainte-Anne et des vieux pans de murs de Kerloi, le nom de Keriolet se rattache à la chapelle de Notre-Dame-de-Miséricorde où le pénitent enseignait ses pauvres, et à celle de sainte Brigitte où, lorsqu'il se rendait de Kerloi à Sainte-Anne, il allait toujours prier. A Mériadec, si vous demandez l'explication d'une marque en creux et arrondie qui se trouve sur un quartier de roche, on vous répondra résolument que M. de Keriolet attacha le diable à cette pierre, et que vous voyez les traces de la corde dont il se servit pour cette difficile opération. Le diable joua sans doute un grand rôle dans la vie de Keriolet. Seulement, il est permis de n'admettre sans preuves ni la tradition de la pierre de Mériadec, ni celle qui nous montre Satan sous la figure d'un lépreux, se faisant porter sur le dos de son ancien serviteur au château de Kerloi.

Puisque nous voici tout près de Pluvigner, avant de revenir directement à Auray, comme nous l'avons fait, pour prendre la route de Locmaria-Ker, laissez-moi retourner par la pensée dans une ville bien connue des deux voyageurs, et que le temps qui nous presse d'avancer d'un autre côté, ne nous permet pas, cette fois, de visiter autrement. J'ai nommé Lorient, l'un de ces points préférés que mes yeux n'ont jamais rencontrés sur la carte sans me rappeler les plus doux souvenirs. Hélas! là aussi sur deux familles tendrement aimées, l'une depuis mon dernier séjour au milieu d'elles, en 1847, a perdu la moitié de ses membres. Je ne la verrai plus cette pauvre malade qui s'appuyait sur mon bras en m'assurant que ma présence sous son toit la ranimait; et son époux, ce noble vieillard d'un cœur si chaleureux, d'une âme si droite et si belle, il ne viendra plus à ma rencontre m'embrasser comme un fils impatiemment attendu! Je l'ai déjà dit le jour où la mort m'enleva un autre ami : ce qui attriste par dessus tout notre existence de si peu de valeur, c'est la perte successive de ces parents, de ces amis qui vous échappent un à un. Dans une des cérémonies de la semaine sainte, de moment en moment, on vient éteindre un des nombreux cierges allumés sur le chandelier triangulaire. Bientôt on n'en voit plus briller que la motié, puis le quart, puis trois, puis deux, puis un seul, et alors celui-ci est emporté avec sa flamme et caché derrière l'autel. Ces lumières qui s'évanouissent l'une après l'autre, cette solitude qui se fait autour de la dernière, sont l'image de la vie humaine. Heureux si la ressemblance est parfaite jusqu'au bout, et si l'âme délaissée, au lieu d'exposer son isolement aux yeux indifférents de la foule, se réfugie dès ce monde dans le sein de Dieu !

Le chemin que nous voudrions suivre de Pluvigner à Lorient, nous conduirait d'abord à Hennebont, en laissant à notre droite les pierres druidiques de Kersulan, les ruines du château de Spinefort, la jolie chapelle de Notre-Dame-des-Fleurs, en Languidic, et, à notre gauche, la station gallo-romaine de Nostang, la curieuse église romane de Merlevenez, les alignements de menhirs de Plonhinec, les dolmens de Riantec et de Kervignac. Ce dernier bourg est la patrie du vice-amiral Le Mang, simple timonier à bord de la *Surveillante*, lorsqu'à l'époque de la guerre d'Amérique, l'équipage breton de cette frégate, commandée par l'intrépide Du Couëdic, soutint un combat de près de cinq heures contre la frégate anglaise le *Québec*. « Les boulets tonnent « coup sur coup, dit la chanson populaire vraie « comme l'histoire, les flancs des deux navires suent, « la mer bout tout autour, les flancs des navires « s'ouvrent, les mâts tombent dans la mer. Il y a « plus de poulies sur le pont que de glands dans les

« bois après un orage. Nous sommes tous blessés,
« excepté un..... Cinq pieds d'eau dans la cale ; cinq
« pieds d'eau, autant de sang. — Cher commandant,
« viens, viens et vois, la drisse a été coupée, le
« pavillon est tombé. N'entends-tu pas l'Anglais
« qui dit : Ils ont amené pavillon ! — Amener !
« amener ! oh ! je n'en ferai rien tant que j'aurai
« du sang dans les veines ! — Le Mang entend, il
« est monté vite dans les haubans d'artimon. Au
« milieu des balles, la tête haute, il a déployé un
« mouchoir blanc. Oh ! nous n'avons point amené !
« nous avons rehissé le pavillon. Le Breton n'amène
« jamais ; Jean l'anglais, je ne dis pas. Quel hon-
« neur pour nous, ô Bretons ! nous avons vaincu les
« Anglais ! Quel honneur pour nous hommes de
« Kervignac. Le Mang a été mandé à Paris, et on l'a
« fait asseoir à la table du roi. » — M. de La Villemarqué, traducteur de cette ballade, cite dans ses
notes du *Barzaz-Breiz* une anecdote bien digne de
l'héroïque matelot de la *Surveillante :* « Quand la
« révolution, dit M. de La Villemarqué, publia le
« décret qui ordonnait à toutes les personnes dé-
« corées sous l'ancien régime de remettre entre les
« mains du gouvernement leurs distinctions hono-
« rifiques, l'héroïque breton se rendit devant le
« Comité du salut public avec sa médaille et un mar-
« teau. — Citoyens, vous m'avez demandé ma mé-
« daille, mais c'est à l'or sans doute que vous en
« voulez. Le voilà, dit-il en la broyant sous son
« marteau ; quant à l'*honneur* il m'appartient, per-
« sonne ne me l'enlèvera. » En prononçant ces

mots, il sortit, laissant le comité stupéfait de la sublimité de son action. — Hennebont a deux monuments intéressants. D'abord une ravissante église du seizième siècle, flèche élancée, gracieux clochetons, élégantes galeries, charmant portail rappelant les festons trilobés de Kermascladen et de Saint-Nicodème ; puis, restées seules debout des anciennes fortifications après les guerres de la Succession et de la Ligue, deux fortes tours illustrées par l'héroïque défense de Jeanne de Monfort. Le siége de Hennebont est trop présent à notre orgueil de Bretons pour qu'il soit nécessaire de rappeler comment *Jeanne la Flamme* remplaça, à la tête de ses troupes, son mari prisonnier, et comment une torche à la main, elle courut elle-même incendier le camp des ennemis, dont les tentes réduites en cendre et les soldats *grillés* comme le dit la ballade bretonne qui raconte ce trait d'audace, *faisaient la plus belle écobue le lendemain, et pour un grain en promettaient dix*. Jeanne avait tenu la promesse qu'elle avait faite la veille, au parti français du haut des tours :

« Ce n'est pas la biche qui sera prise ; le méchant
« loup, je ne dis pas.

« S'il a froid cette nuit, on lui chauffera son
« trou. »

— « Il n'est rien de tel, dit le même chant dans
« son énergie sauvage, il n'est rien de tel que des
« os de Gaulois broyés pour faire pousser le blé. »

Lorient est une ville toute nouvelle, et son histoire est celle de la compagnie des Indes qui l'éleva pour en faire le principal comptoir de ses opérations commerciales. Comptant pour si peu, en 1689, que madame de Sévigné n'y vit qu'*un lieu appelé l'Orient, à une lieue de la mer*, destiné à recevoir les marchands et les marchandises arrivant des pays qui lui donnaient un nom, l'établissement de la compagnie sur cette côte ne se développa, au point de songer à la construction d'une ville, qu'en 1719. A cette époque, la société, déjà très-puissante, reçut, au moyen de nouveaux priviléges, une organisation plus forte encore et qui devait en faire, suivant l'expression de M. Cayot-Délandre, une sorte d'État dans l'État. Vers le milieu du siècle dernier, c'est-à-dire moins de trente ans après la résolution prise par les marchands associés de créer un vaste entrepôt sur ce point de la Bretagne, ce *lieu* dont parlait madame de Sévigné s'était couvert d'habitations élégantes; on y voyait des remparts, la tour et le phare de la Découverte, les beaux édifices, servant aujourd'hui de caserne, appelés alors la *Cour des Ventes*, une salle de spectacle, un port, une rade, et des vaisseaux ou frégates au nombre de trente-cinq, sans compter un nombre considérable de navires plus petits. Je ne fais qu'indiquer ici l'histoire des succès de la compagnie des Indes supprimée en 1769 par un arrêt du Conseil, et dont la flotte et les magasins, après bien des revers venus à la suite des succès, furent cédés au roi moyennant une rente annuelle de 1,200,000 livres, constituée aux actionnaires. Le plan que je me suis tracé dans ce journal de voyage, ne m'engage à vous parler de cette compagnie célèbre que pour vous raconter l'origine d'une fête religieuse toujours en grand honneur à Lorient, et dans laquelle la statue de Notre-Dame-de-Victoire est portée processionnellement dans les rues de la ville.

La compagnie des Indes était donc une puissance maritime, et, comme telle, elle inquiéta l'Angleterre qui arma contre elle une flotte sous les ordres de l'amiral Lestock. Celui-ci débarqua dans la baie du Poul-Du, à trois lieues à l'ouest de Lorient, sept mille hommes de troupes commandés par le général Synclair, et ces derniers s'étant emparés du château de Coëtdor, du bourg de Guitel, malgré la résistance des gardes-côtes et de quelques détachements de cavalerie qui avaient vainement essayé de s'opposer à la descente, la ville se trouva sérieusement menacée par l'ennemi. Le général, en effet, ne parlait de rien moins, si on ne lui envoyait pas immédiatement des députés avec les clefs de la place, que de porter partout l'incendie, et de passer au fil de l'épée tous les habitants. Les Lorientais étaient-ils en état de résister à ces injonctions brutales? Les uns le pensent, d'autres le nient. Mais le major de Villeneuve, accouru de Port-Louis en l'absence du maréchal de Volvire, commandant en Bretagne, commença toujours par répondre à Synclair par un feu bien nourri tiré du haut des remparts, et auquel l'Anglais riposta par des boulets. Cependant le maréchal arrive, les assiégés tentent une sortie qui ne réussit point; et dès lors, soit pusillanimité, soit juste appréciation de ressources insuffisantes, la perte de Lorient paraît certaine. Tandis que l'autorité militaire défend de son mieux les remparts, ayant déjà tué parmi les assiégeants environ neuf cents hommes, les échevins se rendent en corps à la chapelle de la Vierge, dont le mur a été frappé d'un boulet qu'on y montre encore aujourd'hui, et là, mettant la cité sous la protection de Notre-Dame, ils lui promettent, tous les ans, en cas de délivrance, une procession commémorative. Ici des contradictions se présentent. Tandis que les uns, tout en accusant les Lorientais d'avoir désespéré à tort de leurs moyens de défense, nous montrent Synclair s'apercevant avec plus de raison de l'infériorité de ses forces, et levant tout à coup le siége quand les habitants de la ville étaient prêts à capituler; les autres affirment que la retraite des Anglais ne fut nullement motivée par les ressources supérieures de la place, mais bien par un changement subit dans les vents qui fit craindre aux vaisseaux de se voir bloqués dans le port. Dans les deux cas, au moins, il est reconnu que l'épouvante, justifiée ou non, des assiégés passa tout à coup dans les rangs des assiégeants, et que cette panique soudaine des Anglais sauva la ville.

« — L'ennemi, me disait une Lorientaise, aussi distinguée par l'élévation de son esprit que par les qualités de son cœur, craignit à son tour après nous avoir fait craindre. Il s'embarqua précipitamment, et le lendemain matin on voyait les vaisseaux anglais qui s'efforçaient de gagner la haute mer. Depuis lors, la procession annuelle se fait le premier dimanche d'octobre. Avant la révolution, les échevins portaient eux-mêmes la statue de la Vierge, ayant pour piédestal les fortifications de la ville qu'elle prit sous sa protection. Je me suis informé s'il existait un acte authentique touchant le vœu. Il paraît que non ; ou, s'il a existé, la révolution l'aura détruit. Cependant la tradition orale est là, et les temps sont trop rapprochés de nous pour avoir à cet égard l'ombre d'un doute. Les personnes âgées se rappellent l'avoir entendu dire à leurs parents, témoins eux-mêmes du vœu de nos pères et de la délivrance qui en fut l'effet. Les gens qui ne veulent pas reconnaître l'intervention du secours d'en haut dans les affaires de ce monde, n'y voient qu'une circonstance fortuite, un découragement subit du général ennemi, ou un changement de temps. Permis à eux ! Pour nous, qui avons le bonheur de conserver la foi de nos pères, nous aimons à reconnaître la protection que leur accorda la sainte Vierge, et chaque année nous suivons son image vénérée en témoignage de reconnaissance. »

Si Notre-Dame-de-Victoire est la glorieuse patronne des Lorientais, Notre-Dame-de-l'Armor, honorée dans sa petite chapelle à l'extrémité occidentale de la rade de Lorient, en face de la citadelle du Port-Louis, est plus spécialement invoquée par les marins et leurs familles. Cette chapelle, lieu de pèlerinage pour les gens de mer, a toujours été tellement vénérée sur nos flottes, qu'avant la révolution pas un vaisseau n'entrait dans le port ou ne le quittait sans saluer par trois coups de canon la bonne Notre-Dame-de-l'Armor. Cet antique usage, abandonné un demi-siècle, a été remis en honneur, il y a environ deux ans, par la frégate la *Pénélope*, et, depuis, cet exemple a été suivi, à la grande satisfaction des marins. « — Ce salut, me disait aussi la digne fille de mon vieil ami de Lorient, est comme une prière commune, une recommandation adressée à la sainte Vierge pour tous ceux qui quittent le pays pour courir souvent bien des dangers. Il va sans dire qu'à terre bien des cœurs tressaillent à ces derniers adieux, bien des prières s'élèvent vers le ciel, vers la gardienne de nos côtes, pour demander l'heureuse navigation, l'heureux retour de ceux qu'on aime, et que la grande mer emporte sur les flots. — »

C'est à peu de distance de Notre-Dame-de-l'Armor, qu'une des cérémonies religieuses les plus touchantes de notre Bretagne, a lieu chaque année pour la bénédiction des coureaux ou l'ouverture de la pêche de la sardine. Le matin de la Saint-Jean d'été, le clergé et les fidèles de Plœmeur, réunis dans la chapelle de Marie, en sortent processionnellement, croix et bannière en tête, et, descendant à la grève, s'embarquent sur des chaloupes de pêcheurs, auxquelles se joignent une multitude de bateaux de Lorient et du Port-Louis. Tandis que la flotille s'avance dans un pieux recueillement vers le milieu du coureau large de trois lieues, une autre flotille moins nombreuse, mais portant également croix et bannière, se montre du côté de l'île de Groix, et vient à la rencontre de la procession de Plœmeur. De ces deux familles catholiques, parties en même temps des rives opposées pour arriver au milieu du coureau, dont un trajet égal les sépare, la mieux favorisée par le vent attend l'autre, et quand celle-ci est assez rapprochée pour permettre aux prêtres de l'île d'entrer dans la barque du clergé de Plœmeur, les deux bannières se saluent, les deux croix s'inclinent et se joignent comme pour s'embrasser. Aussitôt des chants d'allégresse, détonnés à pleine poitrine, s'élèvent de toutes les embarcations. Celles-ci, souvent au nombre de quatre ou cinq cents, forment un cercle au milieu duquel se tient le canot du clergé ; et bientôt le curé de Plœmeur, chargé ordinairement de la bénédiction de la pêche, implore les lumières de l'Esprit saint, qu'il nomme le *Don du Très-Haut*, le *Doigt de Dieu*, la *Promesse du Père*, le *Consolateur*. Après cette invocation, Marie, l'étoile de la mer, le port de salut des navigateurs, est suppliée à son tour de se montrer favorable à ces populations vivant de leurs filets comme les premiers amis de Jésus ; et le bon prêtre se tournant ensuite successivement vers les quatre points cardinaux, mêle aux flots agités de la mer des gouttes d'eau lustrale. Tandis que la bénédiction est prononcée d'une voix lente et solennelle, toutes les têtes se courbent, et dans le recueillement de la prière et de la confiance, chacun croit entendre le Sauveur lui-même répéter à ses enfants de Plœmeur et de

Groix, ce qu'il disait à ses apôtres avant la pêche miraculeuse : « Maintenant avancez en pleine eau, et jetez vos filets. »

— *Te Deum laudamus! Te Deum!* crie la foule en se levant dans un transport de joie et de reconnaissance, comme pour un bienfait déjà obtenu ; et, en effet, ce cri, répété par des milliers de voix entre la mer et le ciel, est plus qu'un hymne d'espérance.

« Nous vous louons, ô Dieu ! nous vous recon-
« naissons pour notre souverain Seigneur, repren-
« nent avec élan ces pauvres matelots dont la vie
« est si rude et si périlleuse. Toute la terre vous
« révère comme le Père de tous les êtres ! » poursuivent-ils ; et ils achèvent le cantique, certains qu'un père ne manque jamais d'accorder à ses enfants ce qui peut être nécessaire à leur existence. L'assemblée se sépare sur ce chant de triomphe, les pêcheurs de Groix cinglant vers leur île, et ceux de Plœmeur vers la chapelle de Notre-Dame-de-l'Armor.
— Quel spectacle que celui-là, moins encore pour la beauté toute poétique du tableau qu'il présente aux yeux, que par la grandeur des pensées chrétiennes qu'il réveille au fond de l'âme ! Comme chacun de nous n'atteint, après des maux successifs, la maturité que pour commencer aussitôt le travail de dissolution de l'être mortel, travail de fièvre et de souffrance, ainsi la société humaine, soit qu'elle n'ait pas encore acquis tout son développement, soit que pour elle l'époque ascendante ait déjà cessé, poursuit sa carrière à travers les

âges, passant toujours d'une misère à une autre misère, d'une douleur à une autre douleur. Puisque l'homme et la société ne sont que langueur et faiblesse depuis la débilité de l'enfance jusqu'à celle de la décrépitude, combien n'est-il pas nécessaire d'appeler à leur aide la force qui leur manque et qu'ils ne peuvent chercher que dans un monde supérieur ! Du plus au moins, la vie précaire et semée de dangers des pauvres pêcheurs de Plœmeur et de Groix, est celle de la race d'Adam tout entière. Toujours menacés de perdre le fruit de leur travail et jusqu'à l'existence, par quelque tempête soudaine, l'homme et la société s'en vont depuis six mille ans ballottés ensemble sur un océan d'incertitudes.

XIV

Antiquités de Crac'h. — Rencontre d'un vieux paysan. — Contes du Morbihan. — Monuments celtiques de Locmaria-Ker et de Gavr'innis. — Les archéologues et les choux. — La jeune fille noyée. — *A ma vie.* — Les alignements de Carnac. — Houat et Hœdic.

Nous avions formé le projet, mon ami et moi, de nous rendre en bateau à Locmaria-Ker, mais n'ayant trouvé à Auray qu'une embarcation déjà retenue par le général, en pèlerinage à Sainte-Anne, il nous fallut changer notre plan. Nous déposâmes donc nos sacs dans une maison, au pied du Loc, et délivrés d'un fardeau toujours incommode, le seul inconvénient peut-être du voyage pédestre, nous gravîmes le coteau d'un pied leste, et bien disposés à marcher joyeusement jusqu'au soir. Nous vîmes à moins d'une demi-lieue, au bord de la route et entouré de bois, le château du Plessix-Kaer, portant encore la devise du président Robien : *Pour loyaulté maintenir.* Nous parlions encore de ce savant estimable, dont plusieurs ouvrages manuscrits ont enrichi la bibliothèque de Rennes, quand le clocher de Crac'h se dessina sur notre droite, au milieu d'un groupe d'habitations. Je vous disais, au début de ce voyage, que nous avions vu la flèche de Locmaria-Rostrenen, sans partager l'admiration enthousiaste du vieux soldat vivant à son ombre. Eh! bien, si au lieu de comparer ce joli clocher des Côtes-du-Nord aux merveilles du Finistère, nous l'eussions rapproché de de ces laides pyramides couvertes d'ardoises, dispersées dans les campagnes du Morbihan, nul doute que le vétéran de l'Empire n'eût été beaucoup plus content de nous. La commune de Crac'h renferme d'autres antiquités que le Plessix-Kaer, édifice du quinzième et seizième siècles; mais la plupart ne sont plus que des ruines, depuis le manoir de Roc'h Naro et le Fort Espagnol, jusqu'aux dolmens, aux menhirs, au cromlec'h, presque tous renversés, et à moitié détruits. Les plus importants parmi ces monuments celtiques se trouvent à peu de distance de la ferme de Beuric, aux environs des villages de Kerglévérit et de Kerven-Tanguy.

A quelques pas du dolmen nommé la *Petite-Table*, nous rencontrâmes un vieillard tout courbé sous un bissac qu'il tenait sur son épaule, et dont le corps plié en deux, la tête tremblotante, le visage sillonné de rides et annonçant un âge très-avancé, contrastaient avec son pas encore rapide, quoiqu'il fût chancelant. Mis en belle humeur par mon compagnon, qui lia conversation avec lui et garnit sa pipe de tabac, d'autant mieux reçu par le bonhomme qu'il s'obstina à le croire de contrebande, notre vieux paysan nous donna, chemin faisant, plusieurs renseignements utiles sur le nombre et la situation des principaux monuments druidiques de Locmaria-Ker. Interrogé sur l'opinion qu'on se formait dans le pays, relativement à l'origine de ces monuments :

« — Ma foi, Messieurs, nous dit-il en riant, m'est avis qu'il faut en chercher tout le mystère dans les jeux des enfants d'autrefois, qui se faisaient ainsi de petites maisons pour se mettre à couvert en gardant leurs vaches. »

Nous accueillîmes cette explication joviale avec faveur. Napoléon n'a-t-il pas appelé les hommes de l'Ouest un peuple de géants? Pourquoi, avec la même conscience de ce qu'il y a de grand dans la race bretonne, notre bonhomme de Locmaria-Ker eût-il été plus modeste?

Une fois lancé dans le merveilleux des légendes, notre nouvel ami nous raconta cette fois plus sérieusement, comment le peulven de Noyal-Pontivy va de temps à autre se baigner dans le Blavet; comment celui de Pontivy s'élève et grossit comme un arbre; comment le diable vint un jour visiter, dans un char de feu, les Bolbiguéaudets de l'île d'Arz; et comment, enfin, les habitants de cette île virent plusieurs fois des femmes inconnues se promener en mer, n'ayant sous leurs pieds qu'un tablier. Il nous parla aussi d'un tonneau plein d'or, caché dans une grotte en Saint-Avé, et sur lequel un démon se couche toutes les nuits; d'une groac'h ou fée, habitant au fond des puits dans plusieurs villages, de Gobino, sorte de follet, prenant la forme de différents animaux pour faire mille espiégleries, et qu'on ne peut éloigner de sa maison qu'en mettant en équilibre un vase plein de mil à l'endroit où le lutin doit passer, de manière à ce qu'il le renverse et en disperse les grains. Revenant aux pierres druidiques, et reprenant son air narquois : « Si vous voulez savoir, reprit le paysan, ce que c'est qu'une pierre de dix-huit pieds de haut, plantée toute droite en la paroisse de Josselin, et une autre moins élevée de deux pieds, à peu de distance de Loqueltas, tout le monde vous dira que la première est la quenouille de la femme de Gargantua, et la seconde son fuseau. Quant aux deux mille cailloux de douze à vingt pieds de haut de la lande du Haut-Brambien, en Pluherlin, ce sont les graviers que Gargantua, lui-même, secoua de ses souliers, un jour qu'ils lui grattaient les talons. » Le bonhomme riait toujours. Les fictions rebelaisiennes mêlées aux fables bretonnes nous divertissaient ; et, quand notre conteur nous quitta à une bifurcation de la route, nous le vîmes s'éloigner avec un véritable regret de ne pouvoir cheminer plus longtemps dans sa compagnie.

Je n'entreprendrai pas la description minutieuse des dolmens, des menhirs gigantesques de Locmaria-Ker. Le peulvan du village de Nélut, couché sur le sol par quelque commotion terrestre, et brisé en quatre morceaux, a plus de soixante pieds de hauteur; et le dolmen voisin appelé par les uns *Table de César*, et par les autres *Table des Marchands*, n'étonne pas moins par ses dimensions énormes. Les pierres verticales qui le composent, du moins les trois sur lesquelles s'appuie une table colossale de près de dix-huit pieds de long, sur douze de large, et trois d'épaisseur, ont une hauteur de huit pieds, élévation peu commune dans cette sorte de monuments, où le plus souvent on ne peut entrer qu'en courbant la tête. Une autre pierre horizontale, beaucoup plus petite et placée à la suite de la première, prolonge la voûte du dolmen dont toutes les pierres, à l'exception d'une seule, sont brutes, et n'offrent au regard curieux qui les interroge, que les brisures et la mousse jaunâtre des siècles. Nous avons pris un dessin des signes, des caractères, des figures bizarres tracées sur celle de ces pierres mystérieuses, où la main des hommes a voulu consacrer quelques souvenirs. Loin de moi la témérité de chercher à vous donner ici une idée de traits informes que vous ne pourriez comprendre, pas plus que les dessins du même genre gravés sur les parois de l'allée couverte nommée les *Pierres plates*, et ceux de la grotte de l'île de Gavr'innis ! Qu'on y voie l'image barbare de haches celtiques, de serpents, de feuilles de fougère, sculptés les uns en relief, les autres en creux, et accompagnés d'une multitude de lignes en tous sens, et plus inexplicables les unes que les autres, le voile que le temps a jeté entre nous et une religion éteinte, n'en conserve pas moins toute son épaisseur. Indépendamment de la *Table des Marchands*, des *Pierres plates*, et, à peu de distance de Locmaria-Ker, de la grotte de Gavr'innis plus curieuse encore, il faut visiter plusieurs autres dolmens dispersés aux environs, et aussi très remarquables, bien que n'offrant pas comme les monuments que je viens de vous citer des sortes d'hiéroglyphes. L'un de ceux qui nous ont le plus frappés est une grotte au pied d'une tombelle nommée le Mont-Hélen. Cette grotte divisée en deux parties, l'une plus longue et plus étroite, présente à peu près la figure d'une bouteille. Dix pierres verticales se touchant et une seule servant de plate-forme et nouvellement brisée, forment la chambre du fond ayant de hauteur environ un mètre soixante-quinze centimètres, de profondeur trois mètres vingt-cinq, de largeur deux mètres quatre-vingt-cinq, le tout mesuré au moyen de nos bâtons de voyage. Le sol formé dans la partie que je viens d'indiquer d'une seule pierre montrant vers le milieu une sorte de cordon, devient plus bas d'une bonne marche dans la gorge servant de passage et composée de neuf pierres plantées debout, cinq d'un côté quatre de l'autre, et de quatre pierres posées horizontalement. Cette allée qui n'a point de dalle comme la pièce du fond, a cinq mètres quarante centimètres de longueur, et sa largeur moyenne peut-être d'un mètre trente centimètres. La plate-forme du côté du tumulus est au niveau du sol, la terre ayant été amoncelée autour de ce monument dans lequel on pénètre de l'autre côté par une escalier grossier qui descend à son ouverture. On a souvent trouvé dans ces grottes, ou sous ces dolmens des couteaux druidiques, des haches, des marteaux, des grains de colliers, des ossements humains.

Le bourg de Locmaria-Ker offre donc à l'explorateur des antiquités Celtiques assez de besogne pour le bon emploi de plusieurs journées. Ceux qui font du même lieu l'éternel Dariorigum, y trouveront aussi dans les débris d'un cirque, les traces d'une voie romaine, de nombreuses ruines de constructions en briques, de quoi s'occuper utilement. Une antiquité de ce genre a été découverte récemment, au milieu du bourg, par un douanier, occupé à défoncer le sol de la cour de sa maison pour se faire un jardin. La femme du douanier nous a fait les honneurs des substructions gallo-romaines mises à nu par son mari, et qui se composent de murs en petit appareil, d'un conduit souterrain se prolongeant dans la direction du nord au sud, d'un pavé carrelé de marbre blanc, etc., le tout destiné à disparaître au premier jour pour faire place à une culture de choux. Dans un coin de la cour est un tronc portant cette inscription : *Pour le Travailleur*. Pauvre douanier ! il parait que le tronc reste vide ou à peu près, malgré la visite des archéologues, puisqu'il préfère ses choux aux ruines de son habitation gallo-romaine !

Ne quittons point Locmaria-Ker sans vous parler d'une pauvre jeune fille qui repose dans le cimetière de la paroisse. Appartenant à une famille de pêcheurs, elle avait suivi ses parents et ses compagnes sur les rochers de la grève, à la marée basse ; mais soit que sa journée n'eût pas été bonne et qu'elle espérât toujours en allant plus loin une meilleure pêche ; soit qu'elle oubliât les heures dans une de ces rêveries où l'œil regarde sans voir, où l'oreille ne reconnaît plus aucun son, elle s'aperçut tout à coup que le rocher sur lequel elle se tenait immobile était cerné par les vagues de la marée montante, et séparé du rivage par un abîme. Les autres pêcheurs, ignorant la direction qu'elle avait prise et la croyant à l'abri de tout danger, regagnaient en ce moment leurs cabanes, et peut-être la pauvre enfant les distinguait-elle encore sur la falaise, les filets sur l'épaule, s'éloignant toujours sans entendre des cris de détresse que la grande voix de la mer couvrait de ses gémissements. Les points les plus rapprochés de la grève étaient déserts, et pas une barque ne se montrait sur les flots. Aucun espoir d'échapper aux vagues qui montaient, montaient avec une rapidité effrayante vers le sommet de la roche qu'elles allaient bientôt couvrir. Dans ce moment terrible la pensée d'une mort inévitable et affreuse aurait fait perdre l'esprit à des hommes d'ailleurs courageux. Mais la jeune Bretonne conserva tout son sang-froid, et se prépara tranquillement à quitter la vie, sans demander à Dieu autre chose qu'une fosse creusée dans la terre natale qu'un Breton n'oublie jamais. Le lendemain quand la mer se retira le père désolé trouva le corps inanimé de sa fille qui, pour n'être pas entraînée par les flots, avait noué ses cheveux aux goëmons attachés à son lit funèbre. Ainsi la malheureuse enfant, au lieu de s'abandonner à l'apathie du désespoir, avait réussi par son calme en face de la mort, à se préparer elle-même des funérailles chrétiennes, et un coin de terre bénite à quelques pas de son clocher. Cette histoire est belle. C'est l'énergie du sentiment et de la foi triomphant de la faiblesse du sexe et de l'âge.

Tandis que nous allions de dolmens en dolmens, de menhirs en menhirs, et que nous cherchions le passage de Kerisper pour nous rendre à Carnac, la touchante image de la jeune fille noyée ne nous quittait pas, et il nous semblait que l'amour du pays se ranimait en nous plus fort et plus tendre. Je ne puis résister au désir de vous citer ici la traduction de vers délicieux écrits à Naples par un enfant du Morbihan, M. l'abbé Le Joubioux, chanoine de la cathédrale de Vannes. La devise de la Bretagne : D'*Em buhé* (A ma vie) leur sert de titre. Jamais l'amour du pays n'a parlé un langage plus vrai.

« Je ne sais s'il y a au monde plus beau lieu que
« celui que je vois ! Pour moi, jamais je n'ai vu terre
« si merveilleuse, mer si bleue, soleil si brillant. Il
« me semble que je bois la santé ! La force, je le
« crois, augmente en moi chaque jour ! Naples, pour
« toi, cependant, je ne veux pas abandonner la
« Bretagne, mon pays bien-aimé, ma vie !

« A l'orient sont la montagne de Sorrente, Cas-
« telamar, Salerne et Amalfi ; au couchant Pouz-
« zoles, grande ville autrefois ; au nord, Portici et
« le Vésuve ; les îles Ischia, Procida, la rocheuse
« Capré sont au midi. A mes yeux pourtant rien
« ne plaît comme ma Bretagne, mon pays bien-
« aimé, ma vie !

« Quand je me promène à la Villa-Real, à Tolédo,
« auprès du palais du Roi ; quand je prie à l'église
« Cathédrale, il est vrai, grand est mon plaisir.
« Mais, quand j'approcherai de ma vieille petite ville
« de Vannes, bien plus grand sera mon bonheur.

« Pour nous autres Bretons, rien ne nous rend heu-
« reux comme d'être en Bretagne, notre pays bien-
« aimé, notre vie !

« J'ai appris dans les pays lointains, — jusqu'à
« présent je ne le savais pas bien, — que je n'aimais
« rien au monde comme le petit pays qui m'a élevé.
« J'aimerais bien mieux voir la fleur de la lande
« que les beaux fruits qui sont à Naples dans les
« arbres. Je tournerai le dos à la mer bleue, au
« soleil brillant, pour revenir vite à mon pays bien
« aimé, à ma vie !

« Presque chaque jour je vais, à l'entrée de la
« nuit, pour mes quatre sous, me promener sur
« mer. Presque chaque jour je prie mon vieux bate-
« lier de me chanter la chanson que sait chaque ba-
« telier. Souvent les larmes me viennent aux yeux !

« — Pourquoi donc, pourquoi pleuré-je ? Le souve-
» nir me vient que j'allais sur le bateau de mon
« père, sur la petite mer de mon pays bien-aimé,
« ma vie !

« Quand donc verrai-je Roguedas, l'île d'Arz, l'île
« aux Moines, Sarzeau le pays riche ? Quand verrai-
« je Saint-Gildas, et boirai-je du vin de la petite
« Ilur ? Il fait beau voir les barques de Misène, mais
« bien plus beau encore voir celles de Séné ! — Je
« ne voudrais pas être enterré ici ! Mon corps sera
« mieux dans mon pays bien-aimé, ma vie ! »

Tout en chantant, nous voici au passage de Kerisper, et le batelier qui nous sert de guide, nous
fait laisser à gauche le village de la Trinité, pour
nous conduire aux premiers alignements de l'é-

trange monument de Carnac. Je m'étais figuré tous ces colosses de granit rassemblés dans une même plaine et pouvant être embrassés d'un coup d'œil, aussi quand la première armée de menhirs s'offrit à nous aux environs du château du Lac, étais-je loin de m'attendre à marcher si longtemps dans ces avenues de peulvans rangés presque partout sur onze lignes, un grand nombre la pointe en bas, et qu'on retrouve plusieurs fois après avoir cru les quitter. Il est impossible de rendre l'effet tout fantastique de ces milliers de géants d'attitudes diverses, de dimensions inégales, et dont la couleur grise se détache ici sur le vert sombre des pins, là sur le jaune doré de l'ajonc, au loin sur l'azur du ciel. Nous avons parcouru les premiers de ces immenses alignements au milieu du jour, d'autres le soir ; et sous les feux du soleil comme dans les vapeurs du crépuscule, nous n'avons rien trouvé à comparer dans leur grandeur sauvage à ces gigantesques témoins d'un culte tombé dans l'oubli. Les conjectures des savants ont fait des vastes monuments qui couvrent les campagnes de Carnac, d'Erdeven, de Plouharnel, tantôt un ancien temple du dieu-serpent, tantôt d'immenses cimetières, ou bien encore un lieu de réunion où tout un peuple s'assemblait dans les occasions solennelles. Quelques-uns ont osé avancer l'opinion d'un camp romain, comme si de pareilles masses pouvaient avoir été remuées dans l'unique but de mettre des tentes à l'abri ! Non, non, s'il me fallait choisir entre cette opinion et celle qui fait des monolithes de Carnac le résultat merveilleux d'une cause surnaturelle, quelque chose d'analogue à cette pierre brute que Jacob, après sa vision, frotta d'huile et érigea en monument, s'écriant : — « Que « ce lieu est terrible ! Le Seigneur est vraiment ici, « et je ne le savais pas ! » Je n'hésiterais pas un instant à préférer l'idée de la constatation d'un grand prodige à l'explication ridicule d'un camp de César.

« — Toutes ces pierres, nous disait notre batelier, sont des soldats changés ainsi par saint Cornily, notre patron, un jour qu'ils le poursuivaient pour le faire mourir, et qu'ils étaient au moment de l'atteindre. Vous voyez ici le capitaine, plus gros que les autres et hors des rangs. De ce côté, voici des sentinelles. Plus loin, vous trouverez l'avant-garde ; et là bas, derrière, on rencontre partout des traînards. »

La pensée d'un fait surhumain dont ces quatre mille colosses couronnés de lichen seraient comme l'impérissable mémorial, étonnait moins l'imagination de notre guide que la nôtre n'était surprise des réalités bizarres alignées devant nous, et remontant peut-être plus haut que les Celtes, jusqu'à ces peuples primitifs d'une époque appelée l'*âge de pierre* par un savant étranger, M. Worsaac, inspecteur des monuments historiques de Danemark.

Le nom de saint Cornily ou saint Corneille, non pas le centurion de l'Évangile, mais un pape qui, sans doute, n'a jamais mis le pied en Bretagne, ne se trouve pas seulement à Carnac rapproché de ces mystérieuses pierres, objets de si vives discussions. A Plouhinec et Languidic où l'on voit aussi des alignements de menhirs, deux chapelles sont placées sous le même vocable. En faut-il conclure avec M. de La Borderie, qui fait de Cornily, *Karnilis* ou église des pierres, que la ressemblance de sons entre ces deux mots explique naturellement la préférence accordée à saint Corneille pour le patronage des lieux connus pour posséder en plus grand nombre ce genre d'antiquités? — Ce nombre d'ailleurs à considérablement diminué partout, les habitants du pays ne se faisant aucun scrupule de briser ces pyramides pour en faire des bornes et les employer à diverses constructions. On en a détruit beaucoup pour les utiliser dans les fortications de Belle-Ile, et le clocher de Carnac ainsi que le couronnement de la porte septentrionale de la même Église ont contribué à l'œuvre de dévastation. En deux siècles, on assure que dans la seule paroisse de Carnac, deux mille menhirs au moins ont disparu. « Chacun, comme nous le disait le vieux paysan rencontré le matin, trouvant son profit à *chatouiller* ces grandes pierres. » L'autorité départementale a dû mettre fin à cet abus qui n'eût pas tardé à faire disparaître de notre sol le monument le plus antique peut-être de l'Europe.

Munis de la longue vue de poche indispensable au voyageur, nous avons gravi le tumulus élevé tout prêt du bourg, et couronné d'une chapelle dédiée à l'archange saint Michel. Là, assis au milieu des ruines d'une petite masure servant autrefois aux guetteurs de signaux de côtes, nous avons parcouru des yeux les vastes campagnes et la mer se déroulant à perte de vue à l'horizon. Les divers groupes de soldats de saint Cornily étaient dispersés autour de nous. Nous avions à notre gauche, les dolmens, les grottes aux fées de Locmaria-Ker; à notre droite, les alignements de Plouharnel et d'Erdeven ; devant nous Quiberon, Belle-Ile, les îles d'Houat et d'Hœdic. Ne pouvant tout décrire, tout raconter, je ne vous parlerai ici que d'Hœdic et d'Houat en m'aidant d'une excellente brochure publiée il y a trois ans par M. l'abbé Delalande.

Quelques menhirs, l'un creusé à son sommet et renfermant une petite statue de la sainte Vierge; la découverte de médailles à l'effigie de Vespasien et de César ; le séjour de saint Gildas à Houat au sixième siècle, dans un ermitage où il mourut au milieu de ses religieux de Rhuys rassemblés autour de lui pour entendre ses dernières instructions; la retraite de saint Gunstan à Hœdic cinq siècles après ; les flottes anglaises pillant et détruisant à plusieurs reprises ce bien du pauvre qu'on devrait respecter toujours; des batteries construites en 1693; un combat heureux vers cette époque contre l'amiral Berckley, et cinquante ans plus tard, dans une lutte avec l'amiral Lestock fuyant Lorient, la défaite la plus désastreuse; de nouveaux travaux de fortification; de nouvelles attaques de la part des Anglais; un acte de courage du curé d'Hœdic et de ses paroissiens récompensé par les félicitations du maréchal de Castrices et une gratification de Louis XVI; voilà toute l'histoire de ces îles jusqu'à la Révolution qui parvint aussi à les troubler. Couverte d'émigrés et de chouans après la catastrophe de Quiberon, Houat eut à souffrir d'une cruelle épidémie, et cinq mois entiers ces deux îles où l'infortuné Charles X, alors comte d'Artois, ne descendit un jour que pour s'éloigner aussitôt des côtes de Bretagne, présentèrent le douloureux spectacle d'une foule de proscrits désolés, et aggravant encore leur malheur par des récriminations irritantes. Rentrées après le 27 décembre 1795 dans leurs habitudes paisibles, les deux îles reprirent sous la direction de leurs recteurs, la vie simple, patriarcale, qui les distingue encore aujourd'hui, et font des peuplades d'Houat et d'Hœdic deux petits états isolés du reste du monde. Là, le chef du gouvernement est naturellement le pasteur, cumulant avec les saintes fonctions de recteur ou de curé, celles d'officier de l'État civil, de syndic des gens de mer, d'agent des douanes et de l'octroi, de directeur de la poste aux lettres, de notaire, de juge de paix, de percepteur, d'agent de l'enregistrement et des domaines, de directeur des études, d'écrivain public, de médecin, de pharmacien. « C'est bien dans un ermitage comme « Houat ou Hœdic, dit M. Delalande, que les con-« naissances médicales sont permises, utiles, indis-« pensables au curé pour le soulagement de ses « rares malades. Son jardin, c'est presque toute la « pharmacie du village. »

Mais l'étude la plus curieuse à faire sur ces deux petits points géographiques qui nous apparaissent là bas dans la brume, est celle de leur régime gouvernemental. Pour relever le courage des habitants réduits à la misère après les guerres de la République et de l'Empire, les administrateurs, ou plutôt les deux petits rois en robe noire rivalisèrent d'énergie et de dévouement. Ils préparèrent une Constitution basée sur cette pensée que l'intérêt privé doit s'effacer devant le bien général ; et cette Constitution, d'accord avec les anciens usages et les bonnes coutumes laissées par les moines, fut soumise, sans aucun péril pour la société, à l'épreuve du suffrage universel. Adoptée après discussion par les bons iliens, et placée sous la protection d'un Conseil choisi parmi les hommes les plus éclairés, la nouvelle Charte devint la loi de tous, et, comme telle, chacun lui promit soumission et obéissance. Charlemagne avait ses douze pairs : les notables formant le conseil du recteur d'Hœdic ou de Houat sont aussi au nombre de douze, et tous conjointement avec lui veillent à l'observation rigoureuse du règlement, décidant les questions d'utilité publique, réformant les abus et prenant des mesures pour y remédier. Trois assemblées annuelles suffisent ordinairement à ces hommes d'État peu discoureurs pour tout expédier; et le vote universel toujours pratiqué dans les occasions importantes décide par assis et levé ou, au scrutin secret, au moyen de petits pois blancs et noirs. Une masse commune, alimentée en partie par le produit d'une boutique de marchandises assorties appartenant à l'île, et celui d'une cantine où le même individu ne peut recevoir plus d'une chopine de vin par repas, forme toutes les ressources financières du gouvernement,

ressources qui varient de 6 à 7,000 francs pour
Houat, et ne dépassent pas 1,500 francs pour
Hœdic. Avec ce budget si restreint où le chapitre
de l'assistance tient la grande place, les vieillards,
les veuves, les infirmes, les nécessiteux sont secourus, et l'on réussit encore à construire de temps
à autre des chaloupes qui louées ensuite ajoutent à
la caisse quelques écus. C'est encore à cette caisse
que s'adresse le patron de chaloupe, obligé naguère
à des emprunts ruineux sur le continent, et qui
trouve maintenant sous la main, chaque année au
commencement de la pêche de la sardine, quatre
cents francs qui lui sont confiés sans intérêts, à la
seule condition de les rendre fidèlement à la fin de
la pêche. — Eh! quoi! direz-vous, une institution
de crédit établie dans deux îles de Bretagne! — Eh!
mon Dieu oui! Et M. Jules de Francheville vous
apprendra que les premiers fonds en ont été fournis
en 1795, par le comte d'Artois.

Votre étonnement augmenterait encore si je vous
montrais les grands travaux accomplis en commun,
toujours sous la direction du curé, et dont le plus
gigantesque est la reconstruction de la chaussée
d'Hœdic, destinée à préserver des tempêtes les embarcations. Pour mener à bonne fin cet immense
travail d'une chaussée de 300 mètres de long, 6 de
haut et 3 de large, et cela avec une centaine d'ouvriers parmi lesquels la moitié au moins étaient des
femmes, il fallait à l'ingénieur, aux mineurs, aux
maçons, aux élingueurs également improvisés, une
puissance de volonté bien forte et digne des popu-

lations oubliées qui dressèrent les alignements de Carnac. Organisée en huit compagnies, quatre de garçons, quatre de filles, la première compagnie de garçons et la première de filles portant les noms de *première et deuxième grenadiers*, toute cette jeunesse vigoureuse minait, hissait, transportait sur des civières, en chantant des cantiques bretons, d'énormes quartiers de rochers, des blocs pesant jusqu'à six tonneaux. Le monarque constitutionnel présent à tout, et pressant un peu, j'en ai peur, la lecture de son bréviaire, encourageait les efforts des ouvriers, et l'heure du repas venue, dînait sans façon avec eux d'un morceau de pain bis sur lequel on retient adroitement le lard avec le pouce.

Les mœurs de ces peuplades de pêcheurs réalisant sur leurs pauvres rochers les rêves d'honnêtes utopistes, sont aussi douces, aussi pures que le gouvernement qu'ils se sont donné est sage et chrétien. La tempérance si soigneusement protégée par l'article du règlement sur la cantine, l'assistance promise à tous dans une certaine mesure, le mépris du luxe, de l'inutile poussé si loin, que la possession d'un chien n'est pas même permise, l'amour du travail et, par dessus tout, des croyances religieuses pleines de consolations et d'espérances, font pour le bonheur de ces pauvres iliens ce que ne pourraient des millions. Nulle part la gaieté n'est plus constante que dans ces deux paroisses, mais une gaieté grave, ennemie de la danse, de toute joie bruyante, et qui ne se traduit que par un rire tranquille et des chants. Abonnés en masse aux *Annales de la Pro-*

pagation de la Foi, traduites en breton par des ecclésiastiques de Vannes, et qui passent de chaumière en chaumière, vous les verriez le soir s'attendrir aux aventures de nos missionnaires que lit un des membres de la famille, tandis que les autres préparent des engins et raccommodent des filets. Ici, point de récits sur les enfants volés par les poulpiquets et les horrigans, les charmeurs qui, au moyen de quelques paroles, guérissent les vaches malades, les jeteurs de sorts faisant, par des pratiques secrètes, passer tout le suc nourricier d'une prairie dans une autre terre. Ces contes, en faveur dans les campagnes du Continent, sont inconnus à Houat et à Hœdic, ou, si l'on en parle, c'est pour les traiter de fables et s'en amuser. Les jeunes filles se rassemblent souvent pour chanter des cantiques devant l'image de la sainte Vierge placée dans la niche du menhir. Tous les soirs, l'angelus sonné, la cantine se ferme jusqu'au lendemain, et la prière, suivie de quelques avis du curé, se fait en commun à la maison d'école où tous les enfants reçoivent une instruction obligatoire. C'est mieux encore que les réductions du Paraguay; et, pourtant, s'il est permis de jeter un regard d'admiration et de sainte envie sur ces fréries chrétiennes, quel homme sage espérerait les voir s'étendre, se généraliser sur le Continent! Houat n'a que deux cent vingt habitants; Hœdic n'en compte que six de plus; et, comme le dit avec justesse M. de Francheville à ceux qui déduiraient de ce fait de fausses con-
« séquences : — Montrez-moi un État où un roi

« populaire gouverne et confesse son empire ! »

Il me resterait beaucoup à dire sur Houat et Hœdic, si l'étude intéressante de l'abbé Delalande sur ces deux îles, n'était là pour suppléer aux notes incomplètes d'un voyageur. Nous descendîmes de notre tumulus de Saint-Michel au bourg de Carnac, où notre hôte, M. Rio, nous montra deux beaux celtæ trouvés sous un dolmen des environ avec le squelette d'une femme tenant un enfant sur la poitrine. Le soir, nous errâmes longtemps au milieu des alignements les plus rapprochés du bourg, rêvant d'Ossian, des bardes gallois, et remontant jusqu'au Deutéronome, où nous lisons ces paroles de Moïse, chap. xxvii, vers. 5 et 6 :

« Et vous dresserez là un autel au Seigneur votre
« Dieu, un autel de pierres que le fer n'aura point
« touchées ; de pierres brutes et non polies, et
« vous offrirez sur cet autel des holocaustes au
« Seigneur votre Dieu. »

La nuit était venue ; il fallait nous arracher de ces allées de granit aussi muettes pour nous que pour tous les hommes qui les interrogent depuis des siècles, mais dans lesquelles il nous paraissait impossible de ne pas voir les traces de quelque grande pensée religieuse. En regagnant le bourg, nous passâmes devant une petite chapelle inondée de lumières, et tellement encombrée de fidèles, que les portes n'avaient pu se refermer sur eux. Tous chantaient, avec un accent de bonheur qui pénétrait l'âme, les litanies de la sainte Vierge, l'un des pieux exercices du mois de Marie. Après la bénédiction que nous reçumes du seuil de la chapelle, nous rentrâmes au bourg avec la foule. Nous venions de voir, un instant auparavant, en quittant les alignements, un petit dolmen à moitié détruit surmonté d'une croix : c'était l'image de la marche du temps. Aujourd'hui, le catholicisme invoque une mère qu'il nomme le Refuge des pécheurs, la Consolatrice des affligés, au lieu même où les druides enseignaient jadis un Dieu terrible, et faisaient couler le sang humain sur les autels.

XV

Saint-Gildas de Rhuys. — Lesage. — La rosace de Saint-Jacques. — Ruines de Sucinio. — Ruines d'Elven. — La fermière de Kerfily. — Notre-Dame du Roncier. — Les aboyeuses de Josselin. — Le prieuré de Saint-Martin. — Château d'Olivier de Clisson.

Avant de retourner à Auray, et de là à Vannes pour visiter la presqu'île de Rhuys, je dois mentionner, parmi les nombreux monuments celtiques de Plouharnel, trois grottes aux fées, contiguës, découvertes il y a trois ou quatre ans seulement dans un tumulus, et auxquelles est jointe une pièce plus petite renfermant à l'époque des fouilles, entre des parois noircies par le feu, des ossements, du charbon, de la cendre et un grand nombre de vases de terres brisés. Sans nous arrêter aux suppositions terribles que fait naître ce réduit souterrain, parcourons maintenant ces campagnes nommées, par quelques anciens auteurs, l'*île Fortunée*, la *Terre promise*, et revenons à Saint-Gildas, ennemi déclaré de ces *merveilles diaboliques*, comme il appelle dans ses écrits les grottes, les dolmens, les menhirs qu'il voyait avec horreur infester les déserts de la Bretagne.

La vie de saint Gildas est une des plus merveilleuses de la légende de nos saints Bretons. Nous

avons déjà vu l'illustre abbé rendre la vie à Triphyne assassinée, et détruire avec un peu de poussière le château du cruel Finans ; mais nous aurions trop à raconter si nous voulions rapporter tous les prodiges attribués au même personnage. Parmi tant de faits extraordinaires, le plus bizarre est la navigation de Gildas en compagnie de quatre démons sous des habits de moines, et qui disparaissent tout à coup avec leur bateau fantastique, laissant l'abbé seul, en pleine mer, debout sur l'un des coins de son manteau ; l'autre coin attaché au bout de son bourdon pour lui servir de voile, et *cueillir le vent,* expression du légendaire. Le même auteur nous montre aussi saint Félix, abbé du même monastère de Rhuys, cinq siècles après saint Gildas, tourmenté par d'effroyables visions dans l'abbaye dévastée qu'il cherchait à relever de ses ruines. « Un soir entre autres,
« dit Albert le Grand, que les novices, assis à une
« table, s'exerçoient à la psalmodie, un démon fol-
« let se prit à se jouer à la chandelle, avançant sa
« main noire, hydeuse et toute velüe vers la flamme,
« puis la retirant comme s'il se fust bruslé, conti-
« nuant ses singeries, jusqu'à ce que la chandelle
« se consommast devant les deux novices qui chan-
« toient, dont l'un s'appeloit frère Rainfroy, et l'autre
« Manguise, par sus les épaules desquels ce follet
« passoit et repassoit si souvent son bras, qu'ils s'ef-
« frayèrent aussi bien que celui qui leur monstroit
« nommé frère Radulphe. » — Ne voilà-t-il pas un beau thème pour les récits de la veillée ! J'ai déjà fait remarquer ailleurs qu'à une époque beaucoup

plus rapprochée de nous des faits de ce genre ont épouvanté bien des monastères, y compris la Trappe au temps de l'abbé de Rancé.

La partie la plus ancienne de l'église actuelle de Saint-Gildas, n'appartiendrait qu'à la seconde moitié du douzième siècle, suivant M. de La Monneraye, dont le savant travail sur l'histoire de l'architecture religieuse en Bretagne, mérite une sérieuse attention. Jusqu'à présent, tous les archéologues avaient attribué au commencement du onzième siècle le chœur et le transept romans de cette église, mais M. de La Monneraye, en rapprochant de nous cette construction qu'il croit postérieure d'un siècle et demi aux travaux très-insuffisants entrepris de 1008 à 1024 par l'abbé Félix, donne à l'appui de son opinion des preuves qu'il est difficile de repousser. Nous aimerions pourtant à penser, nous aussi, que ces colonnes engagées, aux élégants chapiteaux, ont projeté leur ombre sur le front incliné du malheureux Abeilard, abbé de Saint-Gildas en 1125. Pour lui, Rhuys, quoique protégée encore par ses bois maintenant détruits, ne fut point la terre de promission, le paradis terrestre que d'Argentré nous peint comme *un pays de beau et bon séjour,* mais une terre d'exil, de désolation, habitée par un peuple qu'il détestait jusque dans sa langue qu'il n'entendait pas. Les cloches de l'abbaye sonnaient d'elles-mêmes dans la tour, suivant une tradition, lorsqu'un navire était en danger de se perdre en doublant la falaise prochaine. On eût dit qu'un appel semblable avait attiré là le hardi docteur si l'amertume de ses plaintes ne montrait, pour lui, dans ce cloître, moins un secours offert à sa détresse qu'un nouveau péril. Une soumission sincère, cependant, et d'immenses douleurs méritèrent à Abeilard de poser sa tête fatiguée sur le doux oreiller de la foi, et de quitter la vie en paix avec Dieu, avec les autres et avec lui-même. Pierre le Vénérable, dont la charité recueillit le fugitif de Saint-Gildas, a écrit son oraison funèbre. « La mort, dit le compatissant abbé « de Cluny, l'a trouvé debout et préparé, et non « pas endormi comme tant d'autres. » Aucun éloge ne vaut celui-là. Il importe peu, au bord d'une tombe, d'avoir été le premier dialecticien de son temps; l'important, c'est d'emporter avec soi assez de vertu ou de repentir pour racheter ses égarements au tribunal de l'éternelle justice.

La chaire d'Abeilard, en forme de fauteuil gothique orné de sculptures, s'était conservée à Saint-Gildas jusqu'aux premières années de la Révolution. A cette époque de destruction, des soldats la livrèrent aux flammes. Le souvenir du moine-philosophe pouvait-il être plus respecté que celui de tant de bienfaiteurs de l'humanité, dont les cendres profanées furent jetées au vent !

Nous passâmes deux heures à Saint-Gildas, prenant des croquis de différentes parties de l'église. Assis dans le transept nord, au milieu des antiques tombeaux de saint Félix, saint Bieuzy et saint Goustan, à quelques pas de celui de saint Gildas, placé derrière le maître-autel, sous une arcade ouverte sur le collatéral du chœur, aucun bruit n'arrivait jusqu'à nous, hors le bourdonnement d'une grosse mouche au corps jaune doré, taché de noir, volant de colonne en colonne, de fenêtre en fenêtre, autour de la chapelle absidale. La solitude de ces lieux sacrés, où six cents ans avant que le Socrate des Gaules y fît ses savantes conférences, le Jérémie des deux Bretagnes déplorait la ruine de son pays, *amas de murs détruits, d'autels brisés, de tronçons de cadavres pétris et mêlés avec du sang, ressemblant à du marc écrasé sous un horrible pressoir;* cette solitude, ce silence où la voix des saints et celle des docteurs, également gémissantes dans leur éloquence, étaient remplacées maintenant par le bourdonnement d'un insecte, nous plongeaient dans une de ces méditations qu'on peut résumer dans ces mélancoliques paroles de l'Ecclésiaste : « Plus on a de « science, plus on a de peine, » et ces autres : « Toutes choses ont leur temps, tout passe sous le « ciel. » — Le tumulus de Tumiac, renfermant aussi dans son sein des grottes inexplorées et se dressant en cône aigu à la limite des communes d'Arzon et de Saint-Gildas; les côtes accidentées de la petite mer, bordées de maisons de pêcheurs et de salines, qui, vues de la route de Sarzeau, semblent bâties au milieu des vagues ; la petite ville de Sarzeau même, bien qu'on y montre avec orgueil la maison où naquit l'auteur de *Gil-Blas,* de *Turcaret* et du *Diable boiteux,* rien ne put nous distraire de l'impression de tristesse qu'il est impossible, selon nous, de ne pas ressentir sur ce coin de terre, que d'Argentré regardait partout comme *aussi fertile* et agréable que nul autre de Bretagne. Assurément si l'illustre romancier du dernier siècle eût habité la presqu'île de Rhuys, au lieu d'aller se fixer à Paris, son génie eût perdu quelque chose de sa gaîté, et la teinte ordinairement un peu sombre du caractère de ses compatriotes se fût retrouvée dans ses chefs-d'œuvre. Un de nos meilleurs auteurs comiques, né à quelques pas du monastère de Gildas et d'Abeilard, présente à l'esprit un contraste bien extraordinaire. Disons, toutefois, que, si la gaîté de Le Sage ne lui vient point de la terre natale, on retrouve en lui du Breton la fierté d'âme qui s'arrange paisiblement de la pauvreté, ne s'incline devant aucune fausse grandeur, et qui ne troquerait pas au poids des millions une once de dignité et d'indépendance.

Rappelons en passant, pour éviter de trop ravaler l'espèce humaine dans la personne de certains auteurs qui, pour me servir de l'expression de Shakespeare, sont sous les doigts de la fortune une flûte dont elle joue sur tous les tons, rappelons deux exemples bien connus de la noblesse de caractère de Le Sage. Vous savez comment après avoir écrit son *Turcaret*, satire énergique des hommes de la finance, dont la puissance, grandissant tous les jours, allait atteindre son apogée, et devenir aussi funeste au pays qu'elle était immorale et vile, il refusa, quoique dans la gêne et chargé de famille, les cent mille francs au moyen desquels les traitants croyaient acheter le silence de l'homme qui les dénonçait à la conscience publique. — Ayant involontairement fait attendre la duchesse de Bouillon et son cercle de grands seigneurs, pour une lecture de la même comédie qu'il avait promis de leur faire, il s'entendit, à son entrée dans le salon, reprocher d'un ton sec et hautain d'avoir, par ses retards, fait perdre deux heures à toutes les personnes de la société. Incapable de s'attacher des protecteurs par une complaisance servile : « — Madame, répliqua Le Sage, je connais un moyen bien simple de vous faire regagner les deux heures que vous avez perdues : je ne vous lirai point ma pièce. » Et saluant froidement la princesse, il se retira. — La morale de l'auteur de *Gil-Blas* n'est pas toujours la morale chrétienne : Sa fierté simple, probe, courageuse, inflexible, est toujours la fierté bretonne.

L'un de nos poètes les plus aimables, M. Jules de Francheville, neveu de la pieuse fondatrice des maisons de retraite de Vannes, habite le château de Truscat, à peu de distance de Sarzeau. M. de Francheville a chanté les Écoliers de Vannes, *Gawr'-innis*, et la rosace de Saint-Jacques, cloître submergé, au bord occidental de la presqu'île de Rhuys :

> Parcourez l'univers; que votre esprit rassemble
> Les plus riches couleurs dans un magique ensemble,
> La pourpre du rubis et l'eau du diamant;
> A la perle unissez le bleu du firmament;
> Des métaux précieux étalez l'apparence;
> Dérobez à la fleur sa douce transparence;
> Au crépuscule d'or son reflet incertain;
> Son mystère à la nuit, ses rayons au matin;

Vous n'aurez pas encor dans sa beauté mystique,
L'ensemble harmonieux d'une rose gothique,
Oh! c'est que l'art chrétien, souffle immatériel,
Dans son œuvre a toujours quelque chose du ciel!

Il ne nous restait plus à voir dans la presqu'île que les ruines militaires de Sucinio, berceau du connétable Arthur de Richemont, le compagnon d'armes de Jeanne d'Arc. L'antique forteresse présente encore une masse imposante qui, vue à un petit quart de lieue sur la route de Sarzeau, se détache admirablement sur la pleine mer. Bâti pour le plaisir, comme l'indique son nom, *Souci-n'y-est* ou Soucinio, a bientôt menti à son origine, et l'on pourrait affirmer, malgré l'éclat des fêtes des ducs de Bretagne, que le seul hôte qu'on voulut à jamais écarter du château, le souci, s'y glissa furtivement des premiers, et pour ne plus en sortir. Là point de souci dit le nom trompeur, comme si Charles de Blois et Montfort n'avaient point franchi ce pont-levis l'un après l'autre; comme si Pierre de Craon, poursuivi par la colère du roi de France, ne s'était point caché derrière ces murailles; comme si deux exilés de la maison de Lancastre n'avaient point gémi prisonniers dans une de ces tours; comme si Tinteniac et Cadoudal, détachés de l'armée de Quiberon avec leur colonne, n'étaient point venus troubler encore par des bruits de guerre, jusqu'aux ruines de cette belle demeure où le souci ne devait point pénétrer!... — Pour faire une réalité du rêve du duc Jean Ier, il fallait que l'œuvre de dévastation fût assez complète pour qu'aucun homme, pas même un mendiant, ne pût trouver un asile parmi ces décombres.

Tous les enfants du petit village voisin de la forteresse s'étaient fait un devoir de courtoisie, de nous escorter dans les ruines. Chacun d'eux nous racontait une histoire, non sur les guerres de la succession ou de la Ligue, pas même sur la fée Mélusine, qui habita, dit-on, Sucinio avec son époux Raymondin, mais sur un revenant horriblement têtu, qui s'obstinait à hanter, la nuit, l'une des grosses tours qu'il fallut arroser deux fois d'eau bénite, avant de réussir à chasser l'esprit. Ces enfants nous annoncèrent aussi une grande résolution du fermier, gardien des ruines. Il ne s'agirait de rien moins que de les mettre sous clefs, chose difficile à cause du grand nombre d'ouvertures et de brèches, et de réclamer de chaque visiteur un droit fixé d'avance à cinq centimes! — Bien qu'un cent de choux soit d'un meilleur rapport que la curiosité des touristes et des archéologues, on peut espérer que ceux-ci ne réclameront pas trop contre le nouvel impôt dont ils sont menacés. Un sou! On en donne deux à la porte des baraques de la foire, pour voir la femme sauvage et le veau à deux têtes!

Je ne veux point vous fatiguer, par des descriptions sans fin, aussi me contenterai-je d'indiquer seulement comme dignes d'être visitées, l'église du Guerno, la chapelle de Notre-Dame-de-la-Clarté, en Lauzac'h, celle de la Vraie-Croix, en Sulniac, toutes les deux lieux de pèlerinages. Les ruines du château d'Elven, que nous avons admirées avant d'assister à la grand'messe, au bourg, le jour de la Fête-Dieu, ne sont pas moins intéressantes que celles de Sucinio, et le donjon surtout, construit en pierres de taille et à pans coupés, s'élève au-dessus des bois qui l'environnent avec une majesté toute chevaleresque. On assure que ce magnifique donjon, percé de nombreuses fenêtres, barbacanes, meurtrières, et garni à son sommet de machicoulis, n'a pas moins de quarante mètres de haut, ce que je crois volontiers, après avoir monté jusqu'au bout l'un des beaux escaliers de pierre conduisant à sa plateforme. Une grosse tour ronde à trois étages, une autre carrée, à moitié détruite, des restes de remparts couverts de lierre, d'arbustes, et presque partout écroulés, le portail, flanqué de deux tours plus petites, enfin ce qui fut autrefois la chapelle, forment l'ensemble de la forteresse d'Elven. Les habitants des campagnes voisines attribuent à la poussière de la chapelle de ce vieux château une vertu singulière pour guérir la fièvre.

Elven est la patrie de Gamber, ce pieux laboureur devenu soldat, qui, en 1815, décida la victoire de Muzillac. Lorsqu'à l'issue de la messe, la procession du sacre fit le tour du bourg et du cimetière, plusieurs des anciens soldats de Gamber, la tête couverte de cheveux blancs, passèrent devant nous, le chapelet à la main, comme ils l'avaient presque toujours avant et après la bataille : « On nous a reproché, nous disait un de ces vieillards, notre ténacité si peu en rapport avec l'indifférence et la légèreté du temps. Eh bien ! Messieurs ! Dieu fasse que la mollesse et la cupidité qui acceptent tout, s'arrangent de tout, même de l'injustice, quand elle ne les frappe pas directement, ne soient pas un danger plus grand pour notre pays que l'inflexibilité et la résistance des convictions fortes ! Il y a les hommes de principes, et il y a les hommes d'apathie et de convoitise. Ce ne sont pas ces derniers qui sauvent les nations ; et ce ne sont pas non plus les autres qui aident les nations à périr. »

La procession terminée, nous laissâmes derrière nous l'église d'Elven, joli monument, en grande partie du quinzième siècle, et guidés par une femme infirme et son fils, qui s'en retournaient du bourg à leur village, sur la limite de la paroisse de Trédion, nous nous rendîmes au château de Kerfily, appartenant à Mme la duchesse de Narbonne, Kerfily, reconstruit assez nouvellement, n'a conservé que bien peu de restes de l'antique demeure des familles de Brignac et de Coëtquen. Mais, si l'édifice répondait peu à la description trop brillante qu'un savant de village nous en avait faite, nous fûmes amplement dédommagés de cette petite déception, par l'accueil gracieux des fermiers occupant maintenant le château. Au moment de notre arrivée, toute la famille allait se mettre à table, et bien qu'inconnus de tout le monde, et venus là sans aucune recommandation, pas même celle de l'habit de Sédaine. Les deux voyageurs en blouse furent cordialement invités à partager le repas commun. Nous nous excusâmes de notre mieux, et nous insistâmes pour que la famille ne se dérangeât point, un domestique pouvant très bien nous conduire dans les chambres où nous voulions voir quelques boiseries. « — Non pas, messieurs, nous dit la fermière, avec une grâce et une aménité de langage dignes des plus nobles châtelaines de Kerfily, je veux vous montrer moi-même, ce qui peut vous intéresser; et, puisque vous avez dîné à Elven, et que vous désirez coucher à Josselin ce soir, nous allons faire notre tournée tout de suite. — » Nouveau débat de politesse entre nous et la fermière, qui laissa son mari et ses nombreux enfans dîner sans elle. Nous dûmes céder et, je le répète, promenés de chambre en chambre par cette femme d'une affabilité charmante, nous n'eûmes pas à regretter d'avoir rencontré, au lieu d'une belle ruine du quatorzième ou du quinzième siècle, un type aussi modeste qu'accompli de la plus aimable hospitalité.

Nous remarquâmes dans l'ornementation d'une cheminée plusieurs fleurs de lis. « — Il y a des gens, nous dit en souriant notre *cicerone*, qui éprouvent un accès d'indignation en voyant là ces sculptures. Cela n'est-il pas bien ridicule ? Mais il importait peu aux ouvriers qui gravèrent ces fleurs, il y a peut-être un siècle et demi, si des visiteurs indiscrets devaient se plaindre aujourd'hui de ce que la France ne date pas seulement d'hier. »

Dans une autre chambre, nous vîmes un petit autel couvert d'un drap bien blanc, et sur lequel était une Vierge de plâtre entourée de fleurs encore humides de rosée. « — Nous faisons ici le mois de

Marie, nous dit la fermière, dévotion que vous avez dû trouver établie partout dans le Morbihan, et qui nous rassemble tous les soirs du mois de mai, après le travail, autour d'un autel dans les plus petits villages. Les chapelles ne pouvant suffire pour tout le monde, et étant d'ailleurs quelquefois trop éloignées pour s'y rendre tous les soirs, nous avons bientôt fait une chapelle d'une chambre de ferme, ou même d'une grange. Des cornes de bœufs nous servent de cloches pour nous appeler les uns les autres, au moyen d'un cri particulier pour chaque village. Mes filles désiraient depuis longtemps une statue de Vierge comme celle que vous voyez. J'ai pu m'en procurer une à la dernière foire, et les pauvres enfants sont bien contents. »

Nous nous retrouvâmes au rez-de-chaussée avec le fermier et ses enfants, et il nous fut impossible de partir sans accepter un verre de cidre que nous bûmes de grand cœur à la santé des habitants de Kerfily. La pensée d'une rétribution ne pouvait venir à l'esprit d'aucun de nous dans un pareil intérieur, mais nous fûmes heureux d'attacher au cou de l'une des plus petites filles une médaille bénite à Sainte-Anne. Puisse, en retour de la douce impression que nous a laissée notre passage à Kerfily, la sainte patronne de la Bretagne protéger en toute occasion l'enfant et sa bonne famille!

S'il fallait croire certains de nos romanciers touristes, on ne pourrait obtenir d'un paysan morbihannais aucun service, aucun renseignement, aucune histoire, sans une invitation toute métallique. Nous ne pouvons comprendre où ces voyageurs, toujours si magnifiques dans leurs récits, et à qui je recommande, dans la pluie d'or qu'ils sèment sur les chemins, le pauvre douanier de Locmaria-Ker et ses ruines romaines, je ne puis comprendre, dis-je, où ces Messieurs ont étudié le caractère du paysan breton! — Pour nous, qui ne sommes pas millionnaires, et à beaucoup près, l'obligeance des habitants de nos campagnes ne nous a jamais fait défaut. Non-seulement nous avons obtenu, sans *faire des francs des substantifs et des louis des adjectifs*, tous les renseignements désirables; mais vingt fois, cent fois, des laboureurs ont quitté leur champ; des fileuses, le seuil de leur porte, pour nous conduire à l'endroit du chemin où nous courions quelque risque de nous égarer; et, cela, en nous répétant que c'était un devoir de chrétien de mettre dans la bonne route le voyageur. Perdus dans les bois, en quittant Kerfily, la rencontre que nous fîmes encore de deux joyeux gars de Trédion nous confirme dans nos doutes sur la vérité des *impressions de voyage* de ces feuilletonnistes qui ne peuvent traverser notre pays sans enrichir tout le monde autour d'eux.

Il était dix heures du soir quand nous arrivâmes à Josselin, où je vous transporte avec nous, en mentionnant seulement sur la route les allées couvertes, les menhirs des bois de Kerfily, le château du maréchal de Rieux transformé en usine à Trédion, les châteaux de Cadoudal et de Callac en Plumelec, ce dernier appartenant, avant la révolution, à M. de Marbœuf, gouverneur de l'île de Corse, et protecteur du jeune Bonaparte, écolier de Brienne. Il nous fallait remettre au lendemain notre visite à Notre-Dame-du-Roncier et à la splendide demeure de Clisson. Nous avions, d'ailleurs, grand besoin de repos ; la chaleur avait été accablante, et depuis notre lever nous avions laissé une douzaine de lieues derrière nous.

L'église de Notre-Dame, comme beaucoup d'autres monuments religieux de notre province, porte dans l'ensemble de sa construction le cachet d'époques différentes. Les parties les plus anciennes de cet édifice, jugé médiocre par M. Mérimée, sont la chapelle d'architecture romane où se trouve une fresque représentant une danse macabre, et une autre chapelle portant le nom de Clisson, et que M. Cayot-Delandre croit du quatorzième siècle. Un tableau placé sous la petite statue de Notre-Dame-du-Roncier, rappelle comment un pauvre laboureur, coupant des ronces en ce même lieu, avec un faucillon qu'il suspendit plus tard à l'autel de la sainte Vierge, découvrit dans le buisson la sainte image qui fut l'occasion de l'érection d'une nouvelle église. Ogée cite plusieurs passages d'une brochure fort rare imprimée en 1666, sous le titre de : *Lis fleurissant parmi les épines, ou Notre-Dame-du-Roncier triomphante dans la ville de Josselin*. L'auteur de ce petit livre, religieux carme, s'étend avec complaisance sur l'ordre admirable de la procession solennelle qui se faisait à Josselin le mardi de la Pentecôte, et dans laquelle on voyait

défiler six compagnies de bourgeois et habitants de la ville et des faubourgs commandées par un gentilhomme, une compagnie de jeunes Léonnais étudiant les lettres et le commerce à Josselin, et portant la veste bleue, le bonnet, les larges chausses du costume de leur pays, et séparés des Josselinais par un homme coiffé d'un turban et armé à la turque. Puis venait une troupe de jeunes filles représentant les trois Maries, la princesse Ursule et ses onze mille compagnes, beaucoup moins nombreuses cependant, avoue le Carme, qu'elles ne le sont dans la Légende ; enfin, une bande de pèlerins de Saint-Jacques, derrière lesquels marchaient quatre prêtres couverts de leurs plus riches ornements, et portant la statue miraculeuse sur un magnifique brancard. « Ce cortége, dit Ogée ana-
« lysant l'ouvrage du bon moine, s'avançait ma-
« jestueusement, et au concert des tambours, des
« trompettes, des violons, des bombardes, des
« musettes du Poitou, et recevait en chemin plu-
« sieurs salves de mousqueterie. Comme une grande
« partie des cinquante-deux paroisses du comté de
« Porhoët accourait avec empressement à cette grave
« et joyeuse solennité, l'on y comptait trente à
« quarante bannières, outre plusieurs membres de
« diverses confréries, portant des torches vertes,
« jaunes et rouges, chacune de 18 pieds de hauteur
« et du poids de 100 livres. »

Nous sommes arrivés à Josselin quinze jours trop tard pour assister à la procession de Notre-Dame-du-Roncier. Sans doute, cette solennité religieuse, modifiée par le temps, n'est plus ce qu'elle était en 1666, mais vous seriez grandement dans l'erreur si vous supposiez que les trois Maries et sainte Ursule absentes, il ne reste à cette fête rien de particulier. A la vérité, le père Carme qui, dans son ouvrage, établit deux sortes de processions, les gaies et les tristes, ne pourrait plus ranger aujourd'hui parmi les gaies la cérémonie de Josselin. « J'étais dans la foule à quelques pas de l'église, au moment où la procession allait y rentrer, nous disait une dame de Ploërmel, quand tout à coup un mouvement se fit autour de moi. Place ! place aux aboyeuses ! — Des hommes entraînaient, portaient avec peine plusieurs femmes, pâles, défaites, la bouche écumante, les yeux à demi fermés, se débattant comme des démoniaques, et poussant des cris rauques assez semblables aux aboiements d'un chien. Le peuple se rangeait sur leur passage avec un sentiment de terreur, et pourtant chacun voulait voir ces malheureuses coller leurs lèvres toutes frémissantes au pied de la statue de Marie, qui seule a le pouvoir de les calmer. » — Cette effroyable scène, renouvelée tous les ans, a été vue non-seulement par la personne dont je parle et qui mérite toute confiance, mais plusieurs autres personnes également dignes de foi nous ont attesté l'existence à Josselin et dans les environs de plusieurs familles d'aboyeuses atteintes de convulsions héréditaires auxquelles la science n'entend rien, et qui reparaissent chaque année vers la fête de la Pentecôte pour ne cesser qu'après que les malades ont baisé la statue de Notre-Dame-du-Roncier. Explique qui voudra cette maladie ou cette illusion si humiliante pour les pauvres aboyeuses, qu'elles n'osent lever les yeux quand, l'accès passé, on les ramène épuisées à leurs demeures. Plusieurs sont de riches fermières, ce qui écarte toute supposition de rôle appris, comme la malignité n'a pas manqué de l'insinuer plus d'une fois. A Néant, commune située à deux ou trois lieues de Ploërmel, on nous racontait qu'une de ces femmes avait troublé récemment l'office divin en aboyant avec fureur et se frappant en même temps la tête aux piliers de l'église. La malédiction attachée à ces familles, nous disait-on, paraît déjà quand la petite fille n'est encore qu'au maillot. Mais cette malédiction d'où vient-elle? Ecoutez la légende populaire :

Des laveuses étaient réunies, un jour, autour d'une fontaine, lorsqu'une pauvre femme, couverte de haillons, un bâton à la main, et se traînant d'un air fatigué et malade, s'arrêta devant elles et les pria de lui permettre de boire un peu d'eau pour apaiser sa soif. Au lieu de s'écarter pour lui faire place et de lui prêter un vase qu'elles avaient pour qu'elle pût boire plus commodément, les laveuses rudoyèrent la mendiante et excitèrent leurs chiens à la poursuivre. « Femmes sans pitié, dit la voyageuse prenant tout à coup la figure de l'image découverte dans le Roncier, si de toutes les vertus agréables à mon Fils la première est la compassion envers le pauvre, il n'est pas un crime qu'il punisse plus sévèrement que la dureté de cœur. Vous et vos filles vous en serez un nouvel exemple de génération en génération, et vous enseignerez la pitié par la crainte à ceux qui ne l'auraient pas apprise par l'amour. » Marie n'avait pas fini de parler, que les laveuses épouvantées se répondaient l'une à l'autre par d'horribles aboiements. — L'histoire peut vous paraître invraisemblable ; convenez pourtant qu'unie au fait incontestable de plusieurs familles d'aboyeuses, elle renferme une excellente leçon, et qu'en inclinant les cœurs à la charité dans les campagnes, ce merveilleux est beaucoup plus moral que celui des séances de magnétisme et des tables tournantes.

Josselin possède une autre église que Notre-Dame : je veux parler du prieuré de Saint-Martin, édifice du douzième siècle, défiguré sous prétexte de restauration. Le transept y est devenu la nef, l'abside le transept ; de telle façon, que pour retrouver le plan primitif l'imagination a beaucoup à faire. Les travaux modernes de reconstruction n'ont pas été heureux à Josselin. Il est difficile de se représenter quelque chose de plus maussade que le tombeau en marbre noir d'Olivier de Clisson et de la princesse sa femme, qui se voit dans le bas-côté de la principale église.

Mais un monument d'un autre genre, toujours digne d'admiration, c'est le château, si imposant sur son rocher avec ses trois tours rondes du côté de la rivière ; si gracieux, si riche d'ornementation du côté de la cour d'honneur. Le dessin seul peut rendre les découpures de cette balustrade ravissante courant de la première à la dixième fenêtre, les sculptures variées à l'infini de ces frontons aigus, de ces clochetons, de ces broderies de pierre reproduisant sous toutes les formes la devise de la famille de Rohan : A Plus ! — Malgré l'irrégularité qu'on remarque avec peine dans les ouvertures du rez-de-chaussée, le château de Josselin est sans rival en Bretagne. De toutes les fortifications qui le défendaient, il ne reste plus, avec les trois tours de la façade donnant sur l'Oust, qu'une autre tour au nord-est détachée de l'édifice principal. Le Donjon, bâti par le connétable de Clisson, fut démoli par ordre du roi en 1629. Le plomb qui recouvrait encore en 1815 la toiture du château, servit à faire des balles aux royalistes.

XVI

Le combat des trente. — La poésie bretonne. — Ploërmel. — Les frères Lamennais.

Une vieille croix de pierre et une pyramide de granit élevée sous la Restauration à la place où fut jadis le chêne de Mi-Voie, marque le champ de bataille où les trente Bretons de Beaumanoir et les trente Anglais de Bembrough combattirent avec tant de valeur le 17 mars 1350 suivant la croix, 1351 selon l'obélisque. « Les coups dit le poète populaire « traduit par M. de La Villemarqué, tombaient « aussi rapides que des marteaux sur des en- « clumes ; aussi gonflé coulait le sang que les « ruisseaux après l'ondée ; aussi délabrées étaient « les armures que les haillons du mendiant ; aussi « sauvages étaient les cris des chevaliers, dans la « mêlée, que la voix de la grande mer. » J'ai sous les yeux une tragédie inédite en langue bretonne sur ce mémorable épisode de la grande guerre entre Charles de Blois et Montfort. Mais pressé de mettre fin à ces notes sur le Morbihan pour passer dans l'Ille-et-Vilaine, je vous laisserai demander à nos historiens de Bretagne comment l'héroïque Beaumanoir et ses chevaliers sortirent vainqueurs d'une lutte entreprise, comme le dit l'inscription du monument moderne, pour la défense du pauvre, du laboureur, de l'artisan. La réponse de l'écuyer de Beaumanoir à son maître blessé et mourant de soif : — Bois ton sang, Beaumanoir ! — devint la devise de la famille du maréchal ; et ces paroles célèbres rappellent encore aujourd'hui l'un des combats les plus opiniâtres et les plus glorieux d'un peuple bien connu pour son opiniâtreté et sa vaillance. La victoire de ces généreux guerriers qui voulaient que l'homme de guerre épargnât toujours le laboureur, le marchand, l'homme paisible, et qui rentrèrent à Josselin des fleurs de genêts à leurs casques, comme si la fleur des pauvres, dont ils venaient de défendre les droits, leur était plus chère que le laurier même; cette victoire saluée avec enthousiasme aux quatre coins du pays, devait inspirer la poésie bretonne, dernière fée restée fidèle au foyer du peuple de nos campagnes, et plus magnifique pour ses protégés que Viviane l'enchanteresse, ou Mélusine, la mystérieuse épouse de Raymondin. Dans les Côtes-du-Nord, j'aurais plus d'une fois occasion de revenir avec vous sur nos ballades populaires dont MM. de La Villemarqué et Souvestre n'ont publié qu'une bien petite partie. « Une seule province, a dit George Sand, écrivain d'autant plus impartial dans la question qu'il n'appartient pas à notre pays, et ne sera certainement accusé par personne de se laisser entraîner vers les Bretons par une foi religieuse commune et les mêmes sympathies politiques; « une « seule province de France est à la hauteur dans sa « poésie de ce que le génie des plus grands poètes

« et celui des nations les plus poétiques ont jamais
« produit; nous oserons dire qu'elle les surpasse.
« Nous voulons parler de la Bretagne. Mais la Bre-
« tagne, il n'y a pas longtemps que c'est la France.
« Quiconque a lu les *Barzaz-Breiz*, recueillis et tra-
« duits par M. de La Villemarqué, doit être persuadé
« avec moi, c'est-à-dire pénétré intimement de ce
« que j'avance. Le *Tribut de Noménoé* est un poème
« de cent quarante vers plus grand que l'*Illiade*,
« plus complet, plus beau, plus parfait, qu'aucun
« chef-d'œuvre sorti de l'esprit humain. La *Peste
« d'Elliant*, les *Nains*, *Les-Breiz*, et vingt autres
« diamants de ce recueil breton attestent la richesse
« la plus complète à laquelle puisse prétendre une
« littérature lyrique. Il est fort étrange que cette
« littérature révélée à la nôtre par une publication
« qui est dans toutes les mains depuis plusieurs
« années, n'y ait pas fait une révolution. Macpher-
« son a rempli l'Europe du nom d'Ossian; avant
« Walter-Scott, il avait mis l'Ecosse à la mode.
« Vraiment nous n'avons pas assez fêté notre Bre-
« tagne, et il y a encore des lettrés qui n'ont pas
« lu les chants sublimes devant lesquels, conve-
« nons-en, nous sommes comme des nains devant
« des géants. Singulières vicissitudes que subissent
« le beau et le vrai dans l'histoire de l'art.

J'abrège à regret cette citation pour arriver bien
vite à Ploërmel, cette petite ville où Bembrough
permettait à ses soldats toutes les spoliations, toutes
les brutalités envers les gens du peuple à l'époque
du défi de Beaumanoir, commandant de Josselin.

Ploërmel conserve à peine aujourd'hui quelques vestiges des nombreuses tours remplies par le commandant anglais de vieillards, de femmes, d'enfants, destinés à mourir sur la paille infecte des cachots. Le seul monument un peu ancien de la ville, c'est l'église du saint patron, édifice du seizième siècle où l'on remarque surtout, à la façade nord, un magnifique portail. Jamais la sculpture ne diversifia avec une imagination plus prodigue la richesse, la grâce la sévérité, la bouffonnerie des ornements. Il y a là tout un monde, tantôt sublime, tantôt grotesque, reproduit dans les mille découpures de la pierre. Nous venions de reconnaître parmi les sujets tirés de l'Écriture sainte toutes les premières scènes de l'Évangile, quand un ouvrier sortit d'un atelier voisin, et nous désigna comme les figures les plus curieuses, un verrat jouant de la cornemuse ou du *biniou* et un savetier occupé à coudre la bouche de sa femme.

Presque toutes les fenêtres de l'église de Ploërmel sont garnies de beaux vitraux peints, mais plusieurs ont beaucoup souffert. Le tombeau des ducs Jean II et Jean III, autrefois au couvent des Carmes, a été placé en 1821 dans l'église paroissiale après une restauration presque aussi malheureuse que celle du monument funèbre d'Olivier de Clisson. Le tombeau des ducs est en marbre noir. Les statues en marbre blanc couchées sur le tombeau, et représentant les princes couverts de leurs armures, ont la tête nue et les mains jointes.

Nous avons vu à l'entrée de la ville en arrivant de Josselin la maison principale des frères de l'Instruction chrétienne connus dans toute la province sous le nom du fondateur de l'Institut, M. l'abbé Jean-Marie de Lamennais.

Prononcer le nom de Lamennais, c'est rappeler l'*Essai sur l'indifférence* et tant d'autres écrits d'une inspiration différente, depuis les *Paroles d'un croyant* jusqu'à l'*Esquisse d'une philosophie*. L'histoire du célèbre rédacteur de l'*Avenir* est trop connue cependant pour qu'il nous paraisse utile de nous y arrêter. Parlons plutôt d'un autre Lamennais dont les œuvres moins brillantes n'ont jamais contristé les âmes chrétiennes. Presque ignoré hors de la Bretagne, celui-ci a vu prospérer ses fondations généreuses, tandis que les vaines tentatives de son frère demeuraient frappées de stérilité. Robert-Félicité, avec un génie supérieur entouré d'abord de toutes les forces de l'école catholique, a perdu ses premiers amis sans que ses nouveaux alliés s'offrissent à les remplacer ; car il est mort dans un véritable isolement intellectuel, ne laissant pas un disciple. Le vénérable Jean-Marie devait être plus heureux : ses commencements n'ont pas eu le même éclat, mais après lui sa pensée demeurera vivante. Neuf cents religieux, mille peut-être, instruits par l'exemple du saint vieillard, formés par ses leçons, soumis à sa règle, n'attendent qu'un mot pour reconnaître comme supérieur, comme maître de leur volonté, l'homme qu'il a promis de leur désigner dans un article encore secret de son testament.

M. l'abbé Jean-Marie de Lamennais est né à Saint-Malo, le 8 septembre 1780. Son zèle pour l'éducation de la jeunesse le retint jusqu'à l'âge d'environ trente ans au petit-séminaire de la même ville, et ce fut là que de concert avec son frère Félicité, plus jeune que lui, il travailla dans ses heures de loisir et pour une large part à la *Tradition de l'Eglise sur l'institution des Evêques*, ouvrage attribué seulement au futur auteur de *l'Essai sur l'indifférence*. Nommé vicaire capitulaire de Saint-Brieuc en 1815, bien qu'il fût le plus jeune des chanoines et le dernier entré au chapitre, il gouverna avec autant de sagesse que de fermeté le diocèse confié à sa garde durant toute la vacance du siége, qui fut de cinq ans. La lecture d'un rapport de Carnot sur l'organisation de l'instruction primaire, rapport encore à l'état de projet, et qui semblait gros de périls pour les intérêts religieux des populations, cette lecture, disons-nous, avait inspiré, dès 1816, à l'abbé Jean-Marie de Lamennais la première idée de l'institut des frères de l'instruction chrétienne, vulgairement appelés aujourd'hui du nom de leur supérieur. Une pensée identique s'était présentée vers le même temps à l'esprit de M. Deshayes, vicaire général de Vannes ; et l'un dans cette dernière ville, l'autre à Saint-Brieuc, ils avaient réuni autour d'eux l'année suivante quelques jeunes gens qu'ils voulaient instruire eux-mêmes pour en faire des instituteurs chrétiens. M. Deshayes entendit parler de l'œuvre tentée par M. de Lamennais ; il voulut le voir, connaître ses plans, lui exposer les siens, et le résultat de cette visite fut une association toute fraternelle.

« Le traité que nous fîmes alors entre nous, disait

M. de Lamennais à M. de Kergorlay, qui le rapporte dans la *Revue provinciale,* ce traité peut être appelé le monument de la plus extrême déraison à laquelle deux créatures raisonnables se puissent livrer. Il fut convenu que nous règnerions tous deux avec des droits égaux sur toutes nos maisons, que chacun fournirait de frères les établissements qu'il aurait fondés ou qu'il fonderait à l'avenir, et que le survivant deviendrait chef et propriétaire du local. Cette même charte obligeait chaque frère à une obéissance absolue envers MM. les deux supérieurs, sans prévoir même le cas où nous eussions donné des ordres contradictoires. Ce gouvernement à deux était la conception la plus extravagante et la moins pratique ; mais comme les deux fondateurs se convenaient admirablement l'un à l'autre sous tous les rapports et qu'ils s'aimaient, cela alla à merveille. »

Les deux fondateurs se convenaient sans doute, et pourtant il y avait entre eux, sur le degré d'instruction qu'ils jugeaient nécessaire de donner aux frères, une assez grande divergence d'opinions. J'ai dit par erreur que cette instruction comprenait le catéchisme, la lecture, l'écriture, les éléments de la langue française et du calcul, le système légal des poids et mesures, ajoutant qu'il ne devait rien y avoir de superflu, rien d'inutile dans la tête de ces bons instituteurs, qui n'avaient aucun besoin de savoir autre chose que ce qu'ils avaient mission d'enseigner à leurs élèves. Cette opinion était celle de M. Deshayes ; mais M. de Lamennais pensait avec l'auteur de l'*Imitation de Jésus-Christ* que la science est bonne en soi et selon l'ordre de Dieu, et que, sans rien perdre de leur humilité, les frères pouvaient, devaient même pousser plus loin leurs études, afin de s'attirer mieux encore l'estime et la confiance des familles. D'accord sur le but, le bien des âmes et la gloire de Dieu, il y eut donc quelque opposition entre les enseignements des deux amis et la conduite des maisons qu'ils dirigeaient, chacun suivant son système. Cette diversité de vues qui n'était pas sans inconvénient, pouvait nuire un jour à la société naissante ; mais en 1821, la nomination de M. Deshayes comme supérieur général des Missionnaires du Saint-Esprit et des Filles de la Sagesse laissa au seul abbé de Lamennais le soin de diriger les bons frères qui le vénéraient également. Appelé lui-même un an plus tard à la grande aumônerie de France, l'abbé Jean-Marie n'en demeura pas moins fidèle à sa jeune congrégation, près de laquelle il se fit représenter jusqu'en 1824, époque de son retour en Bretagne, par deux directeurs généraux, résidant l'un à Saint-Brieuc, l'autre à Dinan, et qu'il chargea de transmettre partout ses ordres, ses décisions, et ses avis. La congrégation entière garda son esprit de piété humble, soumise, sans s'effrayer toutefois si un certain nombre de ses membres pénétraient plus avant dans les connaissances humaines que le saint vicaire de Vannes ne l'eût désiré d'abord. A l'enseignement fondamental indiqué plus haut on se mit en mesure d'ajouter, suivant les besoins des localités, des leçons plus développées de grammaire française, d'arithmétique, l'étude de l'algèbre, de la géométrie, du dessin linéaire, etc.

« Etudiez en vue de Dieu, écrit M. de Lamennais dans les statuts de sa congrégation ; étudiez avec toute l'application dont vous êtes capables et non comme des écoliers qui font négligemment et à regret la tâche qui leur est imposée. Si vous n'aviez pas l'instruction nécessaire, on n'enverrait pas les enfants à votre école, et vous répondriez devant Dieu du salut de ceux qui se perdraient peut-être dans d'autres écoles, ou qui, n'en fréquentant aucune, ignoreraient toute leur vie les vérités les plus essentielles de la religion. »

Mais, dira-t-on peut-être, pourquoi cette congrégation nouvelle quand nous avions déjà les dignes fils du vénérable Lasalle ? N'ont-ils pas été institués également pour l'instruction des classes populaires dans les villes et dans les campagnes ?

A cela il y a une réponse bien simple :

Les frères Lasalle, d'après leurs constitutions, ne peuvent s'établir moins de trois ensemble; or, que de paroisses, surtout dans les campagnes, n'ont que des ressources insuffisantes pour la subsistance de trois personnes ! Le frère Lamennais peut être appelé isolément, sa place est faite à la table et au foyer du curé du village, de sorte que, par une ingénieuse combinaison qu'il serait trop long de détailler ici, les bienfaits de l'instruction chrétienne se répandent presque sans aucun sacrifice dans nos plus petites bourgades. Les recommandations du bon père à ses religieux sont empreintes d'un sentiment tout évangélique : il les conjure d'aimer et de pratiquer la pauvreté ; il les presse d'imiter saint Paul, le grand apôtre, qui, ayant la nourriture et le vêtement, ne désirait rien de plus. Le luxe dans les ameublements, la délicatesse dans les repas sont bannis de toutes les maisons où trois ou quatre frères se trouvent réunis en communauté. L'habillement est aussi simple que le reste : c'est une grande lévite noire boutonnée de haut en bas, le chapeau romain, plus un crucifix attaché sur la poitrine , comme pour rendre toujours présente à celui qui le porte la devise de l'ordre : *Dieu seul.*

Les frères de l'instruction chrétienne ne font, comme les bénédictins et les chartreux, que le seul vœu d'obéissance; pourtant on voit qu'ils sont dépouillés de tout, et qu'ils pratiquent rigoureusement les mortifications sans lesquelles il n'est pas de bons religieux. Il nous suffit de répéter que le nombre des frères Lamennais est aujourd'hui de neuf cent cinquante ou de mille pour donner une idée de tout le bien accompli par eux dans notre Bretagne. Tous cependant ne sont pas destinés à l'instruction des enfants dans nos villes et dans nos campagnes; il en est qui embrassent une mission plus difficile et peut-être encore plus méritoire. Voici ce que M. le ministre de la marine écrivait dans une circulaire du 27 février 1846 adressée aux évêques de France:

« La congrégation des frères de l'instruction chrétienne, fondée et dirigée à Ploërmel par M. J.-M. de Lamennais, a depuis plusieurs années joint à son œuvre métropolitaine la tâche importante de procurer à nos colonies d'Amériques et du Sénégal des frères instituteurs pour la direction des écoles gratuites. Les sujets qu'elle a mis et qu'elle continue de mettre à cet effet à ma disposition se sont fait distinguer partout par leur zèle comme par l'utilité de leur coopération. Depuis la loi sur le régime des esclaves, votée en 1845, mon département a plus besoin que jamais de recourir à l'assistance de cette honorable congrégation ; mais son supérieur général ne peut, malgré son activité et ses excellentes intentions, procurer au service colonial des frères instituteurs aussi promptement et en aussi grand nombre que la chose est devenue nécessaire.

« Le département de la marine a donc un intérêt réel à ce que le noviciat de l'institut de Ploërmel se recrute de nouveaux sujets, et je viens vous prier de vouloir bien y contribuer dans l'étendue de votre diocèse par vos efforts et vos exhortations...... »

On ne saurait assister sans une émotion profonde à la cérémonie religieuse qui précède le départ des frères pour les colonies. Devant le Saint-Sacrement exposé sur l'autel, les pieux voyageurs prononcent leur vœu perpétuel après avoir imploré les lumières de l'Esprit-Saint. Douze autres frères viennent ensuite leur baiser les pieds en chantant le cantique de Zacharie. Les paroles propres à fortifier le courage des exilés volontaires se succèdent doucement; les plus aimables souvenirs de la protection divine, souvenirs qui sont aussi des espérances, sont rappelés tour à tour : Abraham sorti de la Chaldée, les Hébreux conduits par Moïse, les mages guidés par l'étoile de Bethléem. « Sauvez vos serviteurs, car, mon Dieu, ils espèrent en vous ! » disent les amis qui restent, en priant pour les amis qui vont partir. Et s'adressant aux voyageurs eux-mêmes : « Que le Seigneur, continuent-ils, que le Dieu tout puissant et miséricordieux vous dirige dans le chemin de la paix et du bonheur, et que l'ange Raphaël vous y accompagne, afin que, la paix et la joie dans l'âme, vous marchiez pleins de force et d'ardeur au combat qui vous est proposé. »

Ce mot de *combat* employé dans les belles prières de l'itinéraire ne paraîtra nullement exagéré à qui voudra se rendre compte des difficultés de la mission des frères, surtout avant 1848. On sait dans quel état de dégradation se trouvait la race noire, même dans nos colonies françaises. Aux yeux de la plupart des colons, les malheureux esclaves n'étaient pas des personnes, mais des choses comme le démontrent si bien les renseignements précis que nous avons sous les yeux, et que nous citerons presque toujours textuellement. La cupidité des maîtres croyait trouver son compte à faire croupir tant d'infortunés dans une grossière ignorance des vérités les plus essentielles du christianisme. Ils ne pouvaient, sans autorisation spéciale de ceux dont ils étaient comme le bétail, ni faire leur première communion, ni se marier, et ordinairement cette permission leur était refusée, lors même qu'ils la sollicitaient avec le plus d'instance. Aussi les malheureux nègres avaient-ils fini par se persuader qu'ils n'avaient point d'âme ; ils ne se considéraient et ne se conduisaient que comme des brutes à face humaine ; ne vivant que pour travailler et souffrir, sans consolation aucune, ils recouraient souvent au poison pour se débarrasser du fardeau de leur pénible existence. De saints prêtres avaient cherché à les éclairer, à les convertir ; mais leur zèle s'était vu généralement paralysé par la malveillance des maîtres, à qui il importait d'avoir des animaux et non des hommes.

En 1847, le gouvernement s'est efforcé de mettre un terme à cette odieuse tyrannie. Une loi a contraint les colons de faire instruire leurs esclaves ; une autre loi, en défendant de vendre les époux à différents maîtres, a permis de substituer à d'épouvantables désordres l'union sainte du mariage ; les enfants âgés de moins de quatorze ans ont dû être envoyés aux écoles. Quant aux esclaves adultes, le clergé peu nombreux des colonies ne pouvant suffire à leur donner l'instruction religieuse, l'administration ecclésiastique et l'administration civile désignèrent de concert les frères Lamennais pour cette œuvre si belle, mais si difficile.

Afin de n'y pas échouer, il fallait des hommes d'une grande abnégation, d'un zèle infatigable et d'une prudence consommée, qui sussent se concilier à la fois et les colons et les nègres. Le choix des supérieurs de l'institut tomba pour la Martinique, sur le frère Arthur, et l'on ne tarda pas à reconnaître qu'ils avaient été merveilleusement inspirés. Cet excellent frère acquit en peu de mois la confiance générale : journellement il visitait sept ou huit habitations dans chacune desquelles se trouvaient réunis, terme moyen, une centaine d'esclaves. Il y exposait et expliquait simplement, familièrement, la doctrine chrétienne. Il apprenait et redisait aux pauvres nègres qu'eux aussi étaient enfants de Dieu et héritiers du ciel ; que le sang divin qui a sauvé le monde coula pour leur salut comme pour celui des blancs ; qu'ils avaient conséquemment une âme immortelle faite pour le Seigneur et destinée à le posséder. Le frère Arthur réussissait assez promptement à persuader des vérités si consolantes et si glorieuses à ces malheureux qu'un préjugé barbare avait jusqu'alors rangés parmi les bêtes de somme, mais ce n'est qu'avec d'incroyables difficultés qu'il pouvait graver dans l'esprit lourd, pesant, abruti des nègres les principales et indispensables vérités du salut ; il était beaucoup plus difficile encore de les déterminer à changer de vie, à régler leurs mœurs, à rompre des habitudes invétérées, devenues une seconde nature. Il a fallu du temps pour arriver à des résultats satisfaisants. Néanmoins, à force de zèle et de patience, le frère Arthur y est parvenu, et, après lui, tous les frères chargés de la même fonction. Beaucoup de premières communions se sont faites, beaucoup de mariages se sont célébrés, et l'on voit avec bonheur la continuation et même l'accroissement de cet élan vers la religion.

Il en a bien coûté sans doute aux nègres de se vaincre si généreusement eux-mêmes ; mais répétons-le, qu'il en a coûté aussi à ces admirables frères pour les retirer du bourbier fétide où ils étaient plongés ! Que de peines, de fatigues, de dégoûts en tous genres !... Exposés à toutes les intempéries d'un climat meurtrier pour les Européens, tantôt sous un soleil brûlant, tantôt sous une pluie battante ; ici accueillis avec froideur, là avec mépris, essuyant parfois les insultants sarcasmes d'un maître impie : telle était, telle est encore la position des frères missionnaires dans les colonies. Oh ! de quel vertu, de quel courage ils sont obligés de s'armer ! Voyez ce pauvre frère catéchiste : il va commencer sa tâche quotidienne ; il est cinq heures et demie, à peine a-t-il achevé l'oraison du matin. Après un frugal déjeûner, il dépose quelques provisions dans un sac de voyage, et monte à cheval. Souvent une pluie torrentielle inonde tout ; n'importe ! il part, car à telle heure il doit se trouver dans une habitation avant l'ouverture du travail, et s'il n'y est pas à temps, le pauvre nègre sera privé du pain de la parole. Il se hâte donc, il arrive et distribue à ces âmes simples la nourriture spirituelle. Il se rend ensuite dans une autre habitation : Son heure est encore fixée. Les travailleurs sont aux champs ; là même sans autre abri que la voûte du ciel, sans autre estrade que son cheval, il fait répéter et développe succintement le catéchisme. La journée s'écoule tout entière de cette sorte. Ses exercices de piété se font à cheval, son dîner se prend aussi à cheval. Le soir arrive, le nègre peut se délasser des fatigues du jour, mais pour le frère l'heure du repos n'est pas encore sonnée ; il lui reste deux ou trois habitations à visiter. Son instruction se fait alors dans une grange ou dans la maison du maître, s'il est bienveillant ; elle se termine par la prière du soir. Enfin, le frère retourne à la communauté, harassé sans doute, mais aussi accompagné des bénédictions des pauvres nègres, tout heureux d'avoir comme son divin Maître, *passé en faisant le bien*, et résolu de recommencer le lendemain la vie d'abnégation, l'apostolat obscur et pénible qui doit, en plaçant ses chers néophytes dans la route du ciel, lui en ouvrir à lui-même l'entrée.

L'empressement des noirs à se rendre aux instructions mérite d'être signalé. Lorsque le frère arrive dans une habitation libre où plusieurs autres du même genre se rassemblent, il sonne une espèce de trompe, et aussitôt les coteaux et les vallons se couvrent d'une foule de nègres qui paraissent se disputer le prix d'une course. Si parfois il remarque en eux un peu de lenteur, il prend un livre et lit à haute voix : comme les noirs sont grands amateurs de lecture, ils courent alors à se rompre les jambes.

Est-il nécessaire d'ajouter que la modestie, la piété, les saints exemples des frères de l'instruction chrétienne ont contribué beaucoup plus encore que leurs enseignements à l'heureux succès de leur mission dans les colonies ? Sénèque a dit que pour conduire à la vertu le chemin des préceptes est long, mais que celui de l'exemple est plus court et plus sûr, attendu que les hommes croient plutôt leurs yeux que leurs oreilles. Cette sentence se vérifie parmi les nègres mieux encore que partout ailleurs.

En 1848, les esclaves, séduits par les doctrines socialistes, se révoltèrent. Bondissant de fureur, ils voulaient briser sur la tête des colons les fers dont ceux-ci les avaient accablés. Le frère Arthur paraît alors comme un ange de paix au milieu des insurgés du Fort-de-France, capitale de la Martinique ; il les exhorte à la soumission, leur rappelle la grande loi de la charité, l'obligation et la sublimité du pardon des injures, et réussit peu à peu à les calmer, à les décider à reprendre leurs travaux habituels qu'ils avaient abandonnés. Une autre fois il a ramené au Fort-de-France deux cents nègres qui en étaient sortis pour se battre, s'entretuer au sujet d'opinions politiques. Le gouvernement a décerné à ce digne frère la décoration de la Légion-d'Honneur.

L'influence des frères sur les pauvres noirs s'explique par la reconnaissance passionnée des nègres pour ceux qui les instruisent. Cette reconnaissance est si profonde, qu'on a eu quelquefois grand'peine à en arrêter l'expression trop vive. C'est ainsi qu'en 1848 les noirs ayant voulu porter triomphalement le frère Arthur sur leurs épaules par toute la ville du Fort-de-France, il a fallu, pour empêcher cette ovation, les supplications instantes de l'humble frère, et même l'autorité du frère Ambroise, directeur général des Antilles à cette époque.

A Saint-Pierre, ville principale de la Martinique,

les bons frères, moins heureux qu'au Fort-de-France, ne purent d'abord calmer l'irritation des esprits. Le 22 mai, les nègres incendièrent plusieurs propriétés, massacrèrent plusieurs blancs, brûlèrent trente-trois personnes et commirent de grands excès. Mais s'étant aperçus que le feu allait se communiquer à la maison des frères de l'instruction chrétienne, ils s'empressèrent de conduire ceux-ci en lieu de sûreté, et ayant amené les pompes qu'ils avaient pris soin de cacher, ils travaillèrent toute la nuit à arrêter les progrès de l'incendie. On les entendit répéter à plusieurs reprises ces paroles : « Nous mourrons de fatigue plutôt que de laisser brûler la maison des bons frères. Malheur à qui leur ferait le moindre mal. » Ces religieux, ainsi protégés par la bonté évangélique qu'ils avaient montrée à de malheureux esclaves, réussirent à sauver la vie d'un blanc qui s'était réfugié chez eux tandis que sa maison était en proie aux flammes ; les nègres armés et furieux voulaient égorger le fugitif, l'un des hommes qu'ils détestaient le plus, lorsqu'une réflexion les arrêta subitement : « Pour tuer ce misérable, se dirent-ils, il faudrait blesser les bons frères. »

Arrêtons-nous à ce dernier trait si glorieux pour les frères de la Martinique et si consolant pour le vénérable fondateur de leur ordre. Depuis 1824, époque où il quitta la grande aumônerie pour se fixer dans sa communauté de Ploërmel, l'abbé Jean Marie de Lamennais n'a jamais caressé qu'une ambition : les bénédictions du Souverain Pontife sur l'institut modeste qu'il veut laisser après lui avec un gage de durée. A la suite d'une maladie grave qui fit craindre pour sa vie peu après la révolution de Février, le vieux prêtre breton adressa au Saint-Père sa pieuse supplique, et dès que les circonstances le permirent, l'auguste Pie IX y répondit généreusement. Si, comme on l'a supposé, la soif impatiente des dignités a dû contribuer à la chute de l'auteur des *Paroles d'un croyant*, le contraste est bien frappant entre les deux frères. Plusieurs évêchés ont été proposés successivement à l'abbé Jean-Marie sans qu'il consentît jamais à les accepter. En 1848, on lui offrit la croix de la Légion-d'Honneur : « Je l'ai déjà, » dit gaiement le vieillard. Il l'avait si bien cachée, qu'autour de lui personne ne connaissait l'existence de cette croix, ou du moins n'en avait conservé le souvenir.

Les écarts de son malheureux frère ont été le grand chagrin de M. de Lamennais. Dangereusement malades à la même époque, l'un à Paris, l'autre dans sa maison de Ploërmel, ces deux hommes, dont l'existence a été si différente, semblaient destinés à paraître le même jour devant le tribunal de Dieu. L'abbé Jean-Marie, cependant, éprouvait un mieux sensible, quand la nouvelle d'une crise plus alarmante dans la maladie de Robert-Félicité le décida, malgré les menaces des médecins, et les supplications de sa communauté en larmes, à voler immédiatement à Paris; son départ fut pour tous les siens l'adieu d'un mourant, car le docteur avait dit que l'émotion et la fatigue le tueraient. N'importe; là-bas, le cœur ulcéré qui allait bientôt cesser de battre tressaillerait peut-être sous la pression d'une main fraternelle. L'abbé Jean-Marie paraîtrait au chevet du moribond; il était prêtre, il pouvait absoudre, et personne n'avait le droit de le chasser quand il venait lui, vieillard, du fond de la Bretagne, embrasser cet autre vieillard, qu'il avait caressé tout enfant sur les genoux de sa mère. Cette grâce de miséricorde ne fut pas accordée à l'homme de génie qui avait abusé de tant d'autres grâces : en arrivant à Rennes, l'abbé Jean-Marie, apprit qu'il était trop tard; son frère avait rendu le dernier soupir.

La douleur du survivant ne saurait se peindre. De retour à Ploërmel, au milieu de ses amis, de ses disciples, qu'il appelle aussi du nom de frères, il resta plusieurs jours sans prendre de nourriture et passa tout un mois sans pouvoir retrouver le sommeil. Celui qu'il pleurait amèrement avait comparé la prière à la rosée qui rafraîchit la plante desséchée, flétrie : l'abbé Jean-Marie pria comme savent prier les saints, et la paix promise aux hommes de bonne volonté rentra dans son âme, délivrée à la fin d'un accablement trop expliqué. D'ailleurs, qui connaît la dernière pensée d'un mourant et les secrets de la bonté de Dieu? On a dit qu'au moment d'expirer, et quand la parole avait fui ses lèvres closes, Robert-Félicité promena un regard douloureux autour de lui, et qu'une larme sortie de sa paupière coula lentement sur ses joues creusées plus encore par les soucis que par les années, la maladie et les approches de la mort. La réconciliation n'a pas été apparente : Dieu le voulait ainsi pour laisser à une grande leçon toute sa force de terreur. Mais cette larme, d'où venait-elle, et que demandait-elle? O vénérable prêtre qui avez attaché au nom de Lamennais le souvenir d'une foi si humble, si fidèle et si courageuse; cette larme, votre seule consolation et votre dernière espérance, pourquoi ne serait-elle pas, en effet, le signe du repentir et du pardon, l'insigne faveur accordée à vos bonnes œuvres et à vos ardentes prières?

XVII

Mlle de Volvire.— Une noce. — Brocéliande et Baranton.— Le registre de Concoret — Guillou Arvern et l'abbé Nourri.

Le soleil baissait à l'horizon quand nous prîmes la route de Néant, et les sons prolongés des appels dans les cornes de bœufs que nous entendions tous les soirs, s'élevaient plus nombreux que jamais dans toutes les directions pour annoncer l'avant-dernière soirée du mois de Marie. Nous trouvâmes l'aubergiste de Néant, qui n'avait pu suivre ses filles au lieu désigné pour la réunion, agenouillé devant son lit, tournant le dos à la porte, et la tête dans ses mains. Le bruit de nos pas ne parut le distraire en aucune façon, et nous laissant prendre avec sa femme les arrangements nécessaires, il ne vint à nous que dix minutes après et lorsqu'il eut terminé sa prière par un signe de croix. Déjà, à Carnac, où nous dînâmes un vendredi, et où nous demandâmes si l'on pouvait nous servir en maigre, un autre aubergiste nous avait répondu que quand nous voudrions du gras, il ne nous en donnerait point un jour d'abstinence. Tout cela se dit et se fait simplement, sans timidité et sans orgueil, comme il convient à des populations sincèrement chrétiennes, et qui ont prouvé que, si elles aimaient et vénéraient leurs autels, elles savaient aussi les défendre.

Avant de nous retirer dans la petite chambre où nous devions passer la nuit, nous causâmes au coin du feu avec l'aubergiste et sa famille. La conversation roula sur Mlle de Volvire enterrée dans l'église de Néant, et dont le cercueil disputé à cette église par les habitants du bois de la Roche fut au moment d'être enlevé par ces derniers. Ces débats entre de pauvres paysans pour le tombeau d'une femme ignorée qui fut leur bienfaitrice, nous parurent la plus touchante oraison funèbre de celle qu'on ne nomme plus dans ces campagnes que sainte Anne-Toussainte. La fille de notre hôte voulut, d'ailleurs, nous raconter l'histoire de la sainte de Néant. Dans une partie de chasse donnée par son père dans le but de réunir tous les jeunes seigneurs du voisinage aspirant à sa main et qui la pressaient de faire un choix, l'héritière du bois de la Roche emportée par son cheval à travers la forêt et tombant avec lui dans un précipice, se crut au moment de la mort. Un des cavaliers qui l'accompagnaient osa la suivre dans sa course effrayante. C'était un pauvre gentilhomme des environs, le seul que la jeune fille eût distingué, le seul que M. de Volvire repoussât à cause de son peu de fortune. Arrivé au bord du précipice où celle qu'il aimait venait de disparaître, le jeune homme l'aperçut à dix pieds au-dessous de lui, suspendue par sa robe d'amazone à de faibles branches qui la soutenaient évanouie sur l'abîme dans le fond duquel gisait le cheval broyé et sanglant. Anne-Toussainte fut sauvée; son père en la recevant de l'homme courageux qui la lui rendit,

oublia la pauvreté de cet homme, et prononça d'une
voix émue le nom de fils. Mais, tout en larmes,
Mlle de Volvire l'arrêta. Il était trop tard. Un vœu
fait au moment de son épouvantable chute, lui défendait maintenant le mariage. Depuis ce jour jusqu'à la fin de sa vie, l'héritière du bois de la Roche
ne songea plus qu'à louer Dieu, soigner les malades
et assister les pauvres, devenus sa part de bonheur
dans ce monde par la joie qu'elle trouvait à les
chérir. Indulgente presque jusqu'à la faiblesse, à
force de bonté, c'est elle qui, sur l'avertissement
qu'on lui donnait qu'un de ses pauvres changeait
d'habits pour se présenter deux fois à chaque distribution d'aumônes, répondait en souriant que la
peine de faire deux toilettes méritait bien un petit
dédommagement. Le miracle des roses qu'on raconte de sainte Elisabeth, et qu'on attribue aussi à
Néant à Mlle de Volvire, nous fut rapporté par notre
jeune paysanne avec un plaisir qui tenait du ravissement. Le lendemain, nous vîmes dans l'église, à
quelques pas de la balustrade placée devant le
maître autel, le tombeau de la sainte recouvert d'un
drap blanc orné de bouquets. Son portrait qui la
représente en habits de deuil, dans l'attitude de la
méditation, orne la modeste sacristie de la même
église. Mlle de Volvire est l'un des types les plus
parfaits de nos châtelaines bretonnes, véritables
héroïnes chrétiennes, laissant dans toutes les paroisses où s'écoule leur vie méritoire les plus doux
souvenirs de vertu, d'abnégation, de courage, et qui
justifieraient à elles seules la vénération du paysan

pour la vieille noblesse si, en général, les hommes appartenant à cette même classe dans nos campagnes, n'étaient eux-mêmes les amis dévoués et constants du cultivateur. Heureuses plutôt que fières du respect et de la confiance qu'elles inspirent, vous les voyez ces admirables femmes surmonter tous les dégoûts, toutes les faiblesses de la nature, laver le sang du blessé, panser les plaies les plus hideuses, aider à relever de sa couche de paille fétide, au coin d'une crèche en ruine, la mendiante qu'on y a trouvée à demi-morte d'épuisement et de froid. C'est pour réclamer la plus large part de ces soins si répugnants qu'à l'heure où la femme du monde commence à peine à se reposer des fatigues du bal, la dame ou la demoiselle du manoir parcourt en sabots les chemins boueux ou couverts de neige, et va porter avec les médicaments qui calment les douleurs physiques, ces bonnes paroles qu'elle sait dire, et que la souffrance morale accueille comme un remède encore plus certain. J'ai eu souvent le bonheur de me rencontrer avec la dame et la demoiselle du manoir, et je n'ai jamais mieux compris qu'en leur présence toute la profondeur de ces belles paroles de l'*Imitation de Jésus-Christ :* — « Celui-là est vraiment grand qui a une grande charité. »

Entrés dans le Morbihan par la forêt de Quénécan, nous allions en sortir par une autre forêt, cette poétique Brocéliande des romans de chevalerie, et qui, du temps du roi Arthur, dont le palais était à Gaël, n'avait pas moins de quatre-vingts lieues de tour. Le maire de Tréhorenteuc nous a conduits dans la partie de cette forêt qui conserve encore le nom de Brécilien, dans la pittoresque vallée de Coulvan, où des collines couvertes de taillis et de rochers grisâtres bordent des étangs profondément encaissés entre les deux rives, et d'un aspect aussi sauvage que mélancolique. Notre guide nous raconta plusieurs anecdotes sur l'archidruide Merlin, enchanté par Viviane, sous un buisson d'aubépine; mais ce qu'il nous dit, ainsi que plusieurs autres détails se rapportant à la forêt de Paimpont et aux sorciers de Concoret, trouvera place ailleurs, dans un épisode détaché de ce journal de voyage.

En sortant un instant du Morbihan pour nous rendre à Paimpont, avant de visiter la fontaine de Baranton et Concoret, notre désir était de voir les parties anciennes de l'église de l'abbaye, plutôt que les grandes forges établies à l'une des extrémités de la forêt depuis plus de deux cents ans. La pluie nous ayant surpris à notre arrivée dans le bourg, nous renonçâmes donc aisément à ce que peuvent avoir d'intéressant les hauts fourneaux, les affineries et les fonderies, et après avoir gémi des mutilations qu'on n'a pas épargnées au charmant portail, surmonté par l'image décapitée de Notre-Dame-de-Paimpont, nous résolûmes de nous mettre de suite en route pous Concoret, en passant par Baranton, la fontaine chérie des fées.

« — La fontaine de *Bélanton!* dit l'hôtesse, à qui je demandais des explications sur le chemin qu'il nous fallait suivre : assurément, vous n'allez pas y demander de la pluie ! »

Pour comprendre cette exclamation accompagnée d'un gros rire, vous saurez que quelques gouttes d'eau de la fontaine de Baranton répandues par le seigneur de Montfort sur la pierre appelée le Perron de Merlin faisaient immédiatement pleuvoir par toute la Bretagne, si abondamment, dit une charte du quinzième siècle, citée par M. du Taya, dans son livre sur Brocéliande, « que la terre et les biens en icelle en sont arousés et moult leur profite. » Or, au moment où la bonne femme de Paimpont nous parlait, il pleuvait à verse.

« — Et pourquoi ces messieurs n'iraient-ils pas à Belanton, attirés plutôt par la bonne pochée d'argent cherchée inutilement par tant d'autres ! s'écria un jeune forgeron attablé dans un coin devant une chopine de cidre et un plat de gros lard. Vous savez bien qu'il y a un trésor sous une pierre, dans le ruisseau qui sort de la source.

« — Non, non, reprit une vieille en faisant sauter une crêpe dans la poêle, et toujours du même ton de plaisanterie ; c'est un livre de sorcellerie que Merlin a caché sous la pierre !

« — Eh bien ! continua l'hôtesse, je ne vous conseillerai pas de chercher tout seul Belanton, par le temps qu'il fait. Il y a bien deux bonnes lieues d'ici là ; et tant de sentiers se croisent dans la forêt, qu'un étranger court grand risque de s'y perdre.

« — Mais si vous nous procuriez un guide ? demanda l'ami.

« — C'est assez difficile, répliqua l'ouvrier, les forges emploient tant de bras ici que chacun a ses occupations. Et d'ailleurs, voyez comme les nuages fondent en eau ! Sauf les canards, je ne vois guère que vous pour trouver la promenade agréable aujourd'hui. Attendez pourtant, je crois que la noce à Vincente est encore au bourg. Oui, c'est cela ! Vincente vous conduira à moins d'une demi-lieue de la fontaine ; vous n'aurez qu'à suivre la noce. »

Le forgeron nous indiquait de la main une petite auberge au coin de la place, et je m'y rendis au plus vite, pour solliciter l'insigne faveur de faire partie du cortége de la mariée. Bonne Vincente ! quelle heureuse inspiration elle avait eu de prendre un époux ce jour là. Je la trouvai à table entourée de ses vieux parents, et d'une douzaine de jeunes gars et de jeunes filles. « — Assurément, monsieur, dit-elle en rougissant, nous vous montrerons la bonne route. Mathurin même pourra bien nous quitter un instant pour vous mener à la fontaine. »

Mathurin était le jeune mari.

« — Non pas, méchante ! dit-il, je ne vous quitterai volontairement aujourd'hui, ni peu ni beaucoup. Cependant, l'un de nous mettra ces voyageurs dans leur chemin, et ils peuvent être bien sûrs qu'avant de partir nous irons les prendre à leur auberge.

« — Et quand partez-vous ?

« — Dans un quart-d'heure tout au plus. »

C'était charmant ! Je revins chez notre hôtesse

apprendre à mon ami l'heureux succès de mon ambassade, et tout naturellement la conversation tomba sur les noces. « Je n'oublierai jamais, nous dit une jeune fille de la Trinité-Porhoët, la noce de Jeanne Hervot, à la Nouée, où nous avons couru six heures de temps, dans la neige, y perdant nos souliers à chaque instant. Oui, de la maison de Jeanne à l'église il n'y avait pas trois lieues, et nous avons mis six heures de temps à les faire, courant à droite et à gauche, ne laissant pas aux jeunes gens le temps de respirer, si bien que plusieurs d'entre eux s'impatientèrent, et jurèrent à la fin qu'ils nous laisseraient retourner chez nous. »

Et la jeune fille riait comme une folle.

Nous demandâmes des explications, et voici ce que nous aprîmes sur les usages du pays relativement aux mariages. L'un de ces usages, vous allez le reconnaître, était de nature à nous donner beaucoup à réfléchir sur l'imprudence que nous avions faite, en choisissant une noce pour nous guider dans la forêt de Paimpont.

Lorsqu'un jeune homme a arrêté son choix sur une jeune fille et que cette jeune fille est prévenue qu'il va venir la demander à ses parents, au lieu de faire aucun frais de toilette pour le recevoir, elle prend ses habits les plus négligés, et s'arrange de façon à être surprise faisant la lessive, nettoyant l'étable à vaches, enfin au milieu des travaux les plus rudes et les plus grossiers. « — Bon ! allez-vous dire, c'est encore de la coquetterie ! — Eh ! mon Dieu, oui, mesdames ! mais ruse pour ruse, celle qui cherche à mettre en relief au lieu d'avantages futiles, des qualités solides, dénote au moins plus de jugement. — L'entrevue a lieu, la demande est faite ; le futur mari est agréé. C'est bien ! Le voici qui vient un soir avec des bouteilles, et qui verse un peu de vin à sa fiancée, un peu plus à la mère et à la marraine, beaucoup plus au père, au parrain, à tous les parents et amis rassemblés pour trinquer avec lui, et boire à son heureuse union. Suivant sa fortune, il dépose entre les mains de la jeune fille, trente, quarante, cinquante francs, somme qu'il faudra doubler, si, après s'être engagé ainsi, il vient à reculer devant l'exécution de sa promesse. Le matin des noces arrive, et avec lui le futur et tous ses amis. Mais, la mariée, où est-elle ? Ah ! la mariée doit se cacher soigneusement, car il est convenu que le mariage lui fait une peur effroyable. Il faut donc la chercher dans les armoires, les bahuts, les coffres, chez elle et chez ses voisins, où elle se réfugie ordinairement, et l'amour propre ou, si vous le voulez, la coquetterie se mêlant du jeu, la découvrir n'est pas toujours chose facile. Une femme racontait, par exemple, qu'elle avait eu la mauvaise inspiration de se cacher dans un champ de blé, où il fallut la chercher plusieurs heures, bien que dans la crainte que le jeune gars ne perdît patience et ne s'en allât sans la trouver, elle employât tout ce que ses mains avaient de force pour agiter les épis et attirer l'attention.

Une fois la fiancée arrachée de sa cachette, tout n'est pas fini ; surtout si la jeune épouse doit quitter sa paroisse pour aller habiter celle de son époux. C'était le cas de Jeanne Hervot, dont la jeune fille de la Trinité se rappelait avec tant de plaisir le mariage. En traversant la forêt de la Nouée, à chaque instant la mariée et toutes ses compagnes d'enfance prenaient la fuite du côté de leur village, et en même temps, faisant aussi volte-face, tous les jeunes gars de la paroisse du mari s'élançaient après elles, et cherchaient à les ramener. La mariée, une fois saisie, déclarait qu'elle ne marcherait qu'entourée de Jacquette, Perrine, Yvonne, Mathurine, et toutes les fugitives rassemblées à grand'peine reprenaient ensuite le chemin de l'église, pour s'échapper et courir de nouveau à la première occasion. Malgré le froid de janvier et la neige qui couvrait les chemins, Jeanne et toute sa suite arrivèrent à la Nouée baignées de sueur, exténuées de chaleur et de fatigue. La cérémonie terminée, la noce se rendit à la ferme du mari, à l'entrée de laquelle des parents, restés au logis, reçurent la mariée en lui présentant, avant qu'elle eût franchi le seuil de la porte, du pain, du beurre, une bouteille, le tout figurant une prise de possession de la maison. Le repas et la danse remplirent la journée jusqu'au coucher du soleil. Mais si la mariée renonçait enfin à courir pour retourner à la maison paternelle, la coutume exigeait qu'elle se cachât une fois encore, et qu'on la cherchât derrière les tas de fagots, dans le grenier à foin et ailleurs. Comme vous le voyez, c'est une journée fort laborieuse pour tout le monde, que celle d'un mariage dans les campagnes du Morbihan, et la première chose, avant de se mêler au cortége d'une noce, est de bien consulter l'agilité de ses jambes. Une réflexion nous vint donc à l'esprit. Quoi ! nous étions exposés dans la forêt de Paimpont à voir nos guides revenir vingt fois sur leurs pas, s'échapper par tous les sentiers, nous obliger, pour ne pas les perdre en chemin, à courir nous-mêmes avec eux, le sac sur le dos, après Mathurine, Fanchon et Jeannette !... Il faut bien vous l'avouer, nous nous défiâmes assez de nos forces pour nous esquiver sournoisement, avant que la bonne Vincente nous eût fait prévenir qu'il était temps de se mettre en route. Un garde forestier, rencontré par le plus heureux hasard, nous offrait, d'ailleurs, une compagnie plus paisible. Nous le suivîmes, et moins d'un quart d'heure après nous rentrions avec lui dans la forêt des aventures.

Quoi que Pline ait pu dire d'un consul romain qui prenait tant de plaisir à entendre les gouttes de pluie tomber sur les feuilles d'arbres, que, lorsqu'il pleuvait le soir, il faisait porter son lit dans son jardin, nulle part le mauvais temps n'est aussi triste que dans une forêt ! Tandis que nous enfonçons, à chaque pas, jusqu'à la cheville, dans une boue molle, et que les branches d'arbres, secouées par le vent, ajoutent des petites averses plus pénétrantes à la pluie qui ne discontinue pas un instant, et jette comme un voile gris sur le ciel, nous causons avec le garde de la guerre qu'il fait aux loups, ses farouches voisins. Nous parlons aussi de Merlin et de Viviane, sa mie; d'Esplandian, fils d'Amadis, nourri par une lionne; du chevalier Ponthus et de son pas d'armes; d'Eon de l'Etoile, enfin, dont une rue de Concoret a conservé le nom. Je reviendrai avec vous, je le répète, sur Brocéliande et Baranton; aujourd'hui, il me suffira de dire que nous trouvâmes la périlleuse fontaine déserte, et que, si la source nous parut toujours comme à Huon de Meri, au treizième siècle, « clère com fins argens » moins heureux que le poëte, nous n'éprouvâmes point la vertu de l'eau magique, et nous dûmes nous résigner à partir sans avoir vu le *ciel ouvert* et *le mont du paradis*. Aucune fée ne se présenta non plus pour nous octroyer un don. C'était bon quand les chevaliers s'en allaient *par la sentelette où poignait l'herbe drue*, déposer *doucement et bellement* au bord de la fontaine, l'enfant de Butor de la Montagne. Plus tard, ce même lieu devint le théâtre des opérations mystérieuses d'Eon et de ses adeptes. Plus tard encore, et presque de nos jours, la tradition d'un trésor, caché sous un débris du perron de Merlin, remplaça les autres prodiges, et fit bouleverser inutilement, par un pauvre vieillard de Concoret, toutes les pierres de Baranton. Aujourd'hui, voulez-vous savoir ce que devient ce merveilleux, qui passa des fées aux sorciers, des sorciers aux alchimistes : « — Il y a réellement un trésor dans la fontaine, nous dit un paysan, et ce trésor c'est la source même, si belle, si abondante, et dont les eaux bien dirigées seraient une véritable richesse pour quelques-uns. » Viviane, Urgèle, Morgan,

Mélusine, où êtes-vous?... Voilà ce que nous avons entendu à Baranton, le lieu de féerie, à quelques pas du *Breil du seigneur*, qu'aucune bête venimeuse ne pouvait habiter, et du *Val sans retour*, d'où les faux amis ne sortaient jamais lorsqu'ils avaient eu la témérité de s'y rendre !

Un petit homme habillé de brun, que nous rencontrâmes à Concoret, me dédommagea un peu par des histoires de sorciers auxquelles il croyait fermement de la froide raison de ce laboureur expliquant à sa manière la dernière légende de la fontaine aux merveilles. Mouillés jusqu'aux os, mon ami s'était retiré de bonne heure dans notre chambre, et, pendant qu'il dormait, assis au coin d'un bon feu, bien utile pour sécher mes vêtements et ceux de mon compagnon de voyage, j'écoutais les récits de l'homme brun, me promettant bien de vous les redire à mon retour, surtout le plus intéressant, celui-là même qui ne peut trouver place dans ce journal à cause de son étendue. Le vieux conteur s'informa aussi curieusement de l'itinéraire que nous avions suivi des Forges-des-Salles à Concoret. — Nous n'avons pas tout vu dans le Morbihan. A un autre voyage la trappe de Tymadeuc, les châteaux de Brignac, de Rochefort, de Trécesson, les beaux vitraux des églises de Malestroit, de Beignon, de Ferel, de la chapelle Sainte-Anne à Saint-Nolff, les pierres druidiques de Pluherlin, presque aussi nombreuses que celles de Carnac, mais, pour la plupart, couchées sur la lande.

Concoret a deux monuments curieux, les ruines

du château de Comper et le manuscrit d'un pauvre prêtre réfractaire. Je ne parlerai que du dernier, pour les raisons que vous connaissez déjà. Ce manuscrit, publié en partie par M. Ropartz cette année même (1853), fut écrit par l'abbé Guillotin, prêtre de Concoret, dans le but principal de continuer les registres ecclésiastiques constatant l'administration des sacrements du baptême et du mariage, et cela pour une douzaine de paroisses que le zélé proscrit soutint dans la foi chrétienne pendant les plus mauvais jours de la révolution. Ce registre si compromettant pour celui qui le tenait dans l'intérêt des familles catholiques, renferme aussi l'énoncé des événements les plus remarquables arrivés à la même époque dans le pays. Si ces notes courageuses témoignent de l'intrépidité de leur auteur, il y en a d'un autre genre qui nous révèle une tranquillité d'âme vraiment admirable chez un homme toujours au moment d'être traîné à l'échafaud ou fusillé. Quand la société tout entière semble s'abîmer autour de lui, l'abbé Guillotin, en attendant que le bourreau lui demande sa tête, rassemble tout ce qu'il sait sur l'histoire de ces églises dévastées, de ces châteaux incendiés, et poursuit paisiblement ses études archéologiques. Quelles annales, pourtant, que celles contenues dans ce registre, et qui s'ouvrent au 5 juin 1791 pour ne se fermer qu'en mai 1800. — Là tout est raconté en peu de mots : des faits sans aucun commentaire. Mais ces faits, qui sont l'histoire de tous les prêtres réfractaires cachés dans nos campagnes durant la persécution, et des paroisses restées fidèles à ces prêtres, parlent avec assez d'éloquence pour dispenser le narrateur de toute réflexion. La première date nous montre l'abbé Guillotin chassé de la cure de Saint-Servan, pour refus de serment à la constitution civile du clergé, et venant chercher un refuge à Concoret chez ses parents, artisans et laboureurs. L'année suivante, voici la mention du décret ordonnant l'exportation ou l'emprisonnement de tous les prêtres non assermentés. Le vieux recteur de Concoret et ses vicaires fuient à Jersey, et le dimanche 30 septembre 1792, l'abbé Guillotin célèbre la grand'messe à l'église, en annonçant aux paroissiens consternés que désormais ils n'en auraient plus, attendu que leurs pasteurs étaient en exil. Les objets précieux destinés au culte sont portés au district de Ploërmel le 11 février 1793, les autels sont renversés, on tire les battants des cloches, ce qui n'empêche point les habitants de Néant, Concoret et Tréhorenteuc, assemblés dans l'église du chef-lieu, de prendre un arrêté pour demander la religion catholique et la liberté du culte, à l'occasion d'une nouvelle constitution de la France *formée par un nommé Robespierre, avocat, et ses adhérents.* Sur la fin d'août, la faction du *nommé Robespierre* l'a décidément emporté sur toutes les autres. *Une machine qu'on nomme guillotine* est mise en activité pour décoller *les prêtres, les grands de l'État, les riches, les gens d'esprit.* Le mercredi 9 octobre, les gendarmes de Plélan, accompagnés de deux cents gardes nationaux de Paimpont, se mettent à la poursuite du prêtre insoumis qui passe la nuit sur la lande avec son ami le curé de Bran. En 1794, les églises dépavées servent de dépôts de fourrage, les pierres tombales sont retournées et enfoncées sous terre; on plante dans le cimetière, sur les *ossements des défunts*, à la place d'une croix abattue, un chêne surmonté d'un bonnet rouge. Le jeudi-saint, sur le bruit que les troupes nationales ont profané *avec la plus grande fureur* les églises de Plélan, Beignon, Saint-Malon, Gaël, la municipalité et le comité de Concoret descendent eux-mêmes les tableaux et les statues des saints pour les cacher, notamment, dit le bon abbé, la statue de la sainte Vierge placée au milieu du grand-autel, sous le nom de Notre-Dame-de-Concorde. Le 3 mai, arrive un premier détachement de Vendéens. « Cette troupe paie généreusement tout ce qu'elle prend, montre beaucoup de piété, n'insulte personne, n'attaque point la première, et dit ne s'assembler ainsi que pour le rétablissement de la religion et de la royauté. » Trois jours après, cent dragons et deux mille soldats républicains achèvent la dévastation de l'église, brisent le tabernacle et les confessionnaux, mettent en pièces les croix de pierre encore debout. Les troupes royalistes et républicaines se succèdent au bourg; quinze soldats bleus viennent y tenir garnison pour traquer les prêtres et les déserteurs, avec ordre de fusiller les premiers et de conduire les autres à l'armée. La note du 26 juillet rappelle l'exécution d'un vicaire de Landujan et le massacre d'un prêtre de Guer, tué par les soldats en garnison à Plélan, et qui viennent aussi à Concoret. En novembre,

Mathurin Quedillac est nommé pour abattre les bois et fossés sur le bord des grands chemins, *à cause des vols et assassinats qui s'y commettent de toutes parts.* Enfin, le sinistre journal, qu'il serait trop long d'analyser dans les dix années qu'il embrasse, continue ainsi et plus sombre encore, car dans les pages qui suivent on ne voit que cadavres jetés dans les étangs ou laissés nus sur les chemins jusqu'au moment où l'infection qu'ils répandent oblige à les enterrer.

Une note de l'année 1708, confirme ce que vous avez déjà vu des faux chouans. « En mai, des pa-
« triotes se disant prêtres catholiques revenant
« d'exil, se servent de toutes sortes de ruses pour
« tromper les gens de la campagne, afin de prendre
« ou de massacrer les prêtres. — Le dimanche ma-
« tin 17 juin, sept hommes habillés de gris, armés
« de fusils à deux coups, soi-disant royalistes, s'étant
« arrêtés à boire à Crozon, ont demandé la route
« de Ploërmel..... Le jour précédent, ils avaient
« passés à Iffendic, Saint-Malon et Muël, et étaient
« venus coucher à Gaël, où ils ont conféré à l'au-
« berge avec le commissaire du pouvoir exécutif,
« lequel a fait tirer vers eux quelques coups de fusil
« de très-loin après leur départ. Ils s'informaient
« beaucoup des prêtres. On a appris que ce sont des
« patriotes déguisés qui jouent ce rôle pour faire
« des découvertes et pour donner un prétexte aux
« fouilles. — Le même jour, après-midi, arrive à
« Concoret un détachement de la garnison de Mau-
« ron, feignant de poursuivre ces prétendus roya-

« listes. Il a déclamé contre les prêtres, en leur
« imputant ces désordres. Il a fait des fouilles, sur-
« tout au Bran. »

C'est donc au milieu de ces brigandages, de ces fourberies, de ces assassinats, de ces menaces terribles pour le pasteur qui persistait à demeurer avec son troupeau, pour le troupeau qui osait cacher son pasteur ; c'est au milieu de tous ces désordres, de tous ces crimes, de tous ces périls, que le prêtre proscrit continuait de verser l'eau sainte sur le front des nouveaux-nés, de bénir les unions, d'assister les mourants qui, lorsque leur ami, leur père, trop bien épié, ne pouvait venir jusqu'à eux, se faisaient porter plus près de lui dans la campagne. Dans les seules années 1793 et 1794, l'abbé Guillotin baptisa deux cent trois enfants et bénit soixante-douze mariages. La foi du prêtre et du fidèle triomphait de tous les obstacles, et leur attachement réciproque, comme toutes les affections nobles, généreuses, grandissait dans l'adversité. La poésie populaire a conservé plus d'un monument de cet amour des populations bretonnes pour leurs prêtres, et des prêtres bretons pour le troupeau confié à leurs soins.

« Encore, s'écriait dans sa sublime complainte des *Bleus*, traduite dans le *Barzaz-Breiz*, Guillou Ar Vern, paysan de Gourin, et le Tyrtée de la chouannerie ; « encore si nous pouvions trouver
« une croix où nous mettre sur nos deux genoux,
« pour demander à Dieu la force qui nous manque !
« — Mais votre croix sainte, ô mon Dieu ! a été

« abattue partout, et la croix de la bascule, (la guil-
« lotine) a été dressée à sa place. — Chaque jour
« on voit vos prêtres comme vous sur le Calvaire,
« comme vous incliner la tête en pardonnant à la
« terre. Ceux d'entre eux qui ont pu s'enfuir se ca-
« chent dans les bois ; là, ils disent la messe, la
« nuit, parmi les rochers ; en bateau, parfois, sur
« mer. — D'autres, traversant l'Océan, se sont
« expatriés sans ressources, aimant mieux manger
« tranquillement du pain d'avoine que de manger
« du pain de froment, le pain du démon avec des
« remords. »

Ainsi chantaient, ou plutôt ainsi gémissaient les
laboureurs, et les prêtres leur répondaient avec
l'abbé Nourri, recteur de Bignan, auteur de la ravissante élégie du *Prêtre exilé*, traduite aussi par
M. de La Villemarqué : « Ecoutez un recteur de l'évê-
« ché de Vannes, exilé par la foi, loin du royaume ;
« son corps est loin de vous, mais sa pensée comme
« son cœur ne vous ont pas quittés. — Depuis l'ins-
« tant cruel où des ordres impitoyables m'ont éloi-
« gné de vous, je vous ai toujours devant les yeux,
« et je pleure nuit et jour en songeant à vos
« peines..... — Ah ! mes chers enfants, dans quel
« état êtes-vous ? Vous me cherchez tous les jours,
« et vous ne me trouvez plus ; moi, je vous cherche
« aussi, mais, hélas ! vous n'avez plus de père et
« je n'ai plus d'enfants !..... — Tourterelle, petit
« rossignol, quand revient le temps nouveau, vous
« allez chanter à la porte de mes enfants. Ah ! que
« ne puis-je y voler, comme vous ! que ne puis-je

« voler, par de là la mer, jusqu'à mon pays, comme
« vous ! Ah ! dites-leur comme je ferais, chantez-
« leur de toutes vos forces : Conservez-bien la foi,
« conservez votre loi, et faites-leur vous répondre :
« Oui, nous conserverons la foi ; plutôt souffrir mille
« morts que d'oublier notre Dieu ! »

Je termine ici mes notes sur nos *Pèlerinages du
Morbihan,* car la forêt de Paimpont est déjà loin
derrière nous, et nous voici à Gaël, dans le département d'Ille-et-Vilaine. Comment pourrais-je mieux
finir cette relation si imparfaite de quelques journées de voyage, que par les belles paroles de l'abbé
Nourri, résumant si bien dans un même vœu ce
qui fait la gloire, la force et le bonheur de notre
chère Bretagne ?

TABLE.

I. Les Pèlerinages. — Prière des voyageurs. — Le voyage à pied. — Carhaix. — La Tour d'Auvergne. — La dent de Beaumanoir. — Le clocher de Locmaria. 7

II. Guillaume au court nez. — Les bords du Blavet. — L'abbaye de Bon-Repos. — La forêt de Quénécan. — Ballade des *Fils Euret* 23

III. Légende de Castel-Finans. — Les Poulpiquets. — Les gendarmes de Cléguérec. — Les monuments druidiques. — Le jeu de *Pistolance*. — Le jubé de Saint-Fiacre 36

IV. Conspiration de Cellamare. — *La mort de Pontcalec*, ballade. — Jugement et exécution. — Lettre de Madame de Talhouët 54

V. Le tisserand de Guéméné. — Pèlerinage de Notre-Dame-de-Quelven. — Monument d'Hippolyte Bisson. 69

VI. Vrais chouans et faux chouans. — Pontivy. — La jardinière et sa fille. — Grottes de Saint-Gildas et de Saint-Rivalain. — Pèlerinage de saint Nicodème. — Culte des fontaines. — La Vénus de Quinipily et les Hercules. — Les protégés de saint Colomban. 86

VII. Saint Patern. — Saint Vincent Ferrier. — Le Père Huby. — Eudo de Kerlivio 105

VIII. Le collége de Vannes. — Caractère des Bretons. — Le Manach. — Conspiration. — Départ des écoliers. — Combat de Sainte-Anne. — Échec à Redon. — Combat de Muzillac. — Pacification. — Rencontre dans un salon de Versailles. 123

IX. César et les Vénètes. — La tour du connétable. — Tir du papegault.—Monuments de Vannes.—La *Groac'h* de l'étang du Duc. — Les ermites. — La chapelle de Bethléem. — Le commis-voyageur et l'Alréenne. — La *soule* 148

X. Auray. — Souvenirs d'un premier voyage dans le Morbihan en 1845. — Georges Cadoudal. . . . 164

XI. La Chartreuse.—Expédition de Quiberon.— Le Champ-des-Martyrs 183

XII. Vallée de Kerso. — Légende de Nicolazic. — La *Scala-Sancta*. — L'église et la fontaine de Sainte-Anne.— Le paralytique de Messac.—La fuite des captifs. 201

XIII. Les élèves du petit séminaire de Sainte-Anne. — Fêtes et pèlerinage. — M. de Kériolet.— La pierre de Mériadec. — Hennebont. — Jeanne de Montfort. — Lorient. — Procession de Notre-Dame-de-Victoire. — Notre-Dame-de-l'Armor. — Bénédiction des Coureaux 218

XIV. Antiquités de Crac'h. — Rencontre d'un vieux paysan. — Contes du Morbihan. — Monuments celtiques de Locmaria-Ker et de Gavr'innis. — Les Archéologues et les choux.— La jeune fille noyée.— *A ma vie.*— Les alignements de Carnac. — Houat et Hœdic. 237

XV. Saint-Gildas de Rhuys. — Lesage. — La rosace de Saint-Jacques. — Ruines de Sucinio. — Ruines d'Elven. — La fermière de Kerfily. — Notre-Dame du Roncier. — Les aboyeuses de Josselin. — Le prieuré de Saint-Martin. — Château d'Olivier de Clisson. . . 258

XVI. Le combat des trente. — La poésie bretonne. — Ploërmel. — Les frères Lamennais. 278

XVII. Mlle de Volvire. — Une noce. — Brocéliande et Baranton. — Le registre de Concoret. — Guillou-Arvern et l'abbé Nourri 299

CAMBRAI. — IMPRIMERIE DE RÉGNIER-FAREZ.

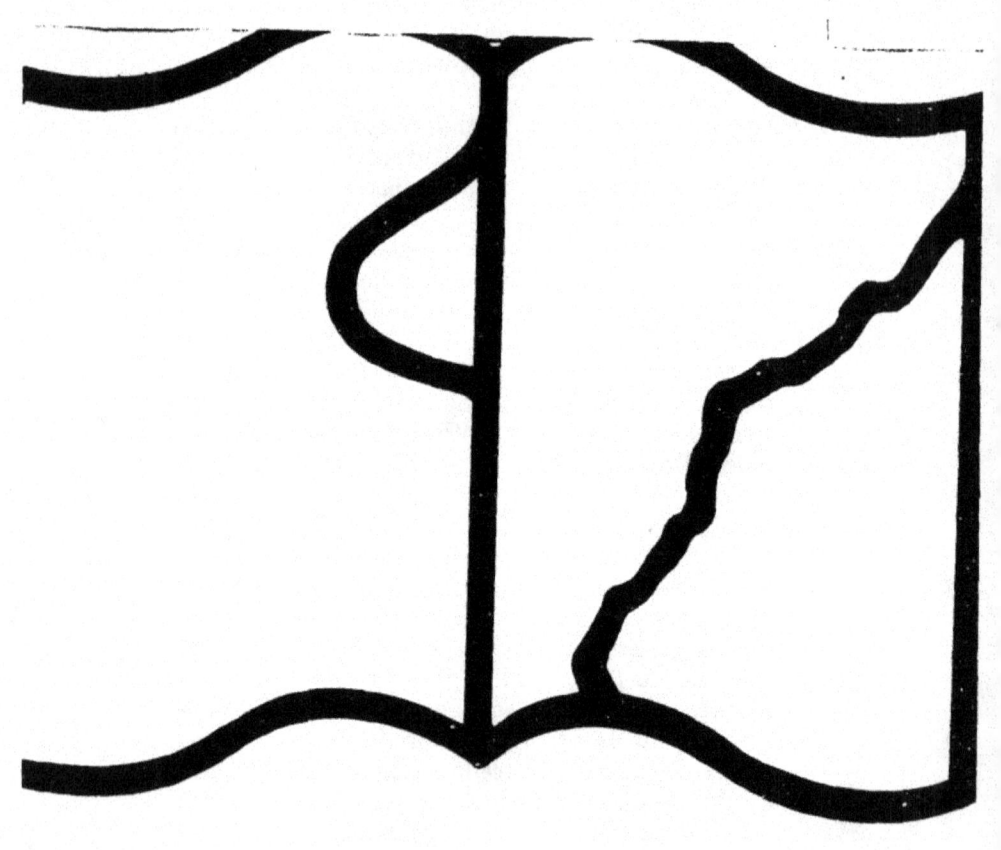

Texte détérioré — reliure défectueuse

NF Z 43-120-11

www.ingramcontent.com/pod-product-compliance
Lightning Source LLC
Chambersburg PA
CBHW071249160426
43196CB00009B/1230